浙江省社科联省级社会科学学术著作出版资金资助出版

浙江财经学院学术专著出版资助

高校社科文库　教育部高等学校
University Social Science Series　社会科学发展研究中心

汇集高校哲学社会科学优秀原创学术成果
搭建高校哲学社会科学学术著作出版平台
探索高校哲学社会科学专著出版的新模式
扩大高校哲学社会科学科研成果的影响力

管春林/著

汉英否定对比研究
A Contrastive Study of Negation in Chinese and English

光明日报出版社

图书在版编目（CIP）数据

汉英否定对比研究 / 管春林著. -- 北京：光明日报出版社，2011.6（2024.6重印）

（高校社科文库）

ISBN 978-7-5112-1338-9

Ⅰ.①汉… Ⅱ.①管… Ⅲ.①否定（语法）—对比研究—汉语、英语 Ⅳ.①H146.3 ②H314.3

中国版本图书馆 CIP 数据核字（2011）第 122707 号

汉英否定对比研究

HANYING FOUDING DUIBI YANJIU

著　　者：管春林	
责任编辑：田　苗　祝　菲	责任校对：李　喆　李　勇
封面设计：小宝工作室	责任印制：曹　诤

出版发行：光明日报出版社

地　　址：北京市西城区永安路 106 号，100050

电　　话：010-63169890（咨询），010-63131930（邮购）

传　　真：010-63131930

网　　址：http://book.gmw.cn

E - mail：gmrbcbs@ gmw.cn

法律顾问：北京市兰台律师事务所龚柳方律师

印　　刷：三河市华东印刷有限公司

装　　订：三河市华东印刷有限公司

本书如有破损、缺页、装订错误，请与本社联系调换，电话：010-63131930

开　　本：165mm×230mm	
字　　数：265 千字	印　　张：14.5
版　　次：2011 年 6 月第 1 版	印　　次：2024 年 6 月第 2 次印刷
书　　号：ISBN 978-7-5112-1338-9-01	
定　　价：68.00 元	

版权所有　　翻印必究

序

管春林的博士学位论文《汉英否定对比研究》就要出版了，他请我在前面写几句话，作为导师，我当然是义不容辞。

否定这个题目并不好做。否定是随便哪门语言都有的现象，人人都知道，人人都在用，仿佛很简单；但稍微一深入，涉及到否定的界定、否定表达的方法、否定的辖域、否定的程度区别，却好像又人人都说不清楚，或说不完整。因此，春林刚开始选择这一题目时，好几位老师几乎不约而同地劝告他或者毋宁说是警告他：这是个棘手的题目，涉及的东西太多，弄不好进得去，出不来。然而春林还是毅然选定了这个题目，除了说明了他的学术勇气之外，更说明了他的学术担当：他愿意挑起一副人们看来有难度的重担，为此献出自己的精力。

接下去他当然尝到了这一选题的滋味。他要花比别人更多的精力去搜集和梳理资料，还要在茫无头绪中确定自己的指导思想和研究方法、切入角度，把漫无边际的材料纳入一个个可控制的论述大纲里。慢慢地，问题变得清晰了，方向也变得明确了，论文的大纲细目一一呈现在眼前了。到最后，我们看到的是一个迄今为止对否定这一语言现象最为完整全面的细致研究。我们不能说这一研究已经把这一任务完成了，但正如他自己说的，他找到了一个富矿，挖开了一个缺口，以后还有很多工作可以比较顺利地接着做下去了。这是我们要为他感到高兴的。

对比分析一定要有明确的指导思想，对于语言研究来说，共性和个性关系可以说是个永恒的主题。但这句话说起来容易做起来难，难在其间"分寸"的把握。说到底，完全否定共性或完全否定个性的语言研究理论是不存在的，但从何切入？如何切入？对共性或个性的关注点各占多少比例？是先共性后个性、先个性后共性、还是个性共性同时着手？个性共性研究的最终目标是什么？对于这一系列问题的不同考虑会使各人的研究呈现出完全不同的面貌。特别是对"否定"这种一看就具有共性的题目,如何恰当把握两者的关系以达到最佳的对比效果,确实是一个不容易解决的问题。应该说,春林已经尽了很大的努力,他的努力将会给人们以有益的启示。

春林运用了"三个平面"理论来分析否定现象,这可说带有一定的创见。本来,在胡裕树、张斌等先生提出"三个平面"理论的时候,这是作为一个"句子分析"或语法分析的方式提出来的,而否定作为一种语言现象远远超出了语法范畴,它跟语义、语用有着更多的联系。在这种情况下,春林对"三个平面"理论的运用可以说是拓展了"三个平面"理论的应用范围,对于我国学者自己提出的这一理论也是一个贡献。

关注否定的篇章联接功能,这是春林此文的又一特色。以往的语法研究往往只到句子为止,这对于以句子为最大分析单位的西方语言也许有一定的合理性,但运用到句子呈开放性的汉语却会暴露出很多不足,许多丰富的语言现象会被有意无意地抹杀掉。因此,重视篇章研究是近些年来汉语研究的一个重要趋势。春林的研究跟上了这个趋势,并且拓展到汉英的对比研究,是个重要的进步。尽管总的来说,本文在这方面的研究还相当简略,只能说是开了个头,后续显然还有很多工作要做。

总之,这篇论文的成功为春林走上学术道路开了一个很好的头,我们期待着他下一步的成果。

是为序。

潘文国
2010 年 12 月 5 日

CONTENTS 目录

第一章 绪论 / 1
  1.1 选题的背景与意义 / 1
  1.2 否定的定义与分类 / 5
  1.3 研究内容与方法 / 13
  1.4 文章的基本结构与框架 / 16

第二章 汉英否定对比的历史回顾 / 18
  2.1 引言 / 18
  2.2 汉英否定对比研究的历史回顾 / 18
  2.3 对以往否定对比研究的评述与展望 / 27
  2.4 小结 / 29

第三章 汉英否定对比的理论基础 / 30
  3.1 引言 / 30
  3.2 对比研究的基本原则 / 32
  3.3 对比研究的哲学基础 / 34
  3.4 "三个平面"的理论 / 37

3.5 功能主义的语言观 / 40
3.6 小结 / 41

第四章 汉英否定的形式结构对比 / 43
4.1 引言 / 43
4.2 汉英否定的词法对比 / 44
4.3 汉英普通否定句句法对比 / 62
4.4 汉英特殊否定句句法对比 / 75
4.5 小结 / 90

第五章 汉英否定的语义结构对比 / 91
5.1 引言 / 91
5.2 汉英否定词的语义对比 / 92
5.3 汉英普通否定句的语义对比 / 106
5.4 汉英特殊否定句的语义对比 / 125
5.5 小结 / 140

第六章 汉英否定的语用对比 / 141
6.1 引言 / 141
6.2 语用否定焦点和语用否定意义 / 142
6.3 汉英否定句的语用功能 / 148
6.4 汉英否定的篇章衔接功能对比 / 154
6.5 小结 / 157

第七章　英汉否定结构的历时对比　/158
   7.1　引言　/158
   7.2　汉语否定结构的历史演变　/160
   7.3　英语否定结构的历史演变　/174
   7.4　汉英否定结构历时演变的比较　/183
   7.5　小结　/186

第八章　汉英否定对比与对外汉语否定句教学　/187
   8.1　为什么要联系对外汉语教学？　/187
   8.2　对以往对外汉语否定句教学研究的回顾　/189
   8.3　本研究对于对外汉语否定句教学的启示　/193
   8.4．小结　/199

第九章　结论　/201
   9.1　本书的主要观点和创新之处　/201
   9.2　本书存在的不足和今后需要解决的问题　/204

参考文献　/206

后记　/219

第一章

绪论

1.1 选题的背景与意义

1.1.1 选题的背景

(1) 选择否定作为对比基础的缘由

要进行跨语言对比研究,首先必须确定对比的基础,没有共同的对比基础,对比就无从展开。潘文国先生认为,进行汉英两种语言之间的对比,可以采用三种方式来进行,即从英语到汉语(英→汉),从汉语到英语(汉→英)和汉英双向展开(汉←→英)①,而其中的汉←→英双向对比就是以人类语言中某一属性或范畴作为基点,对汉英两种语言进行平行对比。胡壮麟认为,这第三种研究方法是当今对比语言学的发展趋势之一,也是纯理论性对比经常使用的方法。② 因此,本书选择从某一范畴出发向汉英两门语言进行平行对比的研究方式。

否定是人类语言所共有的重要的语法—语义范畴,人们至今还没有发现一种语言缺乏否定表达的方式。维特根斯坦认为,凡语言必须有否定句的存在,否则就不能称其为语言。③ 可见,维特根斯坦把否定表达方式的有无看成是判断一门语言能否称得上是语言的重要标准之一,这进一步说明了否定范畴在人类语言中所具有的重要地位。

---

① 潘文国,汉英语对比纲要,北京:北京语言大学出版社,1997:15~16
② 胡壮麟,英汉对比研究的新动向,载刘重德主编《英汉语比较与翻译》,上海:上海外语教育出版社,2006:10
③ 维特根斯坦,转引自徐为民,语言之说,北京:中国社会科学出版社,2002:23

同时，否定不仅在人类语言中普遍存在，而且也是语言中表现最为活跃的语法范畴之一，无论在汉语还是英语中都处于核心地位。沈家煊曾经指出，肯定/否定这一对范畴是语法研究中的中心课题之一，是"语法中一个十分重要的范畴，许多语法现象都跟肯定/否定有关。"① 饶长溶也非常强调否定研究在语言研究中的重要性，他说："对一些语法现象，如果从否定的角度加以分析，也许能揭示一般从肯定角度分析时容易忽略或不易辨识的东西……"② 因此，通过研究否定，我们可以借以探究汉英两种语言结构的主要特点乃至全貌，可以更加深刻地理解两种语言的结构规律。

在语言研究史上，否定也因其复杂性和普遍性而广受语言学家和哲学家们的关注。霍恩（Horn）认为，否定研究为我们提供了一些最重要的语言学方面的发现（当然也有一些发现是错误的，是值得我们进一步探讨的），这方面的思想家包括亚里士多德（Aristotle）、罗素（Russell）、弗雷格（Frege）、伯格森（Bergson）、叶斯柏森（Jesperson）、维特根斯坦（Wittgenstein）、斯特劳森（Strawson）和塞尔（Searle）。③ 在我国，有诸多语言学大家，如吕叔湘、赵元任、王力等也都曾对否定，尤其是对汉语中的否定现象作过深入的研究。

此外，否定句也是第二语言教学中的一个难点，更是对外汉语教学中的难点。任长慧在《汉语教学中的偏误分析》一书中，设专节讨论了外国学生在学习和使用否定词"不"和"没"中所出现的各种偏误。不少对外汉语教学的教材和语法书籍也都把"汉语否定句教学"当成一个重要的语言项目来对待，可见否定句结构在对外汉语教学中的重要性。

正是基于上述各种考虑，本书选择汉英语中的否定现象作为研究的对象。

(2) 采用对比研究方法的思考

比较是语言研究的重要方法。许余龙曾指出："比较是人类研究事物、认识事物的一种基本方法，也是语言学研究的一种基本方法。"④ 可见比较在语言研究中的重要地位。

汉语是远还没有研究透的语言，汉语的语法体系也还没有真正建立起来，而要建立科学的汉语语法体系，就必须从认识汉语的特点开始。只有认识了汉语的特点，才可能建立起真正意义上的汉语语法体系，否则，我们的汉语语法

---

① 沈家煊，不对称与标记论，南昌：江西教育出版社，1999：43
② 饶长溶，"不"偏指前项的现象，《语法研究和探索（四）》，北京：北京大学出版社，1988
③ Horn. L, *A Natural History of Negation*, Chicago：The University of Chicago Press, 1989：viii
④ 许余龙，对比语言学，上海：上海外语教育出版社，2002：1

研究永远只能走模仿国外某一种或某几种语法体系的路子。要认识汉语的特点，就必须采用对比的方法，因为"语法研究的历史告诉我们，对比研究是促进本族语研究的一条重要途径"①。

对比研究对于语法研究的重要性已经为以往汉语语法发展的历史所证实。中国的语法研究起步较晚，一个重要的原因是历史上汉语与其他语言的对比开始得比较晚。汉语与周边一些少数民族语言的接触虽然比较早，但由于我们的祖先将那些语言视为"蛮语"，没有对比的意识，失去了许多对比的机会，因而汉语语法体系到了19世纪末在与西方语言的对比以后才真正开始出现。在后来汉语语法体系的创立和发展过程中，汉语一直没有离开过与外语的对比，《马氏文通》、《新著国语文法》、《中国现代语法》、《汉语语法论》等都是在汉外对比的基础上写就的，可以说，汉语语法的发展史也是汉外语言的对比史。

（3）为什么选择汉语与英语？

确定了研究的基础和方法，还必须选择对比的参照语。朱德熙在《语法答问》中曾说："要问汉语语法的特点是什么，先要问你拿汉语跟哪种语言比较。"可见，要正确认识汉语的语法特点，选择合适的语言做参照非常重要。

为使我们的否定对比研究富有成效，我们选择英语来与汉语进行对比。其原因有以下几点：首先，英语是目前世界上使用和影响范围最广的语言，也是印欧语系中最有代表性的语言之一，又与汉语这一汉藏语系的代表"相距遥远"，彼此没有任何渊源关系；其次，英语是目前世界上研究得最为成熟的语言，也是相关研究资料最为完备的语言；再次，英语的否定研究已经积累了雄厚的基础，研究既深入又透彻，如西弗特、斯蒂芬和沃纳·维尔特（Seifert, Stephan and Werner Welte）在《自然语言中否定的基本文献》（*A Basic Bibliography of Negation in Natural Language*）中共罗列了三千多种关于否定研究的参考文献，其中大多涉及英语否定，可见英语否定研究之深之广。② 如果利用英语中否定研究的丰富成果作为参照来观察汉语中的否定现象，就会促进我们的汉语否定研究；最后，选择英语作为参照语言来与汉语进行对比，也是因为，对研究者本人来说，英语是除了母语以外最为熟悉的语言。

---

① 潘文国，汉英语对比纲要，北京：北京语言大学出版社，1997：8
② Seifert, Stephan and Werner Welte, *A Basic Bibliography of Negation in Natural Language*, Tübingen: Günter Narr, 1987

当然，我们也深知，这样的选择必有其弊端，因为将汉语与英语比较得多也有可能使汉语带上"英语眼光"。正因如此，为避免这种情况的发生，我们采用以汉语为本位的研究方法。① 同时，从名称上来说，我们也选择"汉英对比"来取代人们普遍采用的"英汉对比"，目的也是要表明我们试图避免"尽量向英语语法靠拢的努力"② 这一态度。

（4）联系对外汉语教学的理由

对外汉语教学是一项方兴未艾的事业，对外汉语的教学效率问题也是我国语言学界普遍关注的问题。多种研究表明，汉语否定句教学也是对外汉语教学中的难点和重点。否定句与相应的肯定句相比要复杂得多。首先，从形式角度来讲，否定句比肯定句多了否定词这一标志词；其次，从理解的难度来说，否定句的理解难于肯定句的理解，因此，我们有必要从对比语言学的研究成果中吸取营养，来促进对外汉语中的否定句教学。由于上述原因，本研究将在共时和历时对比分析的基础上进一步讨论汉英否定对比对于对外汉语否定句教学的启示和意义。

1.1.2 选题的意义

对汉英否定进行对比，具有下列重要的理论意义。首先，由于"否定"是任何语言中都普遍存在的语法—语义范畴，因此，我们有必要好好地认识它，而对比研究是我们认识汉英语否定结构特点的有效途径。其次，透过"否定"这一视窗，我们可以更好地认识汉语和英语的一些特点和规律，解决语言研究中的一些关键问题。第三，否定对比有助于我们在认识汉语特点的基础上进一步完善汉语的语法体系。我们知道，现代汉语语法的诞生是建立在对比语言学的基础之上的，但在起步阶段的对比研究难免会带上较多比附的成分，而在这基础之上建立起来的汉语语法体系并不能充分反映汉语的特点，因此，我们目前的汉语语法体系还存在着各种各样的问题。要进一步完善汉语语法体系，就有必要进一步认识汉语，而要认识汉语，对比是最有效的方法。

汉英语否定对比还具有下列实践意义。首先，本研究能为我们的对外汉语否定句教学提供一些有益的启示。通过对比研究，我们不但可以进一步认识汉英语的个性和共性，而且还可以了解语言的发展规律，从而用对比研究的成果

---

① 刘宓庆，新编汉英对比与翻译，北京：中国对外翻译出版公司，2006：28
② 潘文国，换一种眼光何如？——关于汉英对比研究的宏观思考，外语研究，1997（1）：6

来指导对外汉语中的否定句教学,以促进对外汉语教学效率的提高。

其次,它也有助于中国学生更好地理解英语否定结构,促进英语学习,提高英语水平。英语否定句与汉语否定句差别比较大,我们在教英语否定句时,如果能利用汉英语否定对比研究的成果来指导英语否定句的教学实践,则教学的效率会有所提高。比如下面是选自《大学英语精读第三册》的一个句子:

- Certainly I don't teach because teaching is easy for me.

这一句可以有两种理解:(1)当然,因为教书对我来说是容易的,所以我不教书;(2)当然,我教书,并不因为教书对我来说是容易的。该句会产生这样两种完全不同的解读,与对该句的否定辖域有不同的理解有关,因此,我们如果能从汉英语否定辖域差异的角度来解释这一句子,则学生就会对句子的结构和意义有一个更加清晰的理解。

1.2 否定的定义与分类

要对否定进行对比,首先有必要界定什么是否定。而要弄清楚什么是否定,首先要区分否定和否定式。李宇明指出,"否定和否定式是不同的概念,否定式针对肯定式而言,是在肯定式上加上否定词语构成的结构,而否定则是一个非常复杂的问题,牵涉到逻辑、语言等不同范畴"。① 可见,否定和否定式是两个不同的概念。否定是一种思维方式,"言非、指未、述无、反说、对举、否认、拒绝和劝阻"等都可以看成是否定。②否定可以是一个逻辑概念或认知概念。作为逻辑概念的否定,它的意义比较单一,那就是表示对一个命题真值的否决;作为认知概念的否定,是人们对于客观事物及其现象进行判断的一种思维活动,它反映的是人们对客观事物的认识。而否定式是一个语言单位,它是人们用来表达否定意义的语言形式,或者说是一种语言结构。本著作所对比的是语言中的否定,因此,关注的是否定表达的方式,即否定式。由于人类大多通过句子的形式来表达"否定"的概念,所以,我们的对比研究将把重点放在否定句的对比上,并从否定句向下扩展至否定词,向上延伸到含有否定句的篇章。至于什么是否定句,我们后面将有详细分析和解释。

---

① 李宇明,形容词的否定式及其级次问题,云梦学刊,1997(1)
② 赵世开,汉英对比语法论集,上海:上海外语教育出版社,1999

1.2.1 对以往否定句界定的回顾

因为否定句是一种非常复杂的语法现象,因此,要给否定句下一个确切的定义并不是一件很容易的事情。曾有不少学者和专家试图对否定句进行界定,但都难以给出令人满意的答案。我们搜集了一些主要的关于否定句的定义,并将它们一一归类并加以分析和评论。

(1) 以形式为标准的界定方法

金兆梓是我国较早划分否定句的语言学家之一,他认为,分别肯定句与否定句只要看表词中是否有"不"、"无"、"非"、"弗"、"莫"等否定词就行了,有则为否定句,无则为肯定句。① 黎锦熙也认为,判别肯定句与否定句的标准应该是形式,"凡是肯定句与否定句的分别只需看表词中有否'不'、'无'、'非'、'弗'、'莫'等否定副词就可辨得出"。② 吕叔湘认为,"否定的句子必须要有否定的字样",但同时,他也认识到,如果纯粹以形式来作为判定否定句的标准有时难免会陷入困境。③ 克里玛(Klima,1964)对否定的界定也基本采用形式标准,他从英语实际出发提出了区分句子否定和成分否定的四条标准:(1) 根据语法规则,用正常语调说出的反义疑问句其结构是肯定陈述句后面附加否定疑问句,或否定陈述句后面附加肯定疑问句,而只有像 not 这样的否定词才能形成否定句,而类似 unsuccessful 和 fail 这样带否定词缀的表语形容词和含有否定意义的谓语动词不能构成否定句形式;(2) 从语法上讲,只有否定句才能带 not even 的同位附加结构;(3) 当两个分词通过连接副词 either 连合在一起时,后面那个含有 either 的句子必须是否定句;(4) 在使用以 neither 引起的附加语取代以 either 连合起来的后面那个句子时,前后两个句子都必须是否定句。根据这四条标准,他得出结论:只有以 not 否定的句子才是否定句,而像 dislike, unlucky, unhappy, hate, prohibit 等都不能构成否定句。④ 以否定形式作为划分否定句的标准具有操作简单的优点,但如果纯粹从形式标准出发,那么我们有时就会遇到麻烦。比如,下列句子虽然有否定词"非"和"not",但把它们判为否定句显然是不太合适的。

• 他非要去北京图书馆查资料。

---

① 金兆梓,国文法之研究,上海:中华书局,1922
② 黎锦熙,新著国语文法,北京:商务印书馆,1924
③ 吕叔湘,中国文法要略,北京:商务印书馆,1942:234
④ Klima,1964:270,转引自孙万彪,英语的否定和否定句,外国语,1983 (1):38~39

- He visited his teacher not long ago.

因此,甘于恩在前人研究的基础上提出了只有否定词否定谓语的句子才是否定句的观点,即否定句不但要有否定词,而且否定词还必须否定谓语动词。① 这一观点得到了熊文华的支持,他认为,广义的否定包括言非、指未、述无、反说、对举、否认、贬抑、拒绝和劝阻,但是语法上所谓的否定句一般是指否定谓语形式的句子。② 姜宏也持有类似的观点,他从俄语的角度提出了划分俄语否定句的方法,并指出,只有位于谓语动词之前的否定词才能使得整个话语带有否定的意义,而位于其他成分之前的否定词并不会改变话语的基本肯定意义,因此,他认为,只有否定谓语动词的句子才能算是真正的否定句。③《语言与语言学百科全书(第二版)》也认为,只有当否定词作用在谓语动词上的句子才是否定句。(Only when Neg applies to sentence and its predicative (PRED) nexus do we get a negative sentence.)④

这些观点无疑比只依赖形式的观点更加合理,也比前人的观点前进了一大步,但是,完全以否定的形式为标准来分别肯定句和否定句会引出一个新的问题:什么样的词才算是否定词?像"拒绝,否认,懒得,deny,fail"等算不算否定词?"白、空、徒、枉、朗、漫、坐、唐、素、干、瞎"⑤ 能否包括在否定词范围里?再说,有的时候,即使一些公认的否定词(比如"不")也未必都表示否定的意思,而仅仅是起到补足音节的作用,如"黑不溜秋"中的"不"并不表示否定意义。因此,完全按照形式标准来划分否定句并不像我们想象的那么合适和方便,带有否定成分只是判定否定句的必要条件,而不是充分条件或充要条件。

(2)以意义为标准的界定方法

由于形式标准存在上述种种缺陷,一些专家提出了以意义为标准来判定否定句的观点。如黄伯荣、廖序东就明确表示,判断否定句必须依据句子的逻辑意义,认为只有对事物作出否定判断的句子才叫否定句。⑥ 再如王力也提出了以意义为标准的判别方法,他认为"反诘句当然可以当否定语用,这是很自

---

① 甘于恩,试论现代汉语的肯定式和否定式,暨南学报,1985(3)
② 熊文华,汉英应用对比概论,北京:北京语言文化大学出版社,1997:328
③ 姜宏,俄语否定句的界定,中国俄语教学,2000(2):9
④ Keith Brown,语言与语言学百科全书(第二辑),上海:上海外语教育出版社,2008:560
⑤ 张谊生,现代汉语副词研究,上海:学林出版社,2001:236
⑥ 黄伯荣、廖序东,现代汉语,北京:高等教育出版社,1981:241

然的道理",因此,他把反诘句也纳入到了否定句之中。① 杰克·理查兹等(Jack C. Richards et al, 2003)和夸克等(Quirk et al, 1985)也都采用意义标准。杰克·理查兹等在《郎文语言教学与应用语言学词典》中给否定的定义是:表达与一个句子或句子的部分意思相反的内容。可见他们采用的也是意义标准。②夸克等也认为,否定就是"使一个肯定陈述具有反面意义"③

完全以语义为标准来界定否定句也会带来严重的问题,这主要是因为,无论汉语还是英语都有形式上是肯定而内容上表否定的词汇,如汉语中的"拒绝、停止、难以"和英语中的 fail, lack, exclude, absent 等都带有否定的含义,如果把这些词理解为否定词,则同样会给否定句的划分带来混乱,因为我们若因 fail 可以转述为 not succeed 而认为它是否定词,那么,我们同样可以因为 succeed 可以转写为 not fail 而认为 succeed 也是否定词。④ 其次,如果说 He failed to come to the party. 是否定句,那么我们为什么不可以将 You shouldn't come so late. 视为肯定句呢?因为它的潜台词是"你应该来得再早一些",而这样的说法显然是讲不通的。同样,按照意义标准,我们也可以把下列对话中 B 的回答看成是否定句,因为他表达的显然是否定的意思。

- A:Is that Rolls Royce yours?
- B:You must be joking/You're kidding/ What do you take me for——a millionaire? ⑤

最后,完全以意义为标准来划分否定句的话,则我们就很难判定像冗余否定句这样的句子判定是肯定句还是否定句,因为冗余否定句中有否定词,但否定词未必起到否定的作用。

(3) 意义和形式兼顾的界定方法

由于单纯以形式或以意义为标准来判定否定句存在着上述种种问题,王力后来提出了在划分否定句时兼顾形式和意义的意见。他指出:"表示否定的句子叫否定句,否定句中须要有否定词"。⑥ 张晞奕也认为"否定句是以句义对立为分类标准的,具有与肯定句相对立的意义,并有一定形式标志,通常是以

---

① 王力,中国现代语法,北京:商务印书馆,1985:129
② Jack C. Richards, John Platt, Heidi Platt, *Longman Dictionary of Language Teaching & Applied Linguistics*, Longman, 2003:305
③ Quirk et al, *A Comprehensive Grammar of the English Language*, London:Longman Group Ltd. 1985
④ 叶斯柏森,语法哲学,1924,何勇等译,北京:语文出版社,1988
⑤ Gunnel, Tottie, *Negation in English Speech and Writing*, Academic Press Inco. 1991:7
⑥ 王力,古代汉语,北京:中华书局,1962:238

否定副词作状语的句子"。① 赵世开同样提出建议认为:"判断一个句子是不是否定句,既要看它的句法结构也要看它的意义。"② 胡清国从汉语出发提出了他的划分标准:①以形式标志为主的标准,同时参照句子意义;②看否定标记的分布位置,并认为两个标准须同时符合才能算否定句。他举例指出,"他还太小,衣服洗不干净"与"他还太小,衣服洗得不干净"中,前面的是否定句,因为否定词"不"与谓词"洗"紧贴,后一句不是否定句,因为否定词与谓词隔着一个助词"得"。③ 胡清国的划分标准基本符合汉语的实际,因而不失为理想的判断汉语否定句的方法,但是,如果将这样的标准运用在判断英语否定句上就有些不合适。

如果用形式和意义相结合的办法来划分否定句,显然比单纯根据形式或完全依赖意义要全面、可行得多,但问题是,按照这样的标准很难把"双重否定句"纳入到否定句的行列之中,而如果不把双重否定句纳入到否定句的范围之内,这样的划分显然又是有欠缺的。

上述定义都试图给否定句提出一个切实可行的划分标准,也反映了人们对否定句认识不断深化的过程,但由于语言中的否定现象非常复杂,因此,以上提出的这些定义难免会顾此失彼。如胡清国的定义符合汉语实际,但并不适合英语;克里玛的界定标准适用于英语,但并不适用于汉语;姜宏的定义联系俄语的实际,但不一定符合英语和汉语的现实。因此,要提出一个合适的否定句定义并不是一件很容易的事情,而要提出一个符合大多数语言实际的否定句定义则尤为困难。

1.2.2 本书对否定以及否定句的看法

吕叔湘先生说:"一句话,从形式上说,不是肯定就是否定"。④ 这话一点没错,但如果我们因此而认为肯定与否定处于人们认识的两个极端,它们之间是非此即彼的关系,因此界限非常分明,那就是一种错误的认识。事实上,否定句作为一个语法范畴,它的边界是模糊的、不离散的,它与肯定之间是连续过渡的关系(continuum)。而且,不但肯定句与否定句之间存在着边界不确定的模糊现象,彼此之间存在着一种连续演变的过程,而且不同程度的否定句之

---

① 张晞奕,谈否定句,安徽师范大学学报,1983 (1)
② 赵世开,汉英对比语法论集,上海:上海外语教育出版社,1999:228~229
③ 胡清国,否定形式的格式制约研究,武汉:华中师范大学,1994:4
④ 吕叔湘,中国文法要略,北京:商务印书馆,1982:234

间，其内部边界也是模糊的。比如下列一些句子，其肯定句与否定句的界限就不是很分明，或者说否定句内部之间也存在着边界模糊的现象。如：
- 工作忙的时候，我经常不回家。
- 因为工作忙，我难得回家。
- 这个问题不能迅速得到解决。
- 这个问题难以迅速得到解决。
- He didn't have any books.
- He had few books.
- He had scarcely any books.

另外，否定可以通过肯定句或疑问句的方式来表示，肯定也可以采用否定句来表达。如：
- A：你明天还去帮忙吗？
  B：我明天自己有事要办。（答话用肯定句，但表示否定的意思）
- 我死都不怕，还怕再喝碗酒吗？（答话用的是问句的形式，但表达的是"不怕再喝碗酒"的否定意思）
- A：他如果有困难你会帮他吗？
  B：我不是忘恩负义的人。（答话人用否定句的形式，表达的却是肯定的意思）
- Am I my brother's keeper?（＝Is that my duty?）① （用疑问句表达否定的意思，意思是"我不是我弟弟的保护人"）
- I couldn't agree with you more. （＝I totally agree with you.）②（用否定句的形式，表达的是肯定的意思）

由于人们以往的种种努力并没能为我们划分否定句提出合理的标准，加上我们对否定句的上述认识，因此，我们无意在本书中提出一条能适用各种语言的否定句判别标准，并不追求一个明确的、万能的"否定句"概念。我们要做的是试图提出一种适合本研究的观点，并根据否定结构的特点提出否定句的主要属性，然后根据主要属性提出典型的否定句，最后将本书的研究侧重在对典型否定句的对比研究之上。

我们认为，要解决否定句划分中所碰到的种种困难，可以利用原型范畴

---

① 林语堂，开明英文文法，北京：外语教学与研究出版社，1982：67
② 连淑能，英汉对比研究，北京：高等教育出版社，1993：157

理论（prototypical category theory）来解决，因为利用这一理论来界定否定句可以照顾到各种不同语言在表达否定概念上的特点，同时还具有灵活性的优点。

原型范畴理论认为，每一个语法范畴与其他语法范畴的界限是模糊的、不很分明的；每一个范畴都有典型的成员和非典型的成员，典型的成员具有该范畴的所有属性，属于范畴的核心，而非典型的成员只具有该范畴的部分属性，是典型性不显著的成员，因此处于范畴的边缘。一个范畴中的各非典型成员与原型存在着接近程度上的区别，一个非典型成员如果与原型进行对照具有原型中的几个关键的区别性特征，我们就可以把它归入到该范畴之中。①②

否定是一个语法范畴，语法范畴是根据相同的语法意义以及用以表达该意义的语法形式而区分出来的语法项目类别，它是围绕原型、家族成员相似性、范畴中各成员之间的主观关系组织起来的，是相同意义下的归类。以此为前提，我们对大量表达否定意义的汉语和英语句子进行了分析，发现凡是典型的否定句一般都具有下列几个属性：

（1）意义上表达一个否定命题，该否定命题的原型核心意义是"否定存在"或"否定数量"；

（2）句子中出现表示负向意义的专门用于构成否定句的词，即否定词（如 not，不，ない等）；

（3）否定词作用在谓语动词上。

根据上述属性，典型的否定句的核心是对一个命题的否定，否定的主要形式是通过利用否定词否定谓语动词来实现的。这样，下列句子表示否定的意义，属于否定句的范畴，但是它们有的具备两个属性，有的只具备一个属性，因此不是典型的否定句。

- 他不喜欢搓麻将。（符合三个属性，是典型否定句）
- 我拒绝回答你的问题。（符合（1）、（3）属性，比较典型的否定句）
- 他不为他儿子买房子。（符合属性（2），不典型否定句）
- 他是非党员。（符合属性（1），不典型否定句，"非"是词缀）
- 鬼才晓得他什么意思！（符合属性（1），不典型否定句）
- 他难得来看我。（不是否定句，"难得"是频度副词，无否定词出现）

---

① 张敏，认知语言学与汉语名词短语，北京：中国社会科学出版社，1998：57~58
② 李福印，语义学概论，北京：北京大学出版社，2007：231

- He doesn't like English songs.（符合三个属性，典型否定句）
- Nobody likes to swim in winter.（符合属性（1），不典型否定句）
- He came here not to visit the Great Wall.（符合属性（2），不典型否定句）
- He failed to work out the problem.（符合属性（1），不典型否定句）
- He is unfriendly.（符合属性（1），不典型否定句）

由此看来，能纳入否定句范畴的句子非常多，它们的区别只是与典型否定句接近程度大小的问题。本书显然不可能对所有具有否定句属性的句子做全面的对比，因此，为讨论方便，同时也为了使对比更有针对性和集中性，我们将主要对比汉英语中典型的否定句，具体来说就是，把对比重点放在具备上述三个属性的、否定词作用在谓词上的否定句上，但同时，由于汉语不是主语显著型（subject-prominent）语言，谓语特点不明显，汉语中句子否定与成分否定的界限又不明显，因此，在对比典型否定句的同时，我们在研究中也会涉及少数典型性不强的否定句。此外，因为只有陈述句才可能有真值，疑问句、祈使句和感叹句的否定形式没有真假的问题，它们只表达谈话人的主观倾向，因此，我们只对比陈述句的否定句。

1.2.3 否定表达的分类

自从有了对否定的研究，也就有了对否定的分类。历史上，叶斯柏森（1917）、陈平（1991）、赵世开（1999）、张今和陈云清（1981）、熊文华（1997）等都曾对否定做过分类，其中影响比较大的有以下几种。

叶斯柏森把否定分为连系式否定和特殊否定。前者又称为一般否定，是指否定谓核动词的否定句，如 He doesn't come today；后者是指利用否定前缀，或在单词前面加副词 not（如 not happy）等形式所表示的否定，如：He comes but not today。①

陈平采用形式标准把含有否定成分的句子分为一般否定句和特殊否定句，又从语义角度出发，把它们分成句子否定和部分否定。前者否定主谓之间的肯定关系，后者仅仅否定句中某一成分而不影响主谓之间的肯定关系。②

---

① 叶斯柏森，语法哲学，1924，何勇等译，北京：语文出版社，1988：476
② 陈平，英汉否定结构对比研究，现代语言学研究——理论、方法与事实，重庆：重庆出版社，1991：226~227

赵世开认为英语中的否定有句否定和词否定两类。词否定也叫部分否定（partial negation）或者特殊否定（special negation），它是指对句子部分内容的否定，而不是对句子整个命题的否定；句式否定也叫谓词否定（nexus negation）或联接否定，它是指对主谓关系进行否定的句子。①

上述分类方法视角和目的不同，也有的名称虽不同，但意义大致一样，很难说孰优孰劣。我们认为，对某一语法范畴进行分类的目的是为了方便研究，因此，虽然说分类可以采用不同的标准，但一定要考虑自己分类的目的，要把对某一语法范畴的分类与研究目标联系起来。只要有利于我们条分缕析地把研究的对象说清楚，那么分类的方法无所谓好坏。本着这样的思路，我们结合前人的分类方法和本书的研究目标，对否定句作如下两种分类。

首先，我们把否定句分为普通否定句和特殊否定句两类。这里的普通否定句和特殊否定句并不是两个术语，而是为便于把问题说清楚而提出来的分类方法。普通否定句是指对没有特别语序和特别附加成分的常规肯定句进行否定所得的句子。特殊否定句是指在常规句基础上增加了额外成分或使用了特别句子结构的否定句，具体来说，本书所讨论的特殊否定句包括情态否定句、并列否定句和量词否定句三种。

其次，我们根据否定词作用的范围，把否定句分为句子否定句（nexus negative sentence）和成分否定句（constituent negative sentence）两类。所谓句子否定句，是指否定词作用的对象是谓语动词，它否定的是句子的主谓关系；所谓成分否定句，是指否定词只对句子中除谓词以外的其他部分进行否定所构成的句子，这样的句子可能表达对命题的否定，也可能只表达对句子部分内容的否定，因此它们不是典型的否定句。

1.3 研究内容与方法

1.3.1 研究内容

否定对比涉及的内容非常丰富、复杂，要在本书中涵盖所有的方面显然是不现实的，因此，我们只选择了其中一部分内容纳入到了我们的对比研究范围之中。我们选择对比内容坚持两个原则：一是选择一些分歧意见比较大的内容

---

① 赵世开，汉英对比语法论集，上海：上海外语教育出版社，1999：230~231

作为我们的对比内容,对一些学界认识基本一致的内容不作考虑;二是选择汉英语之间差别比较明显的否定句类型,通过对这些内容的对比,我们可以对汉英语的特点有比较好的认识。

在以往的否定句研究中,带情态动词的否定句、带量词的否定句、否定转移句(也称否定提升句)、双重或多重否定句等因其复杂性而成为否定研究中的经典课题。我们没有把否定转移纳入对比范围,因为根据李文惠(Li Wen-hui 音译,1992)的研究,虽然英语中围绕是否存在否定转移有不少争议,然而仍然能找到一些句法方面的证据来证明英语中确实有否定转移的情况存在,但是,在汉语中没有发现像英语一样能被认为是否定转移的动词,因此,没有足够的证据证明汉语中同样存在否定转移;① 再说,汉语中的否定转移与英语中的情况不一样,英语中的否定转移有一定的强制性,而汉语中的否定转移具有随意性,两者可比性差,缺乏比较的必要性。双重或多重否定无论在汉语还是英语中都是非常重要的内容,但由于它们不属于典型的否定句,也就是说,它们有表示否定的词,而且否定词大多也作用在谓语动词上,但它们一般不表示否定的意义,因此,本书也没有把它列为比较的对象。但我们在本研究中增加了并列否定句的内容,这是因为,并列否定向来没有受到人们足够的关注,而汉英语在并列否定句上又表现出比较多的差异,因此,本书把它纳入到对比的范围之中。这样,我们的对比内容分普通否定句和特殊否定句两类,其中特殊否定句包括:情态否定句,并列否定句和量词否定句。

从研究的角度来说,本研究从共时和历时两个视角展开,其中共时平面的对比是主要方面。在共时对比中,我们将从形式结构、语义结构和语用三个方面来展开研究。由于我们把在篇章层面的句子看成是已经进入了交际语境的句子,因此我们把在篇章层面上的句子对比放入到了语用对比这一章里面。同时,我们深知历时研究对于共时研究的意义,所以,在共时对比的基础上,我们将把汉英语否定的历时演变纳入到研究的范围之中。在上述对比研究的基础上,我们还将进一步讨论汉英否定对比对于对外汉语否定句教学的启示。

我们对比的句子将以典型的否定句为对比的主要内容,但由于汉语中成分否定与句子否定之间的界限比较模糊,再说英语中也有利用成分否定的形式来

---

① Li Wen-hui, *A study of the negation structures of Chinese and English*, PhD paper, Georgetown University, UMI, 1992: 91

表达句子否定的情况存在，因此，在对比中我们不可能完全撇开成分否定，必要的时候也会提到，但不把它作为对比的重点。

1.3.2 研究方法

目的决定方法，目的不同，则所采取的研究方法也会有所差别。本书的对比研究以理论研究为目标，以探讨否定对比对于对外汉语教学中否定句的教学为延伸，因此，我们选择功能主义语言学的理论为对比的基本理论，采用功能主义语言学的研究方法为对比的基本方法。具体来说，我们将主要采用下列一些研究方法：

（1）定性分析和定量分析相结合的方法。定性分析与定量分析是人们进行科学研究时经常使用的两种方法。定性分析对现象采用描述的方法，对发现的每一种现象或规律都是性质定义，它的优点是灵活性强，有利于研究视野的拓展和研究深度的提高，缺点是缺乏深入思考的基础。定量分析采用由量而定性的方法，一般从假设开始，先有假设，后有统计和实验，优点是所得出的结论具有客观性和可信度，缺点是无论选用多少调查材料都难以穷尽调查的对象。因为任何事物都是质和量的统一体，定性分析和定量分析各有优点和缺点，完全通过提出假设，然后举出实例来确证某一规律的研究方法最终得出的结论可能会缺乏客观的依据，而凭借数据统计的实证型分析方法又可能会影响理论产生飞跃的可能性，因此，在实际研究中，我们往往不能只局限于一种研究方法，而是应该采用定性分析与定量研究相结合的办法来弥补各自的不足。

（2）共时研究和历时研究相结合。共时研究有助于对语言现象作深入、全面的分析，但它只研究语言发展过程中的一个横断面，因而要全面了解一门语言在否定结构上的特点，还有必要把历时研究纳入到研究中来，只有这样，我们才能对某一语言的否定结构有一个全面、清晰的认识。由于对比语言学一般以共时研究为主，因此，我们在共时对比和历时对比上并不是平均着力的，我们的对比重点将放在共时对比上，历时对比的目的，仍然是为共时对比服务，即从历时研究中获取解释共时现象的思路和启示。

（3）我们注重理论对比研究，同时也讨论理论对比对于应用对比的意义，具体来说就是探讨本研究对于对外汉语否定句教学的启示。但理论对比和应用对比是有轻重之分的，我们的对比研究注重理论对比，即我们关注的是寻找两门语言否定表达的不同点和共同点，因此，对于实用研究，我们以探讨需要注意的方面为主，而不进入实证研究的层面。

1.4 文章的基本结构与框架

本书要回答的中心问题（Research Question）是：汉语与英语在否定结构上存在怎样的不同点和共同点？本研究对于对外汉语否定句教学具有怎样的指导意义？全文围绕这两个问题组织材料和讨论。具体来说，全书分以下几部分内容。

第一章为"绪论"，主要介绍选题的背景和意义，同时交代本书对否定句的认识、分类，最后交代研究的内容和方法。第二章为"汉英否定对比的历史回顾"，主要回顾汉英否定对比研究的历史，在回顾以往研究的基础上，提出这些研究中存在的欠缺和不足，并联系目前对比语言学的发展趋势提出本书研究的内容。第三章名为"否定对比研究的理论基础"，主要涉及对比研究的哲学思考、对比研究的原则和方法。第四章取名"汉英否定的形式结构对比"，内容涵盖汉英语中的词汇否定对比和句子否定对比两部分，词汇否定对比主要从否定词缀和否定词两方面展开，句子否定对比从普通否定句对比和特殊否定句对比两个角度进行，其中的特殊否定句对比主要包括情态否定句、并列否定句和量词否定句。第五章为"汉英否定的语义结构对比"，该章主要从辖域和焦点两个角度比较汉英语否定句的分析方法

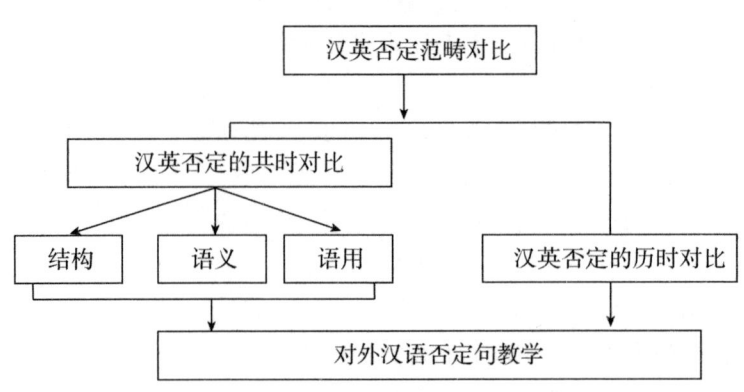

图示一　文章结构

以及语义差别。第六章以"汉英否定的语用对比"为题，着重对比汉语与英语在语用否定上的异同，比较内容包括语境意义、语用含义以及否定的篇

绪 论

章功能。第七章名为"英汉否定结构的历时对比",重点是梳理汉语和英语否定词和否定句式的历时演变过程,并在此基础上进行比较研究,分析历时对比与共时对比的联系。第八章是"汉英否定对比与对外汉语否定句教学",主要讨论上述对比研究对于对外汉语否定句教学所具有的启示意义。文章最后的"结语"部分回顾全文的主要观点,并在提出本书亮点的同时指出还需要进一步研究的问题。

第二章

汉英否定对比的历史回顾

2.1 引言

"否定"曾引起过无数学者的兴趣,自柏拉图时代以来,不断有哲学家、逻辑学家和语言学家研究过"否定"。今天,"否定"依然是社会科学领域的热门话题。笔者在多种外文电子资料库中输入关键词 Negation(否定)进行检索,结果发现,讨论"否定"的文章不但量多,而且涉及领域非常广泛,有从心理学、哲学、语言学、逻辑学、社会学等诸多角度研究"否定"问题的,这说明,"否定"不仅仅是语言学家们关心的课题,同时也是心理学家、哲学家和逻辑学家们共同关心的内容。

因为语言中的否定现象错综复杂,有无数引人入胜的课题吸引着语言学家们,所以,否定范畴研究尤其为语言学家们所重视和钟爱,各大重要的语言学流派都曾研究过否定现象,可以说,翻开任何一本语法书,都可以发现有专章专节讨论语言中的否定现象的。

本章回顾以往汉英否定对比研究方面的研究成果,并对今后汉英否定对比的发展方向谈一些看法。回顾中我们将把与本研究关系密切的内容作比较详细的分析,而对一些与本书有联系但关系不太密切的研究作粗线条的介绍,以使人们对本领域的研究状况有一个比较全面和整体的了解。

2.2 汉英否定对比研究的历史回顾

一般认为,世界上第一位系统研究否定的学者是希腊哲学家亚里士多德,他在《形而上学》中关于"否定"的论述引起了后人对于否定现象的浓厚兴趣。

第一位专门系统地论述英语中否定现象的语言学家要数奥托·叶斯柏森（Otto Jespersen），他在《英语和其他语言中的否定》（1917）以及《语法哲学》（1924）中都对否定问题有过深刻的论述，其精彩的观点已经成为否定研究领域的经典思想而常被后人所引用。克里玛（1964）著有《英语中的否定》一文，他试图在转换生成句法早期的理论框架内来分析英语中的否定现象，他对英语否定的核心特点，尤其是对英语否定句法方面的特点进行了比较深入的探讨。夸克等（1985）在《当代英语语法》中对英语否定的主要内容，如否定强化、否定辖域、否定焦点、转换否定以及双重否定等都有深刻的阐述。霍恩对英语中的元语言否定（meta-linguistic negation）进行了专门研究，并取得了重大成就，他还就语用歧义的消除提出了自己的意见。①

否定作为语法范畴，同样引起了我国许多语言学家的兴趣。上世纪20年代就出现了对现代汉语否定句现象的思考和研究，金兆梓的《国文法之研究》（1922）和黎锦熙的《新著国语文法》（1924）中都谈到过汉语的否定句问题。四十年代以后，吕叔湘（1942）、王力（1943）、高名凯（1948）、丁声树（1952）、赵元任（1968）、邓守信（1973，1974）、胡裕树（1979）等也都曾从不同的侧面对汉语否定结构的性质、特点提出了不少有价值的观点。80年代以后，汉语否定研究出现了新的高峰，石毓智（1992）、沈家煊（1998）、戴耀晶（2002）、李梅（2007）等运用各种语言学理论和方法研究了汉语中的否定现象。这些研究成果加深了学界对汉语否定结构问题的认识。

上述研究主要针对的是英语或汉语中的否定问题，汉英语之间的否定结构对比研究虽然在上世纪40年代就已萌芽，如吕叔湘（1942）、王力（1943）在研究汉语语法的时候就已运用对比的方法研究了汉语中的否定结构现象，但大规模的、真正意义上的汉英否定对比开始于上世纪70年代末，其中以英语教学、尤其是英汉翻译为目的所做的研究显得尤为突出。下面我们就根据他们不同的研究目的把以往的汉英否定对比分为三个方面来作一番简单的梳理和回顾。②

（1）以英语教学为目的的汉英否定对比

陈文伯是新时期最早对比研究英汉语否定结构的学者之一。他从翻译的角

---

① Horn. L, Metalinguistic Negation and Pragmatic Ambiguity, *Language*, Vol. 61, 1985: 121~174
② 注：我们把没有明确研究目标的对比全部放入理论对比研究的范围，有的专著凡前言中明确是为某一具体目的的，就认定该书中涉及"否定"的章节就是为围绕这一目标的。

度出发，比较了英汉两种语言在否定表达方法上的差异。他认为，英语和汉语在表达否定的方法上存在颇多差异，把二者进行对比有利于促进理解英语和做好英汉互译。文章对于英语丰富的否定表达方法作了比较全面的介绍。该文涵盖面较广，举例丰富，分析仔细，对于英汉语否定结构的翻译具有较高的指导价值。①

党元从思维方式、语言表达习惯以及修辞特点等多个角度比较了英汉语中的否定表达，认为英、汉两种语言的否定表达方法各有各的特色，翻译的时候，常常需要变换原文的表达形式，或改肯定为否定，或改否定为肯定，这样才能使译文通顺，再现原文的思想内容。文章还就否定句翻译中的处理方法，提出了一些具体的意见和建议。②

连淑能在专著《英汉对比研究》的"间接与直接"一章中，重点比较了英汉语的否定表达方式，他主要从修辞的角度分析了英语与汉语在否定表达上的差异。他指出，英语中常用双重否定来给读者以强烈的印象或表达强烈的肯定意义，如英语常用 not infrequently 来表示 very often，而汉语常运用拐弯抹角的方法来表达否定的含义。③

傅新安和袁海君合著的《汉英语法比较指南》也比较了英汉语否定句，他们认为否定句是"从否定的角度表达思想感情的句子"。④ 他们对比的独特之处是把古代汉语、现代汉语和英语中的否定句进行了对比，书中列举了大量生动的例子，并作了简明扼要的说明。⑤

梁爽围绕翻译这一目的对英汉两种语言的否定句进行了对比，并在对比的基础上指出，汉语的否定词一般出现在被否定的概念前面，但英语的否定概念与否定形式往往有不一致的情况存在，因此在理解和翻译英语否定句的时候要特别小心。⑥

陈卫平对英语否定句的构成方式及其常见的习惯表达法作了较为详细的分析，同时还对英汉两种语言的否定方式作了对比，并在此基础上分析了一些汉译实例，最后强调了正确理解对于正确翻译否定句的重要性。⑦

---

① 陈文伯，英汉否定表达法比较，外语教学与研究，1978 (2)
② 党元，浅谈英汉语言的否定表达及其翻译，扬州师院学报（社会科学版），1986 (4)
③ 连淑能，英汉对比研究，北京：高等教育出版社，1993
④ 傅新安、袁海君，汉英语法比较指南，上海：上海交通大学出版社，1993：139
⑤ 傅新安、袁海君，汉英语法比较指南，上海：上海交通大学出版社，1993
⑥ 梁爽，汉英否定句的翻译比较，青海师范大学学报（社会科学版），1994 (2)
⑦ 陈卫平，英语否定句及其汉译，江苏理工大学学报，1994 (6)

李文超对英语和汉语中的否定表达方法进行对比后指出，英汉两种语言都具有用否定形式表达肯定意思和用肯定形式表达否定意思的情况，因此，学习中要特别注意它们之间的互相转换，并强调要具体分析句子才能做到正确的翻译。①

张玉兰以英语教学为目标，对比了英汉语在否定式的结构、表述方式、逻辑等方面表现出来的各自特点，同时提出了在理解和翻译否定句中需要注意的地方，最后得出结论：英汉否定句中的差异，本身就是两种语法特点的反映。②

陈定安着重从翻译的角度比较了英汉语中的否定，认为"英语在表达否定概念方面，从词汇到表达方式都和汉语有很多不同的地方"③，英语中不但有更多用于表达否定的词汇，而且否定类型以及表达否定的方式也比汉语丰富。

张琦同时从英语教学与翻译这两个目的出发，对英汉语否定句的词、意义、语序和形式进行了比较，并指出，英语否定形式灵活多变，而汉语虽然否定词少，但如果使用恰当，同样可以恰当地翻译好各种英语否定句④。

张捷从英汉构词差异、句型差异以及英汉否定所引起的歧义三个方面探讨了英汉否定表达上的不同，重点谈了英汉否定引起的歧义现象，他认为英语与汉语否定中，构词否定很明显，但结构否定却十分复杂，而否定结构的复杂性增加了英汉否定句互译的难度。⑤

刘雪萍在对英汉语否定结构进行比较后指出，由于中西方文化、心理上的不同，出现了否定的语言形式和结构上的不同，英语重结构、重逻辑，更注意句子结构的衔接，句子顺序比汉语有更多的变化；汉语重意合，主要是利用语义来衔接句子和篇章。因此，在进行英汉否定互译时，不能拘于形式，更应重视深层含义的译出。⑥

余德英通过比较英汉两种语言的否定结构后指出，英语和汉语的否定结构在否定词条、否定方式、否定焦点和否定范围等各个方面都具有很大的区别，

---

① 李文超，英汉互译中肯、否定句的互相转换，外语学刊，1995（3）
② 张玉兰，英语和汉语否定式的差异，河南师范大学学报（哲学社会科学版），1997（3）
③ 陈定安，英汉比较与翻译（增订本），北京：中国对外翻译出版公司，1998：157
④ 张琦，英汉否定之比较，内蒙古民族师院学报（哲社版），1998（1）
⑤ 张捷，英汉否定比较，松辽学刊（人文社会科学版），2001（3）
⑥ 刘雪萍，青海师范大学学报（哲学社会科学版），2002（2）

汉语的否定结构相对简单，而英语中的否定结构多种多样。①

仲崇月主要从英汉两种语言对比的角度对英文否定结构中几个值得注意的现象进行了深入剖析，并指出，英语中的否定结构十分复杂，它在很多方面与汉语的否定结构不完全对称，是英语语法体系的难点之一。②

还有一些其他文章也讨论了英汉语的否定问题，如李文革③、关孜惠④、康璐⑤、黄治康⑥、范可微⑦、夏勇⑧、张杏珍⑨、曹人栋⑩等。另外还有一些文章专门探讨了英语否定句的汉译问题，讨论中也涉及了否定对比的问题，如王金洛⑪、李延林⑫、张济华和余则明⑬等。

上述文章主要指出了两种语言在否定表达上的差异，并结合教学和翻译实际提出了一些具体的处理办法，实用性较强；有的文章直接从中国学生常见的否定句翻译或理解错误着手，因此，所提出的分析方法具有针对性强的特点；同时，文章大多有丰富的举例，且例子分类清楚，体现了注重实用的特点，给人以一目了然的感觉。不足之处是就事论事，只对英汉两种语言中的否定现象作静态的、孤立的研究，解释性研究相对缺乏，理论层面上的讨论较少。在研究方法上，大多凭自己的语感和理解，方法缺乏系统性。

（2）以对外汉语教学为目的的汉英否定对比

相对于围绕英语教学的否定对比，为汉语研究和对外汉语教学服务的汉英否定对比在文章数量上就显得比较单薄，而且开始时间也相对较晚。这些文章数量虽少，研究的质量和深度却都有许多可圈可点之处。

张孝忠虽不以"英汉否定对比"为题，但内容却主要是把汉语中的主要

---

① 余德英，英汉否定结构的比较及互译，肇庆学院学报，2003（3）
② 仲崇月，英语否定结构几个值得注意的现象，贵州民族学院学报（哲学社会科学版），2006（5）
③ 李文革，英汉否定表达法的比较与翻译，陕西师大学报（哲学社会科学版），1994（增刊）
④ 关孜惠，英语否定句及其汉译初探，松辽学刊（社会科学版），1995（1）
⑤ 康璐，英汉语否定句式的对比分析及翻译技巧，常德师范学院学报（社会科学版），2000（3）
⑥ 黄治康，英汉翻译中否定形式的对应比较，四川教育学院学报，2004（7）
⑦ 范可微，英语意义否定句表现法及其汉译琐谈，吉林特产高等专科学校学报，2004（9）
⑧ 夏勇，论汉英否定表达的差异，徐州工程学院学报，2005（6）
⑨ 张杏珍，汉英否定结构浅析，中共南京市委党校南京市行政学院学报，2005（5）
⑩ 曹人栋，英汉语否定句式的对比分析及翻译技巧，台声·新视角，2005（12）
⑪ 王金洛，英语肯定与否定的特殊表达及其翻译，中国科技翻译，1997（4）
⑫ 李延林，英语意义否定句表现法及其汉译琐谈，中国翻译，2000（1）
⑬ 张济华，余则明，英语否定句难点剖析与理解，四川外语学院学报，2003（1）

否定词"不"和"没（有）"与英语中的主要否定词 not 与 no 进行了对比。张文指出，"没有"、"不"比英语中的 no 和 not 词汇意义更加宽广，前者在否定内容上各有各的选择，而后者几乎是纯粹的否定副词。在谓语否定方式上，英语一般采用助动词、情态动词或连系动词加 not 的形式来构成否定句，而汉语则将否定词直接放到需要被否定的成分前面。①

陈世伊的《汉英否定句的比较》一文主要围绕对外汉语教学展开讨论，提出了以英语为母语的学生学习汉语时应该注意的问题，并建议对说英语的学生进行汉语否定句教学，要尽可能以汉语之简驭英语之繁。该文首先对比了英汉语中主要的否定表达方法，认为英语用于表达否定的方式比汉语丰富，不但有否定词，而且有词缀来表示否定，汉语否定表达主要采用否定词，词缀用得不多。文章接着研究了英语中的否定形式与否定内容不相统一的情况。然后，文章主要探讨了英语与汉语否定不相对应的情况，并分析了中国学习者学习英语否定句有困难的原因。文章最后对比了英汉语在反义疑问句回答上的差别以及英语中其他几种表示否定的非否定句形式。该文以"两种语言中表示否定的方法颇有差异"结束。②

熊文华在专著《汉英应用对比概论》中专门辟有一节"汉语和英语否定句式的比较"来对比汉英语中的否定句式。作者从分析否定和否定句的定义、分类开始，分别就否定语缀和否定词、双重否定、否定吸引、否定焦点、肯定与否定的转换几个方面对比了汉英语中的否定句，指出了各自语言中涉及否定的许多有趣现象，并作出了详细的对比和分析。③

此外，王还④和白荃⑤从对外汉语教学的要求出发对比研究了汉英语中的否定结构，但是这些研究还比较零散。

以上文章都从对外汉语教学的实际出发，与教学联系紧密，针对性强，有说服力，而且举例丰富，但不足之处是分析的深度似嫌不够，只关注表面现象的罗列和比较。

---

① 张孝忠，不"和"没（有）"用法举例——兼与英语"not"和"no"的对比，[J]. 语言教学与研究，1984（4）：77~85
② 陈世伊，汉英否定句的比较，载于王还主编，汉英对比论文集，北京：北京语言学院出版社，1993
③ 熊文华，汉英应用对比概论，北京：北京语言文化大学出版社，1997
④ 王还，关于怎样教"不、没、了、过"，世界汉语教学，1988（4）
⑤ 白荃，"不"、"没（有）"教学和研究上的误区——关于'不"、"没（有）"的意义和用法的探讨，语言教学与研究，2000（3）

(3) 以理论对比为目的的汉英否定对比

进入 80 年代,否定对比研究的层面有所拓展,分析的方法也渐趋多样化。这时期的研究力图向解释性研究、多元化研究和深层次研究方向发展。

张今和陈云清是最早对英汉语进行理论对比的学者之一。他们在《英汉比较语法纲要》中对比了英汉语的否定结构,他们的研究偏重于理论性探讨,同时也考虑到了对英语学习的启示和借鉴意义。他们从静词否定式、动词否定式等九个方面比较了英汉语否定上的异同点,并指出两者既有共同之处,也有相异之点。① 他们研究的特点是搜例广泛,点评精辟,言简意赅,欠缺之处是没有透过现象的对比作进一步的理论分析和解释。

陈平从语言事实出发比较全面地对比了"英语中和汉语中由否定成分构成的否定结构(包括词,词组和句子)在语法和语义上表现出来的种种特点"。他首先提出了逻辑否定和语法否定这对概念,认为逻辑否定是语言否定的核心,但逻辑否定不等于语言否定。然后,作者对英语和汉语中由否定成分构成的否定结构进行了句法、语义上的分析,比较全面地探讨了英语和汉语的否定成分在词、词组和句子平面上的语法和语义特点,并对英语和汉语句子层面上的否定范围和否定焦点进行了细致的分析,比较了两种语言在否定结构上的异同。作者认为英汉否定词各自所属的类别并不完全一样,入句以后又分别受到各自语言系统句法结构的制约,彼此之间有较大的差异,但是,作为语言交际单位的一般否定句,它们所表现出来的新旧信息部分之间的组织方式以及与否定词的否定焦点之间的关系,在很大程度上表现出一致性,比如否定词语义上的否定对象与句子中新信息部分的范围大小有关系,谓词可以属于前提部分而不受否定词否定语义的影响等。文章最后指出,要更全面深入地对比英汉语否定结构,离不开对语言客观使用环境的分析,并有必要从语言功能的角度展开研究。该文不但比较全面地对比了英汉语否定结构,而且突破表面的对比深入到了语言的内部。陈文表现出一定的多层次考察的倾向,与以前的否定对比研究相比,其理论性有明显增强,分析更为深入,因而对以后的英汉否定对比研究产生了较大的影响。②

李文惠利用对比语言学的相关理论,分析和比较了汉语和英语否定结构中的差异和共性,涉及的主要内容包括:歧义与辖域、否定转移、元语言否定和

---

① 张今、陈云清,英汉比较语法纲要,北京:商务印书馆,1981
② 陈平,现代语言学研究——理论、方法与事实,重庆:重庆出版社,1991:210~246

否定极性词等几个方面。作者通过例证方法说明，汉语表面的否定句法结构比英语的句法结构更为清晰，辖域也更加明确，因此，多数情况下可以根据线性顺序来判断否定的焦点。关于否定提升（也称否定转移）问题，作者经过对比后发现，英语中的否定提升现象明显，而汉语中否定提升却并不明显，所以认为没必要为汉语专列"否定提升"这一语言研究项目。关于"元语言否定"，作者认为汉语中有专门用于表达元语言否定的句式和词项"不是"和"并"，而英语中用于描写否定和语用否定的语言结构并没有差别。对于否定极性词，作者认为，英语中的一些用数量词、副词、成语所表示的否定极性词译成汉语以后并不表现出否定极性词的特点，因此，没有必要在汉语中专门列出"否定极性词"这样的名目。①李文惠的文章以专题讨论的形式展开对比，涉及面不广，但研究有理论深度，注意做到理论探讨与实例分析相结合，具有较大的启发性。

赵世开以"正反"为名，采用从语言范畴出发向两种语言同时展开对比的方法，专门从十一个方面对比了英汉语中的否定现象：否定范畴、否定标志、词否定和句否定、否定句与转换性、肯定、否定和中介类词语、两对高频率的否定词、否定制约、否定缩约、否定累积、否定范围、否定焦点。该文与同类文章相比研究范围显得更为宽广，理论探讨意味有明显增强，而且引入了许多对语法范畴，如词否定与句否定、否定制约、否定缩约等。在关注英汉否定表达差异的同时，还注意到了两种语言之间的一些共性。②

除了以上专著中提到的否定对比研究以外，还出现了一些以理论研究为目标的否定对比文章。

张江云比较了英汉语常用否定词 no、not、"不"、"没"在句中的位置，以及英汉语表达否定的方式。他的文章试图揭示英汉语否定表达的一些规律，举例丰富，但主要侧重于对比语言现象。③

张今、张克定在回顾和分析夸克等（1972，1985）以及徐盛桓（1983）等人研究的基础上提出了确定英语和汉语否定焦点的步骤和方法。他们认为，确定英语否定焦点可以分以下几个步骤进行：首先是根据上下文，其次是根据常识，再次是根据任选成分，最后再根据总括词；同时，他们也提出了确定汉

---

① Li Wen-hui, *A study of the negation structures of Chinese and English*, PhD paper, Georgetown University, UMI, 1992

② 赵世开，汉英对比语法论集，上海：上海外语教育出版社，1999

③ 张江云，英汉否定形式的比较，解放军外语学院学报，1991（5）

语否定焦点的方法，首先也是根据上下文，其次是看是否有数量词，因为数量成分往往有成为否定焦点的倾向，最后是看修饰成分，因为修饰成分也容易成为否定的焦点。最后，他们指出了汉语与英语在确定否定焦点方面的异同，所同之处是它们的"否定中如有任选的修饰性成分，这些成分均倾向于成为否定焦点，所异之处在于焦点的位置，英语的修饰性成分一般都在句末，往往形成句末焦点，而汉语的焦点位置变化较大"。①

王文斌和陈月明专门对比了英汉语中比较句的否定式，重点关注的是语义分析。他们通过对比后认为，英汉一些否定比较句之间存在着一定程度的对应，但又有一些差异。这些差异主要表现在否定比较句的句法形式、语义蕴含、对不同类型形容词的选择性以及语用含义等各个方面。②

张逵从语用的角度分析对比了英汉语否定词在逻辑否定和元语言否定方面的功能差异。作者认为，英汉语的否定词都可以用来表示元语言否定，但是在表达的形式和语用等场合方面都不尽相同。③

陈凤兰运用比较研究的方法，从否定词语、否定用法、否定对象和否定表达方式等几个方面分析了英语和汉语在否定形式上的不同之处及其规律，指出英语和汉语用来表达否定概念的词语、语法以及语言逻辑都存在很大的不同，它们各自都有自己否定的习惯表达方法。④

唐英采用比较法对几种典型的会话情景中英汉否定的语用价值进行了对比，并指出说英语的人与说汉语的人在运用否定表达时遵从的是不同的语用原则。这一研究深化了英汉否定的对比研究，对大学外语教学具有一定的指导及参考价值。⑤

另外，还有郝世奇⑥和康倩⑦等也从理论角度对比了英汉语的否定词和否定句。

---

① 张今、张克定，英汉语信息结构对比研究，开封：河南大学出版社，1998
② 王文斌、陈月明，若干英汉否定比较句的语义分析，宁波大学学报，1996
③ 张逵，英汉元语言否定对比刍议，山西师大学报（社会科学版），1996（1）
④ 陈凤兰，英语和汉语否定形式的对比研究，北京印刷学院学报，1999（1）
⑤ 唐英，英汉否定的语用价值对比分析，宜春学院学报（社会科学），2005（5）：91～94
⑥ 郝世奇，英汉否定语素及否定词的比较，1992
⑦ 康倩，英汉否定比较，淮北煤师院学报（哲学社会科学版），2001（3～4）

2.3 对以往否定对比研究的评述与展望

上面我们简要回顾了自上世纪 70 年代末至今国内外在汉英否定对比方面所取得的主要成果。回顾以往英汉否定对比研究的现状，我们可以看出，以往的研究大多提供了丰富的举例，并给予了比较仔细、富有说服力的对比和分析，对于英汉否定句之间的互译和英语否定句教学具有较大的指导意义。也有的研究一改以往结构主义理论和方法论指导下的研究思路，开始运用功能主义语言学、形式主义语言学、认知语言学等思想和理论来指导英汉语否定对比。但对照当今对比语言学的发展趋势，①② 结合我们的汉英语否定对比研究，我们发现，我们还有以下几方面的工作要做：

（1）我们可以从语法、语义、语用三个平面的角度来对汉语以及英语中的否定结构进行对比，并可以突破句子对比的范围，把研究延伸到语用和篇章层面，以便更全面地理解汉英语否定结构的特点和共性。以往的研究大多只侧重于英汉否定的结构对比和语义对比，研究显得静态和孤立，没有做到静态研究与动态研究的结合，因而难以对否定范畴有全方位的理解。文贞惠③、宋永圭④把"三个平面"的思想运用到了汉语否定结构和汉语情态否定的研究之中，张谊生⑤在研究汉语副词时提到了否定副词所具有的篇章衔接功能，这些观点和方法都还没有在汉英否定对比中得到应用，因此，我们认为，汉英否定对比研究可以从语法和语义层面逐步扩展到语法、语义和语用三者结合的层面。

赵世开指出，把语用学理论以及篇章语言学和话语分析的方法运用到对比研究中去是对比语言学的发展趋势，因此，今后的研究应朝着全方位、立体化的方向发展。⑥ 这样的观点对于我们的否定对比研究同样具有指导价值。

（2）今后的汉英语否定对比研究应该处理好共时对比研究与历时对比研究之间的关系。过多地关注共时对比研究，对历时对比研究重视不够，历时对

---

① 胡壮麟，英汉对比研究的动向，青岛海洋大学学报，1997（1）：155~162
② 许余龙，语言对比研究是否需要一个理论框架，宁波大学学报（人文科学版），2009（4）：33
③ 文贞惠，现代汉语否定范畴研究（博士论文），上海：复旦大学，2003
④ 宋永圭，现代汉语情态动词否定研究，中国社会科学出版社，2007
⑤ 张谊生，现代汉语副词研究，学林出版社，2001：304
⑥ 赵世开，汉英对比语法论集，上海：上海外语教育出版社，1990

比研究的成果远远没有共时对比研究的成果来得丰富，这是当今对比语言学中普遍存在的现象，也是语言研究中的普遍现象，因此，需要引起我们的注意。杨自俭先生在2004年给"英汉对比语言学"下了一个新的定义："英汉对比语言学……的主要任务是对英汉两种语言进行共时和历时的对比研究，描述并解释英汉语之间的异和同，并将研究成果应用于语言和其他相关的研究领域"。① 从这一定义可以看出，把历时对比研究纳入到对比研究之中应该是对比语言学的题中应有之义，因此，今后的汉英否定对比中也应该有历时对比研究的内容。

（3）今后的汉英否定对比应该不断提高理论层次，从以往侧重应用对比研究转向以理论对比研究为主，以应用对比研究为辅的方向发展。从我国目前对比研究的现状来看，理论对比显得相对薄弱，一些应用对比研究关注的大多是一些浅层的语言不同点，没有透过表面的差异寻找深层次的原因，以描述性研究为主，解释性研究不多。这种状况在否定对比中同样存在，在笔者所找到的所有关于英汉语否定对比的文章中，涉及英语否定句教学的文章有两篇，其余的全部是讨论英汉否定句的翻译的，而以理论研究为目标的文章所占比例更是非常有限。"现用语言教师国际协会"于1968年为对比研究今后可能的发展方向提出了十条建议，其中第三条就是："着手对比分析时，应该首先考虑到它的理论意义，其次再考虑它的教学价值"② 我们从事汉英否定对比，同样应该把这一条铭记在心。

（4）今后汉英否定对比研究应该从过多地强调差异朝着关注"个性"和"共性"并举的方向发展。过分注重对差异的挖掘而对两种语言之间的共性研究重视不够、缺乏共性意识是以往对比语言学中共同存在的问题，这种情况在否定对比中同样有所反映。我们的否定对比研究要有新的突破，一定要在继续关注语言个性的同时重视对共性的研究。值得欣慰的是，在上述否定对比的文章和专著中，已经有专家开始注意到汉英语否定句的共性，如熊文华（1997）、赵世开（1999）等，这无疑是非常难能可贵的。

（5）将来的汉英否定对比研究也应该把句法分析与篇章结构研究结合起来。吉汶（Givon）在"回指主语代词的语篇频率"研究中就已经把句法与篇章联系了起来，而这，在胡壮麟看来，反映的是当今对比语言学发展中的一种

---

① 王菊泉、郑立信，英汉语言文化对比研究，上海：上海外语教育出版社，2004：序
② P. J. D. Pietro，陈平译，欧美对比语言学的发展概况，国外语言学，1980（2）

趋势。① 由于单纯对句子所做的对比研究具有一定的局限性，因此，今后，我们应该从篇章衔接的角度来研究和对比语言的否定问题，这样，我们就可能找到一些以前只从句子层面进行对比难以发现的新特点。

2.4　小结

在以往30多年的时间里，无论在否定对比的理论方面还是实践方面，我们都取得了可喜的成绩，但是，我们也应该看到，汉英否定对比研究还有很多工作要做，还有许多问题需要探讨，因此，我们要在肯定成绩的同时不断寻找不足和差距，以使我们的对比语言学能在新时期有一个新的突破。

---

① 胡壮麟，功能主义纵横谈，北京：外语教学与研究出版社，2000：293

第三章

汉英否定对比的理论基础

3.1 引言

语言学理论对于语言研究的重要性已为越来越多的人所认识，因为，人们已经普遍认识到，吸收世界语言学的理论和方法来指导我们的语言研究可以使我们少走弯路，提高效率，可以加速我们与世界语言学的接轨，同时也便于我们为世界语言学的发展作出更多的贡献。同样道理，对比语言学研究也离不开语言学理论的指导。

首先，语言学理论可以指导我们的对比实践。我们观察、分析、描写、对比语言的时候，不能完全不受某一立场和语言理论的影响。一些语言学家非常重视语言理论的指导作用，如玻普（Popper）认为，世界上并没有"纯粹的"事实，所有对事实的观察和陈述都渗透着理论。① 刘丹青在谈到语言理论对于语言研究的重要性时也曾经指出："语言学中的理论不一定是研究目标，却肯定是研究工具，是观察语言事实的望远镜和显微镜，好的理论能帮助我们看到其他理论所看不到的语言事实。"② 许余龙非常重视语言学理论对于对比研究的重要性，早在1992年，他就明确指出，要开展汉外对比研究，应确立对比研究的理论框架。③ 2009年，他又进一步指出："较为系统的语言对比研究，无论是理论对比研究，还是应用对比研究，通常都需要选用某一理论或分析框架对两种语言进行统一的平行分析描述，以确保分析结果的可比性和结论所应

---

① 许余龙，语言对比研究是否需要一个理论框架，宁波大学学报（人文科学版），2009（4）：35
② 刘丹青，深度和广度：21世纪中国语言学的追求，载于《21世纪的中国语言学（一）》，北京：商务印书馆，2004：9~10
③ 许余龙，对比语言学概论，上海：上海外语教育出版社，1992：62~63

达到的某种程度的周延性。"① 上述几位专家的话启示我们,要搞好跨语言的对比研究,就必须选择合适的理论做指导,只有有了语言理论的指导,我们才能对语言现象有更深刻的认识和理解,可以说,语言理论决定了我们描写什么样的语言现象、怎样来描写语言现象以及怎样来解释语言现象,并最终决定我们能取得怎么样的研究成果。

其次,用语言学理论来指导我们的对比实践,可以提高我们研究的理论层次。我们的语言学理论建设底蕴薄弱,这种情况同样存在于对比语言学之中。自从1978年吕叔湘先生发表《通过对比研究语法》至今这三十多年的时间里,我国的对比语言学发展迅速,取得了丰硕的成果,但是,总结这三十多年来的汉外对比研究,可以发现,我们的语言对比还存在着不少问题,其中之一就是对比研究的理论性不强。造成这种局面的原因是多方面的,其中主要的一点是,我们的不少对比研究工作者没有足够的理论意识,没有用正确的语言理论作指导,因此,要提高语言对比研究的理论层次,就一定要重视语言理论对于对比研究的指导作用,否则研究很可能流于肤浅。

再次,强调语言理论对语言对比研究的指导意义对于我们来说还具有特别重要的意义。著名物理学家吴大猷先生曾指出,中华文明具有技术性、观察性、记录性、个别性的特点,偏重实用,但在抽象的、逻辑的、分析的、演绎的思维方面显得比较薄弱,或者说,我们缺少建立抽象理论模型的意识和传统。② 吴先生所谈可能主要是自然科学方面的问题,但这样的情况在我们语言学界同样存在,因此,我们要提升语言学研究的层次,也应该有强烈的理论意识。

但是,我们强调理论对于对比研究的重要性和指导意义,并不是说没有了理论就无法开展对比,也并不意味着要找一个理论来作为目标,然后用汉英语中的例子来佐证或反驳这些理论,更不是要用理论来束缚自己的手脚。我们在开展对比研究前明确自己将使用什么理论来指导自己的对比实践,目的是要让自己的对比具有较深的理论深度,以便使我国的语言学研究具有更强的理论性。有人说对比研究是综合性的研究活动,在对比研究的过程中往往没有必要局限于某一特定的语言理论,这话似乎有道理,但是,综合性的研究并不意味着在对比中所有理论的地位是一样的,不同的理论在不同的对比中的重要程度

---

① 许余龙,语言对比研究是否需要一个理论框架,宁波大学学报(人文科学版),2009(4):36
② 吴大猷文录,浙江文艺出版社,1999年,转引自《中华读书报》2003年8月13日22版

是有差别的。

在下面的研究过程中,我们将运用多种语言学理论来指导我们的对比研究,因为,面对复杂的语言现象,我们有必要采用不同的理论和方法来寻找解决问题的线索。但是,这并不意味着我们将无所侧重地选择理论,这些不同的理论将在不同的层面上指导我们的对比实践。

下面我们将结合本书的研究目标和范围,介绍一些用于指导本研究的主要理论。

3.2 对比研究的基本原则

对比语言学可以分为广义对比语言学和狭义对比语言学。广义的对比语言学一般是指既找"异"也找"同"的研究,而狭义的"对比语言学"则主要是为找"异"所作的对比研究。另外,根据研究目标的不同,我们还可以把对比语言学区分为应用对比语言学和理论对比语言学,应用对比语言学主要关注找"异",理论对比语言学既找"异"也找"同"。本书所作的对比研究属于广义对比语言学和理论对比语言学,即以寻找个性为主,同时兼顾共性,以理论探讨为目标,同时适当讨论对语言实践的启示。从这一基本定位出发,我们为本研究确定了以下几条对比原则,以提高对比研究的效率和科学性。

(1) 坚持以汉语为本位的原则。以往有不少汉英对比研究只是一味地将汉语句子往英语句子模式里塞,以求用他人的理论和方法来解析汉语句子,或者以汉语的句子来附会他人的理论和方法。① 这种立足于英语,用西方的理论来套汉语事实的做法,已经证明是不能为汉语研究找到真正出路的,只会使汉语语法失去独立性,并最终使汉语具有更多的英语"共性"。潘文国和刘宓庆两位先生看到了这一点,所以他们提出了汉外对比要以汉语为本位的主张。潘文国提出,要改变汉英对比比来比去"两者差不多"的状况,应该换一种眼光,从以往由英语到汉语的研究变为由汉语到英语的研究。② 刘宓庆也强调"以汉语为本位",要使汉英对比"以汉语为基础,以汉语为始点,以服务汉语为目标"(base ourselves on the Chinese language, start from the Chinese 以及

---

① 杨启光,汉英句子的比较研究:理论与方法的探讨,暨南学刊(哲学社会科学),1990 (3)

② 潘文国,换一种眼光何如?——关于汉英对比研究的宏观思考,外语研究,1997 (1):2

work for the benefit of the Chinese language)。① 潘、刘两位先生的建议无疑是对一百多年来英汉对比研究中的扭曲现象发出的大声疾呼，是具有深刻的现实意义的。本书将按照潘、刘两位先生的观点，坚持立足汉语，并努力将研究结果用于解决汉语问题。

（2）坚持共时和历时相结合的原则。对比语言学不同于比较语言学，比较语言学主要是对有亲缘关系的语言做历时的对比，目的是要揭示语言之间的谱系或渊源关系。对比语言学主要是对没有亲缘关系的语言进行共时研究，即对两种语言的现时状态进行对比研究，这是对比语言学与比较语言学的重要区别之一。但是，承认共时对比在对比语言学中的重要性并不意味着我们要彻底排斥历时对比。其实，共时对比研究和历时对比研究并不是互相对立的，而是相辅相成的。共时研究是历时研究的前提和基础，历时研究可以促进和加深对共时研究成果的认识，提高共时研究成果的预见能力。② 从现实的角度来看，目前的英汉对比研究大多局限于对词、句、篇的共时描述，而对两种语言中这些结构产生和发展的规律没有作出应有的梳理。为了弥补这一欠缺，本研究将以共时对比为核心，同时力图从历时对比中获取营养，来加深共时现象的认识和理解。

（3）坚持理论对比为主、实用探讨为辅的原则。对比语言学的研究成果既可以用于语言理论研究，也可以运用于语言应用领域。理论对比研究的目的是探究人类语言的普遍性原则，为丰富和发展理论语言学服务；应用对比研究的目的可以将研究成果运用于语言教学、语际翻译、词典编纂等工作，从而为提高这些跨语言工作的效率服务，本研究将以理论对比语言学的理论和方法作指导，在研究过程中坚持以理论建设为目标，同时，我们将在理论对比的基础上进一步探讨本研究成果对于对外汉语否定句教学的启示和指导价值。

（4）坚持层次性原则。为了提高对比研究的效率，加深对比研究的深度，我们必须有层次地进行对比研究。首先，我们坚持对比研究应该以共时研究为主的原则，但同时也不完全排斥历时研究，因为共时研究和历时研究共同推进可以使我们的研究更加深入。其次，由于任何语言都是语法、语义和语用三个平面的结合体，因此，对比中，我们坚持"三个平面"的语法思想，以便更全面、更深刻地认识汉英语否定范畴的共同点和差异。第三，我们在进行理论

---

① 刘宓庆，新编汉英对比与翻译，北京：中国对外翻译出版公司，2006：28
② 郭富强，意合形合的汉英对比研究，青岛：中国海洋大学出版社，2007：20

对比的基础上，将进一步探讨理论研究对于应用研究的价值和意义。由于对外汉语教学是我们民族在新时代的一项重要事业，因此，我们将重点讨论否定范畴的理论对比对于对外汉语中否定句教学的启示。

3.3 对比研究的哲学基础

确定了对比的基本原则，下面我们来讨论用于指导我们研究的基本理论。基于哲学思想在理论中的特殊地位，我们就从讨论本研究的哲学基础开始。

哲学能帮助我们以一种有体系的思维方式来看待世界上的一切语言现象，因此，用哲学的眼光去分析和解释语言研究中的一些根本问题，可以使我们对语言的认识更加完整和深刻。在西方语言研究史上，一些伟大的语言学家往往同时也是伟大的哲学家，如洪堡特、索绪尔、乔姆斯基、奥斯汀等。他们之所以能在语言研究中取得重大的成就，是因为他们大都具有深厚的哲学素养。正因如此，我们在从事语言对比研究前，首先必须明确自己研究的哲学基础是什么。语言研究中的哲学基础主要表现为语言观问题。潘文国和谭慧敏曾这样指出："语言观是在学科性背后起决定作用的东西，不同的语言观导致了不同的语言理论，以及对对比语言学学科性质的不同定位，从而决定对学科研究方法论的选择。"①

我们为本研究所选定的哲学基础是洪堡特的"语言世界观"和马克思主义关于共性与个性辩证关系的原理。

洪堡特是德国伟大的语言学家，他的"语言世界观"对后世产生了重大的影响。首先，他没有否定语言的共性，而是正确地提出了人类语言间具有普遍性特征的观点。在洪堡特看来，虽然人类分为各个不同的民族、部落或宗系，各个民族也都有自己各自的语言或方言，但这一切都是人类精神创造活动的结果，因此，洪堡特相信，人类的语言应该具有许多共同特征。②

其次，洪堡特又非常重视语言的个性，看重民族文化和语言的相对价值，承认各民族的个性和差异。他指出，语言是一种民族现象，各民族的语言在结构形式、意义内涵上有所不同，一定的民族语言与一定的民族性和文化特征相维系，与民族的历史相联系，因此，他们的语言之间存在着差异是在所难免

---

① 潘文国、谭慧敏，对比语言学：历史与哲学思考，上海：上海教育出版社，2006：285
② 胡明扬主编，西方语言学名著选读（第二版），北京：中国人民大学出版社，2005：40

的。他的"民族的语言即民族的精神,民族的精神即民族的语言"就是这一思想的最精辟的提炼。

再次,在各民族语言共性与个性的关系上,洪堡特指出,它们之间的关系是辩证的,他认为,所有的语言都有自己的特性,有区别于其他语言的地方,但是,它们无论怎样不同,都遵循大致相同的原则,具有大致相同的结构,都是人类的语言器官派生的结果,任何语言都是共性和个性的统一体。因此,洪堡特指出,"在语言中,个别化和普遍性协调得如此美妙,以至我们可以认为下面两种说法同样正确:一方面,整个人类只有一种语言,另一方面,每个人都拥有一种特殊的语言。"① 在洪堡特看来,Sprache(语言)这个词应该包含两种互相联系的含义,一方面它是指 die Sprache,即单数的语言、人类的语言;另一方面是指 die Sprachen,即复数的语言,具体的、个别的语言。这两种语言是紧密相连的。

我们为本研究选定的第二个哲学基础是马克思主义关于共性与个性的辩证思想,这一思想为我们正确处理语言对比中共性与个性的关系提供了很好的哲学指导。关于个性与共性的辩证关系,毛泽东在《矛盾论》中有一段精辟的论述:"矛盾的普遍性和矛盾的特殊性的关系,就是矛盾的共性和个性的关系。其共性是矛盾存在于一切过程中,并贯串于一切过程的始终,矛盾即是运动,即是事物,即是过程,也即是思想。否认事物的矛盾就是否认了一切。这是共通的道理,古今中外,概莫能外。所以它是共性,是绝对性,然而这种共性,即包含于一切个性之中,无个性即无共性。假如除去一切个性,还有什么共性呢?因为矛盾的各各特殊,所以造成了个性。一切个性都是有条件地暂时地存在的,所以是相对的。"这段论述明确告诉我们,一方面,共性存在于个性之中,并通过个性而存在;另一方面,个性又与共性相联系而存在。这就是说,所有的共性都是从众多的个性中抽象出来的,共性是所有个性的共性,没有个性,共性也就无法存在。个性再特殊,也是共性中的个性。同时,共性和个性这一对概念都是相对而言的,在一定条件下可以互相转化,在某一场合为共性的东西在另一场合可能就是个性,反之亦然。

把这一思想运用到我们的语言对比研究之中,就是要求我们从汉语和英语的事实出发,分析清楚两种语言的个性,因为共性寓于个性之中,分析个性可

---

① 洪堡特,论人类语言结构的差异及其对人类精神发展的影响,姚小平译,北京:商务印书馆,1997:60

以为认识共性提供基础和条件。"事物的共性只存在于个性中，抛开每一种语言的个性去追求'语言的共性'都只是在虚拟世界缘木求鱼"①　同时，它也告诉我们，语言的个性和共性是相对的，是随着环境的改变而改变的。甲语言与乙语言比较时显示的个性，与丙语言比较可能又是共性，因此，共性与个性是相对而言的，是可以互相转化的。

　　在对待语言共性和个性的关系问题上，我们反对以"与国际接轨"为名过分强调共性的观点。我们不反对研究共性，但是我们反对脱离个性研究的共性。有专家曾指出，"国际上有影响的语言学派大多把主要的注意力放在对语言共性的提取上，而把发掘语言之间的各种差异放在了次要、服从的理论地位上。"②这样的观点我们认为是有些偏激的，因为"绝对的求同，只能是消灭差异，消灭分歧，只能意味着一种语言、一种语言观、一种语言分析方法，凌驾于其他一切语言之上，取代其他一切语言。"③

　　同时，我们也反对过分强调语言个性的做法。因为，如果我们认为对比语言学只能研究语言个性的话，那就会束缚对比语言学的发展。研究汉语时，如果过分强调汉语的特点，把汉语放在与世界语言相对立的角度来观察，全盘否定西方语言学理论对汉语研究的借鉴意义，认为只有这样才能建立更加符合汉语实际的理论体系，那是不利于汉语与世界其他语言的对比的。

　　我们同样也反对"异同并举，没有偏重"的思想。有专家认为，对比语言研究应该"异同并举"，不应该偏重其中一个方面。我们完全理解这些专家希望扭转对比研究领域存在的共性对比与个性对比畸重畸轻局面的心情，但我们认为，对比语言学中"异"和"同"的地位不是平等的，它们是有轻重之分的。在对比语言学中，寻求差异，即个性，是语言对比研究的出发点，而在更高层次上探究语言之间的共性是目的；而且，"异"和"同"的价值也是不一样的，相同的内容没有对比的必要，只有相异的部分才需要我们去特别关注。

　　总之，虽然以上两个哲学思想渊源不同，但它们对于我们正确处理好语言共性与个性的关系都具有重要的指导价值。它们告诉我们，在语言对比研究中，过分强调个性或共性都是有失偏颇的，正确的做法是要首先承认语言之间

---

① 刘宓庆，新编汉英对比与翻译，北京：中国对外翻译出版公司，2006：31
② 程工，语言共性论，上海：上海外语教育出版社，2002：5
③ 潘文国，"字本位"理论的哲学思考，语言教学与研究，2006：37

有共性，这是我们开展对比的基本前提，但是对比中我们应该将寻找个性作为研究的重点，因为个性是共性的基础，要更好地认识语言之间的共性，必须从认识各自语言的个性开始。关于这一点，戴浩一的一段话是对我们观点的最好注释："我们着重汉语和英语的异，并不意味着否认语言共性，否认探寻共性的研究有重要意义。相反，我们要通过系统地穷尽语言的特殊性，从容、谨慎地采取归纳的方法来达到语言的共性。"①

3.4 "三个平面"的理论

"三个平面"思想是上世纪 80 年代首先在现代汉语语法研究领域提出的一种语言研究思想。上世纪 80 年代，胡裕树、张斌、范晓等语言学家冲破了传统语法和结构主义语法的束缚，吸收了众多国外语言学理论的精华，博采众长，并在实践中不断探索和创新，提出了"三个平面"的语法理论。"三个平面"的基本思想认为，语法、语义和语用是互相依存、互相作用的，在汉语语法研究中，要区分语法、语义和语用三个平面，而在具体分析句子的时候，又要将这三个平面结合起来。"三个平面"的思想廓清了语法、语义和语用三者之间的界限，促使人们把对语义、语用的研究由不自觉转向了自觉，反映了当今语言研究发展的一个新趋势。

虽然大家对"三个平面"基本思想的认识是一致的，但对于如何处理语法、语义和语用三者之间的关系，各家仍存在着诸多分歧。对此，邵敬敏在《关于语法研究中三个平面的理论思考——兼评有关的几种理解模式》一文中全面而系统地梳理了以往围绕"三个平面"理论所提出的各种不同观点。他认为，目前关于"三个平面"的不同观点，概括起来大致可以归纳为以下五种。

（1）两翼模式：这一模式主要由胡裕树和范晓提出，他们认为，任何句子都包含句法、语义和语用三个平面，汉语语法研究必须以句法为基础，同时又兼顾到语义分析和语用分析，具体研究时既相对分开，同时又必须结合和综合起来研究。

（2）双层模式：这一模式由施关淦提出，他认为，"句法和语义一起，跟

---

① 戴浩一，叶蜚声译，以认知为基础的汉语功能语法刍议，国外语言学，1990（4）：21~27

语用发生关系。句法分析和语义分析都是静态分析，语用分析则是动态分析。"①

（3）三维模式：持这一观点的主要有张斌。他把三个平面比喻成一个立体的长、宽、高（three-dimension）。

（4）三角模式：邢福义指出，语表形式、语里意义、特定形式的语用价值三者形成三角关系，三者彼此制约，互相依存，形成立体关系。

（5）王维贤认为句法、语义、语用三个平面的划分是根本的，也是最概括的划分。王维贤区分了句法分析的三个平面和语言分析的三个平面，认为句法分析的三个平面应该叫句法平面、句法语义平面和句法语义语用平面。

在分析了上述观点以后，邵敬敏提出了他自己的研究模式——"立体交叉模式"，即对汉语语法进行语法、语义和语用三个平面的交叉研究，每个平面分别以"词语"、"结构"、"句子"作为研究实体，它们各有自己的词语意义和词语形式，结构意义和结构形式，语用意义和语用形式。②

上述围绕"三个平面"思想展开的讨论给了我们不少启发，它们对于我们应该怎样将这一思想运用于汉语研究提供了不少有益的借鉴。虽然"三个平面"的语法思想是为汉语研究而提出的，但它的意义并不限于汉语研究，它也同样可以被运用于对比语言学研究，因此，我们将从"三个平面"的思想中吸取营养来为我们的汉英否定对比研究服务。其次，我们也认为，"三个平面"是语法研究的一套思想，而不是一套僵化的模式，所以，我们可以在这一思想的指导下，结合自己的研究目标，提出自己相应的研究思路和方法。本着这样的基本观点，我们把汉英否定对比的内容做了如下分解。

首先，我们认为，语言有形式和内容之分，在语言中它们各自表现为形式结构和语义结构，我们研究语言，就既要研究语言的形式结构，也要研究语言的意义结构。我们知道，形式与内容是对立统一的关系，与语言形式相对应的内容即为语言的意义，与语言内容相对应的形式即为语言的结构，因此，在语言研究中，形式与内容的关系表现为语法结构与语言意义之间的关系。吕必松先生说："形式结构和语义结构的关系是一种不可分割的表里关系。因此，我们研究语法，就是要研究形式结构和语义结构的对应关系，即研究一种形式结构所表达的是一种什么样的语义结构，一种语义结构要用什么样的形式结构来

---

① 施关淦，关于语法研究的三个平面，中国语文，1991（6）
② 邵敬敏，汉语语法的立体研究，北京：商务印书馆，2007：83~84

表达。"① 我们研究语法，目的是为了认识语言形式与语言意义之间的对应关系，而我们进行汉英语的对比研究，目的也是要寻找和对比汉语和英语的否定表达形式与否定表达意义之间的对应关系。

其次，意义可以分为静态意义和动态意义。对此，金立鑫曾指出："在我们的理解中，'三个平面'不是三个平行的层次概念，而是一个形式对两个意义的关系。"② 按照我们的理解，这两个意义是指语言单位的意义和语言单位进入交际成为交际单位的意义。前者是狭义的语义，也叫静态意义或字面意义，是指语言内在的属性，即句子借助词汇意义和句子结构所表达的意义，是把一切语言外因素排除在外的意义。后者是广义的语义，又叫动态意义或语境意义，是指句子在特定语境中所表达出来的意义，它不但指语言内在的属性，也包括语言的隐含意义，或者说包括由于特定的语境影响而产生的语义。它是句子的临时意义，脱离了一定的语境，这样的意思就不复存在。如，一个幼儿说：No milk！他的意思可能是 There is no milk，或者是 Don't take away my milk，也可能是 I don't want any milk，语境不同，具体的意思可能也会不一样。正由于语用学研究的意义是语言在一定语境中使用时产生的意义，因此，莱文逊（Levinson，2001）把语用学看成是语义学的补充，认为语用学是研究语义学在语义研究中所没有涉及的内容不是没有道理的。③

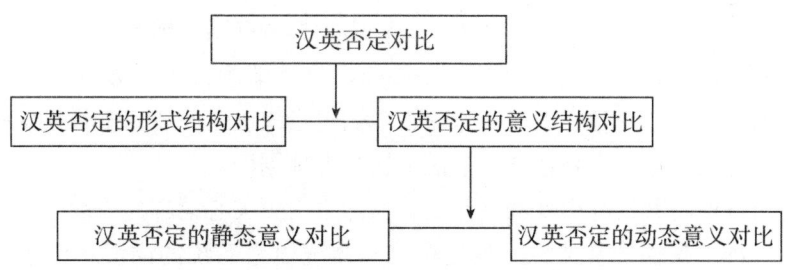

图示二　否定范畴对比的三个平面

否定结构同样可以划分为形式结构与语义结构，形式结构与语义结构互相

---

① 吕必松，对外汉语教学研究，北京：北京语言学院出版社，1993：172
② 金立鑫，语法的多视角研究，上海：上海外语教育出版社，2006：37
③ Levinson, *Pragmatics*, Foreign Language Teaching and Research Press, Cambridge University Press, 2001

依存，缺一不可，因此，我们对比汉英语中的否定结构，就必须既对比否定结构的形式，也对比否定结构的意义，既对比否定结构的字面意义，也对比否定结构的语境意义。有鉴于此，我们把我们的否定对比研究作了如下划分：首先把否定句划分为结构（形式）和语义（内容），然后把语义再分为静态意义和动态意义，静态意义是指字面意义，动态意义是指语境意义。（参见图示二）

3.5 功能主义的语言观

形式主义和功能主义是当今国际语言学界影响最大的两大流派。形式主义把重点放在对语言形式结构和特征的刻画上，在研究对象的选择上注重采用内省的、理想化的语料，并用抽象的形式化规则来加以表述。功能主义语言学与形式主义语言学有很大的不同，这些不同主要表现在对待语言的态度以及研究的方法等各个方面。

在对待语言的看法上，功能主义者强调语言的社会性和功能性，认为语言的基本功能是交际。他们把语言看成是一个与社会有着密切联系的符号系统，是人们为实现交际目的而不断进化的结果，语言的任何演变都是为实现语言的这一功能服务的，因此，他们提出，语言研究中如果不考虑某一语言成分在交际中的功能，就不可能真正理解该语言成分。

由于强调语言的功能，强调语言与现实世界的联系，因此，功能主义认为语言结构与现实世界具有相似性（iconicity）。功能主义者一方面也承认语言符号具有一定的任意性，但另一方面，他们也指出语言并非完全是任意的，语言符号与现实世界具有相似性，语法结构是有理据的。

在对待语言共性与个性的关系上，功能主义更关心语言的个性。在他们看来，每一种语言都具有独特的意义系统和体现语义系统的词汇语汇系统。同时，功能主义学派也重视对语言共性的研究，在功能主义者看来，语言的共性源自人类普遍的认知能力，由于人类具有共同的认知能力，人类面对的又是同一个世界，因此，人类语言才可能具有共性。

功能主义者不但重视对语言结构和语义的研究，还重视对语用的研究。在具体的研究方法上，他们既重视语言的形式研究，也重视语言的意义研究，而且把意义研究放在形式研究之上，在他们看来，语法研究的核心是语义，而不是句法。同时他们也认为，语言的意义存在于具体的使用过程中，脱离了具体的语境，就很难确定语言真实的意思，因此，功能学派非常重视语境等语法外

汉英否定对比的理论基础

因素对语言结构的影响，这样，他们把对语言研究的范围从语言内部扩展到了语言的外部。

功能学派还把语篇作为分析的对象。他们突破了结构主义语言学只强调语言形式、只关心句子结构的局限，把研究的范围由句子扩展到了篇章。在功能主义者眼里，人们不是利用孤立的句子来进行交际的，而是利用语篇来实现语言的交际功能的，有些单纯从句法角度很难解释得透的句子，从篇章角度来分析就能解释得清楚。比如，如果单纯从句子角度来看这一句"我不看见那人"，会觉得是不对的，但如果把它放在这样的句子中——"我不看见那人就不走了"，句子就说得通，因此，功能主义非常重视篇章对于句子解释的意义。

在研究语料方面，功能主义注重对现实使用中的自然语言的研究，他们注重从自然语言中摄取真实的语言材料，认为语言学应该研究实际使用中的语言。他们主要选择书面材料和录音材料作为研究的语料，并以实地调查、录音、发放问卷调查等方法进行广泛的调查和验证。

在具体的研究方法上，功能主义努力从语言结构的外部去研究语言，从语言功能的角度分析和解释语言现象。在语言的描写和解释方面，功能主义追求描写和解释的真实性，进行的是经验性解释，他们不苛求形式上的精密性。①

3.6 小结

本章回顾了一些相关的语言学理论，目的是为了更好、更高效地做好本研究的工作，另一方面，也是希望能为进一步丰富语言学的相关理论做一些贡献。我们清楚，回顾这些理论的目的是为了掌握其思想精髓，并不是要把这些科学的思想原封不动地搬到自己的研究之中。我们要学习这些思想背后的科学精神，并借鉴对我们有用的理论和研究方法，来把本项研究工作做好。但这里要强调的一点是，主要采用上述理论并不意味着要彻底地排斥其他理论。如我们今天的研究是在以往用结构主义的研究方法所取得的成果的基础上进行的，同时结构主义中的语法系统观并没有过时，它利用精密的描写方法来描写语言现象的做法对我们的研究同样具有不少的启示，因此，我们强调上述理论对我们的指导意义，但在必要的时候也会吸收其他理论的一

---

① 朱永生、严世清，系统功能语言学多维思考，上海：上海外语教育出版社，2001：165～167

些思想成果。

　　最后，我们用石安石先生的话来总结本章的内容："我们一点也不能轻视理论而盲目摸索，一切先进的语言学理论我们都要借鉴。但任何理论都不能代替具体情况的具体分析，理论本身也要在实践中不断丰富和完善。"①因此，我们从事语言对比研究时，首先要重视理论的指导意义，但更重要的是利用这些理论来做好我们的研究工作。总之，理论很重要，而比理论更重要的是用好这些理论。

---

　　① 石安石、高名凯，《汉语语法论》，北京：商务印书馆，1985：序

第四章

汉英否定的形式结构对比

4.1 引言

随着语言学的不断发展,尤其是结构主义语言学的兴起,语法已经成为许多语言学家研究的重要课题,因此,要对比汉英语否定句,有必要对它们的语法结构进行一番研究和比较。潘文国在《汉英语对比纲要》中指出,汉英对比研究应该围绕一个中心展开,这个中心就是以语法对比为中心,这是因为,语法研究的对象是语言的构造规律及其与语义表达之间的关系,这方面的差异是两种语言之间最根本的差异,① 因此,要对比研究汉英语否定结构,应该从语法对比开始。

语法,有广义与狭义之分。广义的语法包括结构与语义;狭义的语法不包括语义,只指结构。本章研究的语法专指结构。按照传统的结构主义观点,语法结构主要包括词法和句法,而句法在语法中占有尤为重要的地位;同时,句子在词、句、篇三者的关系中也处于中心地位,句子往下是词和词组,往上是篇章,因此,我们把语法对比的重点放在句法结构的对比上。

句子是通过词和词组来实现的,否定句离不开否定词,因此,要真正全面地认识和对比汉英语否定句,就应该从认识和对比否定词开始,只有弄清了否定词,我们才可能了解汉语和英语中否定句的一些对应规则。

---

① 潘文国,汉英语对比纲要,北京:北京语言大学出版社,1997: 9~11

4.2 汉英否定的词法对比

根据汤姗迪（Thompson）的调查和研究，世界上各语言的否定形式概括起来不外乎三种：（1）利用否定助词（negative particles）；（2）利用否定动词（negative verbs）；（3）利用否定词缀（negative affix）。这三种形式全都直接与句子的核心谓语动词发生关系，否定表达法总是落在谓语中心。① 汉语和英语都使用这三种否定方式来表达否定意义，而其中第一种和第三种否定方式用得尤其多。第二种否定方式的范围非常广泛，本书因为篇幅所限，不把它列入讨论范围。

什么是否定词？熊文华的定义是：具有否定意义或带否定语缀的稳定单位，如"不"、"没"、"不曾"等。② 朱晓亚把含有否定义素的词（如"拒绝"、"禁止"）也都包括在否定词范围内。③ 范莉提出了一个划分否定词的标准，她把是否形成向下蕴涵语境（即具有传递更弱信息的功能——笔者注）作为确定一个词是否是语义上的否定词的标准。她认为，划分否定词要从句法和语义两个角度来进行，"像'不'、'没'、'别'这样的词，它们在形式上是否定标记，在意义上形成向下蕴含语境，所以，它们是句法和语义上的否定词。有些词语在形式上不含否定的字眼，但是在意义上也能形成向下蕴涵语境，那它们就是语义上的否定词，如"很难"、"很少"。④

我们认为，上述划分主要强调意义，这没有错，否定词自然要表示否定意义，但是他们的概念在追求周全的同时也显得过于宽泛，如熊文华的"否定词"包括了"带否定语缀的稳定单位"，这样至少包含了汤普逊所说的（1）类和（3）类。朱晓亚没有提否定词缀的问题，但明确把第（2）类也包括了进来。范莉的划分考虑到了形式和意义，显得比较全面，但读完介绍我们还是不清楚否定词的界限在哪里。为了避免上述问题，我们把他们的划分范围做一调整，把否定词限定为汤姗迪所说的否定助词，即专门用于构成否定句的词，词性以副词为主，而把否定词以及含有否定义素的动词、带否定词缀的词等统

---

① 张伯江，功能语法与汉语研究，刘丹青编《语言学前沿与汉语研究》，上海：上海教育出版社，2005：33
② 熊文华，汉英应用对比概论，北京：北京语言文化大学出版社，1997：331
③ 朱晓亚，否定句研究概观，汉语学习，1992（5）：24，
④ 范莉，儿童和成人语法中的否定和否定辖域，合肥：安徽大学出版社，2007：10

称为"否定成分"。① 否定词是否定成分的一种,因此,否定成分是个总概念,否定词是个分概念,否定成分包括否定词。

在汉语和英语中,用于构成否定句的否定成分主要是否定词缀和否定词。本书为突出重点,方便讨论,把否定词法的对比范围局限在否定词缀和专门用于构成否定句的常用否定词的讨论和对比上。

4.2.1 汉英否定词缀的对比

词缀,又称为语缀,是指"附加于一个单词(word)之上,并改变其意义或功能的一个字母、一组字母、一个语音或一组语音(即一个词素)。"② 词缀是一种粘附语素,一般不能单独存在和单独使用,只表示附加意义或语法意义,不表示词汇意义。根据词缀在词中前中后位置的不同,词缀可以分为前缀、中缀和后缀。

4.2.1.1 英语否定词缀

英语的否定词缀有前缀和后缀之分,但没有中缀。英语中常用的否定前缀有: un-, im-, in-, a-, anti-, counter-, de-, dis-, ir-, no-, un-, under-等;常用的否定后缀有: -less, -free, -proof 等。

英语的否定词缀中,多数不能独立成词,如 anti-, in-, im-等,只有少数词缀能独立成词,如: no-, counter-, under-, -free, -proof 等。能独立成词的词缀严格地来说不是词缀,而是词,因此,陈平干脆把能独立成词的词缀与别的词结合起来构成的词称为复合词,言外之意是它们不能算是严格意义上的词缀。③

英语的否定词缀中,前缀不改变词根的词性,而后缀改变词性,而且新词的词性与词缀呈现一定的规律性,如以-less 为否定后缀的新词一般是形容词。

否定词缀并不是可以与任何词根结合来表示否定意义的,能与否定词缀结合的词根大多是褒义词。否定词缀与褒义词结合后构成贬义词,如 unhappy, improper, incapable; 而否定词缀很少与贬义词结合构成褒义词,如没有 un-

---

① 刘丹青,语法调查研究手册,上海:上海教育出版社,2008
② Jack C. Richards, John Platt and Heidi Platt, 语言教学及应用语言学辞典,北京:外语教学与研究出版社,2002:13
③ 陈平,现代语言学研究——理论、方法与事实,重庆:重庆出版社,1991:213

bad，unsad，unugly这样的词。①②

关于英语词缀，英语语法学界基本上已有定论，而有关英语的否定词缀问题，陈平（1991）也已有详细讨论，因此此处不再赘述。

4.2.1.2 汉语否定词缀

汉语中围绕词缀展开的讨论已有不少，如朱德熙③、郭良夫④、张静⑤、潘文国⑥、黄伯荣和廖序东⑦、朱亚军⑧、胡裕树⑨等都曾研究过汉语的词缀问题，但关于汉语中有没有词缀以及怎样的语素才能算词缀等问题，目前语法学界仍难达成一致意见，台湾学者汤廷池就曾说："国语词汇结构里究竟有没有词根与词缀的存在，以及需要不需要做词首、词尾、词嵌这样的分析，是一个颇有争议的问题。"⑩

对于汉语词缀问题，目前大致有三类意见，即认为有词缀、没有词缀以及有类似于词缀的成分。但这三种意见不是平衡的，持有第三种意见的占绝大多数。在第三种意见中，各家给出的名称也有差别，如有的用"新兴词缀"⑪ 称之，也有的把它叫做"准词缀或类词缀"⑫，还有的建议叫"词头或词尾"⑬，也有的把它叫作"定位词素"⑭。

我们同意汉语有类似于英语词缀的说法，如"第-、-子，-头"等确实具有明显的词缀特点和功能。但同时，我们也应该看到，汉语词缀与英语词缀有一些不同，因为根据上面《语言教学及应用语言学辞典》对"词缀"所

---

① Zimmer，1964，Affixal negation in English and other languages：An investigation of restricted productivity. *Word*，2002，pt. 2

② 沈家煊，英汉对比语法三题，载刘重德主编《英汉语比较与翻译（2）》，上海：上海外语教育出版社，2006：107

③ 朱德熙，语法讲义，朱德熙文集，北京：商务印书馆，1999：36

④ 郭良夫，现代汉语的前缀和后缀，中国语文，1983（4）

⑤ 张静，汉语语法问题，北京：中国社会科学出版社，1987：130~134

⑥ 潘文国，汉英语对比纲要，北京：北京语言大学出版社，1997：118

⑦ 黄伯荣、廖序东，现代汉语（上），北京：高等教育出版社，2003：257~260

⑧ 朱亚军，现代汉语词缀的性质及其分类研究，汉语学习，2001（2）

⑨ 胡裕树，现代汉语，上海：上海教育出版社，211~212

⑩ 汤廷池，1988：96，转引自潘文国等，汉语的构词法研究，上海：华东师范大学出版社，2004：93

⑪ R. Chao，*A Grammar of Spoken Chinese*，University of California Press，1968

⑫ 赵世开，汉英对比语法论集。上海：上海外语教育出版社，1999：229

⑬ 潘文国，汉英语对比纲要，北京：北京语言大学出版社，1997：118

⑭ 胡裕树，现代汉语，上海：上海教育出版社，2006：211~212

下的定义,严格意义上的词缀只能指粘附在词根上构成新词的语素,它本身不能单独成词,而与词缀形成对照的词根却必须是在加上词缀前本来就是一个词,加上词缀后使得原来的词根改变意义或词性。汉语中所谓的词缀没有完全能对上这些标准的。

关于否定词缀,一般认为汉语有否定词缀,可以用以构成否定词缀的成分有"不"、"无"、"非"、"未"、"莫"、"没"等几个。汉语否定词缀只有前缀,没有后缀。如:

不:不道德,不祥,不法;

无:无条件,无知,无私;

没:没趣,没用,没劲;

非:非正式,非重点,非卖品,非党员,非金属,非生物体。

汉语否定词缀中有一类特殊的词缀构成方式——中缀。关于否定中缀,陈平、齐沪扬和胡裕树都注意到了,即有的成分在"不"插入前本身就是一个词,如"打倒"、"稳住",有的成分插入"不"之前不能成词,如"来及""受了"。陈平指出了这种区别,但没有说"不"在什么情况下是词缀,什么情况下不是词缀。① 齐沪扬把"不"插入述补结构分为下列三种情况,其中A组中间不能插入"不",B、C组可以插入"不",所以他说A组的是词,B、C组是短语,但没有说"不"是否属于词缀。②

A:证明,改进,说穿,纠正,推迟,扩大,决定;

B:看见,打倒,叫醒,完成,发动,打开,气坏;

C:放大,缩小,学好,降低,增多,提高,抓紧。

胡裕树对这种情况有一个明确的看法,他认为"吃不消、来不及、对不起"中的"不"是中缀,因为"不"拿掉后剩下的"吃消、来及、对起"不成词;而"打不破、弄不坏"中的"不"是词,因为中间的"不"可以拿掉,而原来的结构"打破、弄坏"仍然能够成词。③

我们认为,汉语的词缀有两种情况,一种情况是在词缀加上前,该成分本身就是词,如:

金属——非金属,成年人——未成年人,道德——不道德,条件——无

---

① 陈平,现代语言学研究——理论、方法与事实,重庆:重庆出版社,1991:215~216

② 齐沪扬,对外汉语教学语法,上海:复旦大学出版社,2005:167

③ 胡裕树,现代汉语,上海:上海教育出版社,2006:211~212

条件。

另一种情况是该成分原来不成词,如:

知——无知,尝——未尝,产者——无产者。

因此,以被加的成分能否成词作为判断外加成分是否是词缀的做法是不适合于汉语的。另外,如果要以加上词缀前原来成分能否成词为标准,英语中的要求恰恰是词根本身应该是一个词,这一点从上面杰克·理查兹等给"词缀"下的定义可以看得很清楚。最后,如果以英语词缀的标准来衡量,汉语的"词缀"本身并不是严格意义上的词缀,这一点已基本得到大家的公认。我们之所以要划出词缀,是为了便于分析某些语言单位,比如,如果不把下面句子中"不客气"、"不屑"里面的"不"理解为词缀,就很难做出语法分析。如:

● "你们注意点。"陈伟玲不客气地说我,"自己没受过什么教育,就该好好听。"(王朔《一半是火焰,一半是海水》)

● 吴迪笑,陈伟玲皱眉头,不屑地把脸扭向车窗外。(王朔《一半是火焰,一半是海水》)

因此,我们认为,没有必要把"不"插入前被加成分能否成词作为判断"不"是不是词缀的依据。既然给汉语划分词缀本身就是为了方便语法分析所做的选择,那么我们就应该从方便分析的角度出发来判断某一成分是否是词缀了。

最后,关于汉语词缀,我们还想补充一句,潘文国先生说,把汉语中类似词缀的语法成分称为"词缀"其实并不合适,他认为可以叫词头、词尾,但必须作出不同于西方前缀、后缀的新的解释。① 我们觉得他的意见是有道理的,我们之所以没有采用潘先生"词头"、"词尾"的名称,主要是考虑到汉语词缀与英语词缀还是有不少共同点,属于同一类语法成分,而且根据王还先生"凡是相仿佛的语法术语,不妨用相同的"② 这一建议,加上"词缀"这一称谓比较通俗,已被广泛接受,因此,我们仍采用"词缀"这一名称。

与一些已被普遍接受的汉语词缀(如"老-,第-,-子"等)相比较,汉语否定词缀存在着一些明显的特点。这些被普遍接受的词缀其虚化程度一般都已很高,独立性比较差,没有很明显的实在意义,它们与词根结合后生成的

---

① 潘文国,汉英语对比纲要,北京:北京语言大学出版社,1997:118
② 王还,有关汉外语法对比的三个问题,门外偶得集,北京:北京语言学院出版社,1994:127

新词词性比较统一，如用"第-"组成的新词一般都是序数词，用"-子""-头"构成的新词一般都是名词等。而否定词缀的独立性比较高，大多能够独立使用，而且具有明显的词汇意义，虚化程度不高。否定词缀构成的新词在词性上也没有明确的倾向性，比如同是以"非"为词缀构成的词"非礼、非法、非凡"三个词的词性就不一样。

汉语否定词缀的另一个重要特点是，在词与词缀的坐标上，否定词缀更偏向于词，而不是词缀。这是因为，首先，按照专家提出的词缀划分标准，汉语否定词缀大多不很符合标准，甚至与标准有较大的出入，如根据张静的观点，汉语词缀必须同时具备下列四个条件，缺一不可：意义比词根抽象、概括，不是指独一无二的直接的物质意义的词素；永远不能以其在合成词里的意义独立成词的；不能用作简称词的；构词时位置固定的。① 汉语否定词缀是没有一个词缀能完全符合上述条件的。

其次，根据霍恩关于词缀组成的新词一般不能用于元语言否定的观点，我们对用汉语否定词缀构成的新词进行了测试。霍恩曾指出，由否定词缀构成的新词不能用在元语言否定之中，例如下面第二句中的 dislike 是利用词缀构成的否定成分，因此，不能用于元语言否定。

- Around here we don't like coffee, we love it.
- *②Around here we dislike coffee, we love it. ③

我们用同样的方法来测试汉语中的否定词缀，结果发现，汉语的否定词缀虚化程度还很不高。如：

- 什么这种行为非法，这是严重的犯法。
- 他们的投降哪里是无条件，他们提出的是很苛刻的条件。

上述两句中的"非法"和"无条件"可以用在元语言否定句中，说明这里的"非""无"没有明显的否定词缀的特点。

最后，汉语的否定词缀地位不稳定。同样带词缀的结构，放在不同的句子中，词缀的身份就会失去。如：

- 他是非党员。（"非"是否定词缀）
- 他非党员，何须带头？（"非"是否定判断动词）

---

① 张静，汉语语法问题，北京：中国社会科学出版社，1987：130～134
② 注：句子前加"*"符号的，说明该句是不合适的句子，下同。
③ Horn Laurence Metalinguistic negation and pragmatic ambiguity, *Language*, 1985 (6)

4.2.1.3 汉英否定词缀对比

由于汉语没有严格意义上的词缀，因此，汉语否定词缀与英语否定词缀的差别是不难想象的。

首先，英语否定词缀的虚化程度比汉语否定词缀的虚化程度要高，所以，词缀与词根的分界比较分明。但汉语中词缀与词根的分别比较模糊，界限不够明确。其原因是汉语中的词缀，一方面表现为构词或分，具有词缀的某些特点。但同时本身又具有词的特点，即表现为音、形、义三位一体，因此，严格地来讲，汉语中有的只是一些虚化程度较高的否定语素，而没有严格意义上的词缀。难怪陈平说，汉语否定词素中，除了中缀"不"是词缀外，其余没有一个词素完全够得上词缀的资格。①

其次，英语中带否定词缀的词若去除否定词缀后，其词根仍能作为独立的单词使用；而汉语中带否定词缀的词如果去掉词缀，词根有两种命运——能独立成词和不能独立成词，或者换种说法，词根仍能自由灵活使用和不能自由灵活使用。如：

dislike——like（能独立成词）

impossible——possible（能独立成词）

careless——care（能独立成词）

非金属——金属（能独立成词）

非人——人（能独立成词）

非法——法（不能独立成词）

没用——用（不能独立成词）

第三，由于汉语中的词缀受汉字特点的影响，基本上都能独立成词，因此，汉语否定词缀都类似于英语中可独立成词的词缀，如 no-, -free。

第四，英语中有一些词使用不同的否定词缀后，其意义可能一样，也可能有差别。如：

（A） moral 道德的，合乎道德的

immoral 道德败坏的，邪恶的

unmoral，不属道德范围的，无道德观念的

amoral，非道德性的，不属道德范围的

---

① 陈平，现代语言学研究——理论·方法与事实，重庆：重庆出版社，1991：216

nonmoral（同于 amoral）①

汉语中同一个词加上不同的否定词缀后，所形成的新词大多表达不同的意义，如（B）（C）（D）（E）；或者意义存在一定的差异，如（F）（G）；当然也有少数意义基本一致的，如（H）（I）。试比较：

(B) 莫非：表示揣测或反问

　　无非：不外乎

(C) 不必：没有必要

　　未必：不一定

(D) 无端：没有来由

　　不端：不正派

(E) 非礼：不合礼法，非礼的事情

　　无礼：不循礼法，不懂礼貌

(F) 非凡：超出一般

　　不凡：不平凡，不一般

(G) 不法：违反法律的

　　非法：违法的，不合法的

(H) 未免：实在是，不能不说是

　　不免：免不了，难免

(I) 不曾：不曾，没有

　　未曾：不曾，没有

一些意义基本一致的词，在某些用法上也存在着细微的差别，这是因为，汉语中的否定词缀具有更多的词的性质，即它们除了表示否定意义以外，本身表示一定的附加意义，而这些附加意义影响到了新构成的词的意义，从而导致意义上的差别，如"不必"与"未必"的差别就源于"不"和"未"的区别。

第五，英语中某些由否定词缀构成的词用于句子中时可以起到否定全句的作用，而汉语中没有这样的情况，因此，英语否定词缀的否定功能更为强大。如下面意思对应的两个句子，汉语只能采用否定词"没"，而没有类似的词缀可以用来否定全句。

- He saw nobody in the classroom.

---

① 陈平，现代语言学研究——理论·方法与事实，重庆：重庆出版社，1991：214

- 他在教室里没有看到任何人。

当然，汉语和英语的否定词缀也具有共同点。从否定词缀的类型来说，无论汉语还是英语，以前缀为最多。

4.2.2 汉英否定词对比

无论汉语还是英语，构成否定句的主要力量不是依靠否定词缀构成的词，而是否定词本身，因此，汉英语否定词法对比的重点应该是否定词。

汉语主要的否定词缀"不"、"非"、"无"等同时也是汉语中常用的否定词，所以有人不加区别地把作为词缀的否定成分与作为词的否定词混为一谈，这是不对的。实际上，词缀相当稳定，它的功能是帮助别的成词的以及不成词的语言单位构成一个表示否定意义的新词，因此，作为词素的否定成分与作为词的否定成分是有区别的。简单的区分办法是看它们是否必须随词根一起移动，如果必须一起移动，那就是词缀，否则就是否定副词。

下面我们将主要根据郭锐关于词汇表述功能的观点来比较汉英语中主要的否定词"不"、"没"与 no、not，希望通过对比，可以看出汉英语否定词的异同点。

郭锐认为，表述功能是词汇的本质。表述功能可以分为四种：陈述，指称，修饰和辅助。陈述功能表示断言，可以受状语修饰；指称表示对象，可以受定语修饰；修饰对陈述或指称进行修饰或限制；辅助起调节作用。其中修饰可以分为体饰和谓饰：体饰是对指称的修饰，体现在句法成分上是定语；谓饰是对陈述的修饰，体现在句法成分上是状语。上述四种表述功能中，陈述和指称是语言表达中最基本的功能，而陈述是比指称更重要、更基本的功能，因此，它们四者可以根据功能的大小表示为：陈述 > 指称 > 修饰 > 辅助。①

否定词作为表示否定意义的词，同样具有表述功能，但否定词的主要表述功能无疑是修饰，一般修饰动词、形容词和副词等，因此其修饰功能以谓饰为主，但也有的词有体饰功能，可以修饰名词。修饰不能独立使用，只能依附在被修饰的成分上发挥作用。其次，否定词也具有陈述和指称功能，表陈述功能时可以独用，表指称功能时一般用于句子中。否定词一般没有辅助功能。

4.2.2.1 汉语否定词分析

汉语否定词数量不多，主要有"不、否、弗、非、毋、无、无、勿、亡、

---

① 郭锐，现代汉语词类研究，北京：商务印书馆，2004：84~87

罔、莫、未、微、靡、蔑、末、没、甭、别",其中"弗、毋、無、勿、亡、罔、微、靡、蔑、末"几个在现代汉语中已不再使用。使用频率最高的要算"不"和"没（有）"了。"别"虽然也常被用于否定句，但是使用范围比较小，主要用于祈使句。由于"不"与"没"差不多支撑起了整个汉语的否定系统，用其他否定词构成的否定句基本上都可以转换成用"不"或"没"否定的句子，因此本书的讨论重点主要放在"不"和"没（有）"的分析比较上。

"不"自古以来就是汉语中最重要的专职否定词，它一般用来否定事物具有某些性质，否定事物要进行某种动作行为。若是用来否定动作行为，则常带有主观意志的成分。①

对于"不"的词性，除少数不同意见，如高名凯认为它不是副词，②丁声树等把"不、没"称为否定词外，目前语法学界的意见基本认为它是副词。我们也采用"副词说"，因为无论是汉语还是英语，否定词都有否定动词的倾向，而且基本上都能修饰形容词和其他副词，具有较多的副词特点。

在使用上，凡是用于否定判断动词"是"时，一般只能用"不"，而不能用"没"，这时的"不"起修饰功能，修饰陈述。如：

● 这不是技术性的、在人群中走路的正常反应。（王朔《一半是火焰，一半是海水》）③

"不"还可以用在动词或形容词的前面，主要起谓饰作用，修饰后面的词。如：

● "爱。"我想着怎么才能摆脱她。"我也爱你，真的，你不知道我多爱你。"（王朔《一半是火焰，一半是海水》）

● 上班儿不远，那时候，要求比较高，都住宿，一个礼拜才回家一次呢。（松淑琴《1982年北京话调查资料》）

当然，"不"更主要的功能是用作谓饰，修饰谓词，帮助句子构成否定句。如：

● 我不喜欢很早去跑步。
● 他不愿意和大家一起吃早餐。

---

① 吕叔湘，现代汉语八百词，北京：商务印书馆，1980：71~74
② 高名凯，汉语语法论，北京：商务印书馆，1945：430
③ 注：本书所用例子除选自其他作者的论文并已注明出处的以外，主要选自北京大学中文系CCL语料库。少数例子为对比需系作者自撰，自撰例子不注出处。

- 他不高，但份量倒不轻。

"不"也可以用在副词、介词等前面，主要是起谓饰作用，修饰后面的局部成分。如：

- 我以为你不一定来呢。（王朔《一半是火焰，一半是海水》）
- 我们洗就上那儿洗去。不每天去。（马光英《1982 年北京话调查资料》）
- 这两条考你考不住，考不上的话，就不在名儿，就是啊没录取上，当兵没录取上。（戴鼎培《1982 年北京话调查资料》）

"不"在独用的时候，起修饰功能，修饰前面的内容。如下面第一句中答话人的"不"是对前面的"沈三是天桥八大怪里头的"的否定；第二句中的"不"是指向前面的"三本"，是对"三本"的修饰。

- A：沈三是不是天桥八大怪里头的？
  B：不，不，不是，他不是天桥儿八大怪。（陈志强《1982 年北京话调查资料》）
- 我借了三本，不，是三本再加一些光盘后走出了图书馆。

"不"有时也具有指称功能，主要是指代前文提到内容的相反内容，相当于代词。如下面句子中的"不"分别指代前面的"不后悔"和"私营部门不愿意参与建立库存量"。

- "安，你后悔和我结婚吗？使得你只能放弃事业"。我坚决地摇头说不，玛丽亚，拥有你纯真的爱情我已经心满意足了。（赵长天《寻找玛丽亚》）
- 其减少幅度可能不大，但问题是私营部门是否愿意参与建立库存量，如果不，由全球粮食库存量将大幅度地减少。（《1994 年报刊精选》）

有时候"不"也可以用在名词前，但是这时候的"不"并不作体饰，还是应该理解为是作谓饰，因为这时候"不"后面的名词实际上已经形容词化或动词化了。如下面例子中的"不烟不茶"是"不抽烟不喝茶"的意思，"不城不村"中的"城，村"其实也已变成动词或形容词，"僧不僧，道不道"中后面的"僧"和"道"也都表示"像僧"、"像道"的意思，"不男人"就是说"不具有男人的特点"。

- 不烟不茶①

---

① 吕叔湘，1942，中国文法要略，北京：商务印书馆，1985：235

- 那两间屋子……不城不村，收拾得却甚干净。①
- 现在的长毛只是剪人家的辫子。僧不僧，道不道的。(鲁迅《风波》)
- 我干嘛在这关头如此虚弱，我太不男人了吧？(皮皮《大陆作家》)

汉语中还有一些结构，如"不男不女、不东不西、不伦不类"等，这些结构中的"不"后都接有名词，因此，有观点认为"不"可以后接名词。我们认为，上述词组基本上都是固定搭配，已经形成整体，因此，可以把"不"理解为词缀；再者，这些结构中的名词事实上也不再是名词，而是已经形容词化了，如"不男不女"可以理解为"既不像是男的也不像是女的"的意思。之所以出现这样的结构，是与汉语四字格的紧缩结构有关，而不能理解为是"不"不带名词的例外。

还有，像"不日"这样的结构是固定词组，不能认为"不"可以用在名词前是一种合理的搭配，因为这一结构的能产性很差，如我们一般不说"不月"、"不年"等。

还有的时候，"不"也可以用在下列结构中，这时候"不"的用法不是"不"本身具有的功能，而是句子结构赋予的，其功能仍然可看作是作谓饰用，因此不能认为是"不"的一种新用法。

- 我们穷人家娘儿们还有什么月子里不月子里的，还不是养下来过了三朝便煮饭洗衣？(苏青《拣奶妈》)

像"这不小李吗？"是一个省略句，中间省略了"是"，完整的应该说"这不是小李吗？"。这是话说得太快的时候出现的一种漏音现象，不能由此认为"不"可以带名词是它的基本功能之一。

"没"和"没有"在绝大多数情况下表示同一意义，可以互换，如："没吃饭"与"没有吃饭"意思基本没有差别。丁声树等②、吕叔湘③、屈承熹④等都认为，两者略有差别，如用于句末时用"没有"比用"没"多。我们认为，在现代口语中，"没"用于句末的情况也常出现，如：

- 他来了没？

而且绝大部分情况下"没"与"没有"可以互换，因此，我们把"没"和"没有"看成基本没有差别的词，不严加区别。下文分析中为讨论方便，

---

① 太田辰夫，蒋绍愚、徐昌华译，中国语历史文法，北京：北京大学出版社，2003：77
② 丁声树等，1961，现代汉语语法讲话，北京：商务印书馆，2004：198
③ 吕叔湘，疑问·否定·肯定，中国语文，1985 (4)
④ 屈承熹、纪宗仁，汉语认知功能语法，哈尔滨：黑龙江人民出版社，2005：217

虽然专讲"没"，但其观点同样适用于"没有"。

关于"没"的词性，目前存在多种不同意见。如高名凯认为"没"不是副词，因为它并不否定动词。① 赵元任认为"没有"是助动词。② 朱德熙认为"没有"是动词。③ 吕叔湘认为"没"是动词和助动词。④

关于"没"的用途，主要有两种意见，一种认为没必要把用于名词前的"没"与"用于修饰动词、形容词的副词"没"区别开来，它们是一个词，如赵元任认为这只是同一形式的两种不同用法。⑤ 其他如屈承熹、纪宗仁⑥和石毓智、李讷⑦都认为否定名词的"没"与否定动词和形容词的"没"实则是同一个词。另一种观点认为"没"有"没$_1$"和"没$_2$"之分。如王力认为"没（有）"有两种用途：一是代替古代的"无"字，用为次品；代替古汉语中的"未"字，用为末品。⑧李讷和汤普逊（Li & Thompson）也认为"没"既可以否定"拥有动词"及"存在动词"，也可以用来否定一个行为动词的完成式。⑨

我们认为，"没"后接名词时是动词，称为"没$_1$"；把用作副词的"没"称为"没$_2$"，用作连词的"没"称为"没$_3$"，用于表示指称功能的"没"称为"没$_4$"，理由是这几个"没"虽从来源上来说有联系，但实际语法功能差别较大，以分开为宜。

下面我们来分析一下"没"的表述功能。首先，"没"用于表示陈述，意思是"不存在/拥有"。如：

- 这儿从前没那么多工厂。
- 原来咱们没（有）这打算。

"没"更为主要的功能是作为否定副词，起修饰作用，用作谓饰，修饰动

---

① 高名凯，1945，汉语语法论，北京：商务印书馆，1985：430
② Y. R. Chao, *A Grammar of Spoken Chinese*, University of Caloifornia Univeristy. 1968：293
③ 朱德熙，1982，语法讲义，北京：商务印书馆，1998：200
④ 吕叔湘，疑问 否定 肯定，中国语文，1985（4）
⑤ Chao, *A Grammar of Spoken Chinese*, Berkeley and Los Angeles：University of California Press, 1968：439
⑥ 屈承熹、纪宗仁，汉语认知功能语法，哈尔滨：黑龙江人民出版社，2005：216
⑦ 石毓智、李讷，汉语语法化的历程——形态句法发展的动因和机制，北京：北京大学出版社，2001
⑧ 王力，1943，中国现代语法，北京：商务印书馆，1985：124～125
⑨ Li & Thornpson, *Mandarin Chinese*, Berkely and Los Angeles：University of California Press, 1981：434

词和形容词等。如：

- 在外边儿一个人，就是，没有走上正路。（冯振《1982年北京话调查资料》）
- 我爷爷那一代都没接触过，都是，不都是满族人。（松淑琴《1982年北京话调查资料》）
- 这花没红的时候最好看。

"没"也可以用在副词、介词等前面，同样是起谓饰作用，修饰后面的局部成分。如：

- 自1998年友好运动会后，这位前世界纪录保持者就没再参加过十项全能比赛。（新华社2004年新闻稿）
- 老伴身体不好，他没为她安排轻闲的工作，而是让她提前退休。（《1994年报刊精选》）

"没"也可以单用，这时候的"没（有）"是对前文的修饰，起谓饰作用。下句中回答人的"没有"是对前面"插过队"的修饰。如：

- A：原先呢，原先跟……插队还是？
 B：没有，我就是、是、呃，毕了业以后上工作。（刘伟芝《1982年北京话调查资料》）

"没"也具有指称功能，主要是用来指代前文中提到过的内容的相反内容，相当于代词。如下面的"没有"指代"没有偷人家的桃子"。

- 我问他有没有偷人家的桃子，他说没有。

"不"与"没"的区别，除了在"是"前面必须用"不"和在"有"前面必须用"没"以外，其他的用法基本一致。它们的主要区别在于否定词的意义上，即由于"不"与"没"在附带意义上的差别，它们后面能接什么词是不一样的，这说明，在汉语中决定搭配关系的主要是词的意义，而不是词性，这一点在后面的分析中（如"不"有时能与名词搭配）会看得更清楚。如果"不"或"没"不能后接什么词，一般都是因为否定词与后接词意义上的互相排斥所致。

这里特别要说明的一点是，汉语中的否定词"不"和"没"，它们作为副词与一般副词存在着一些差别。一般副词只指向句子中有限的几个成分，最多是一个或两个，而否定词可以指向句中除了助词（如"的、地、了、过"）等少数语法功能不明显的成分以外的任何成分。如：

- 他慢慢地沏了一壶茶。

57

- 他酽酽地沏了一壶茶。

上一句"慢慢"只能指向"沏",后一句"酽酽"只能指向"茶",它们都不可能指向句子的其他成分。而下面句子中的"没"可以指向除"没"以外的任何成分,在一定的语境中甚至可以否定主语"他"。试比较以下各种理解(加点的字是句子否定的对象):

- 他没在他家里给我们沏一壶酽酽的茶。
- 他没在他家里给我们沏一壶酽酽的茶。(只是一杯清茶)
- 他没在他家里给我们沏一壶酽酽的茶。(而是两壶)
- 他没在他家里给我们沏一壶酽酽的茶。(在茶馆)
- 他没在他家里给我们沏一壶酽酽的茶。(他妻子给我们沏了茶)
- 他没在他家里给我们沏一壶酽酽的茶。(给别人沏了茶)

4.2.2.2 英语否定词分析

从词类的层面上来说,英语用于表示否定的词明显多于汉语。除了常用的副词以外,英语用来表示否定的词汇有副词、名词、介词、形容词、动词、连词、代词等多种词汇形式。举例如下:

否定副词:not, no, nowhere, little, never, seldom, hardly, rarely, scarcely, barely, otherwise, no longer;

否定名词:absence, denial, failure, ignorance, lack, negation, refusal, reluctance, omission, neglect, exclusion, scarcity;

否定介词:above, against, without, away from, off, out of, beyond, but, except, past, instead of, out of;

否定形容词:absent, different, free, ignorant, indifferent, reluctant, blind, deaf, bad, wrong, missing, far from, safe from, short of, blind to, few, little, deaf to, dead to, last, least;

否定动词:cease, decline, defy, deny, escape, exclude, fail, forbid, hate, lack, mind, miss, negate, neglect, overlook, refuse, reject, resist, ignore, cancel, object, oppose, spoil, withhold, refrain, prevent;

否定连词:unless, rather than;

否定代词:nobody, nothing, none, nowhere;

此外,英语中还有大量的否定词组,如 no doubt, no wonder, nothing but, nothing more than, not/no…without, not…beyond, rather…than 等。

在所有这些表示否定的词汇中,no 和 not 是最常用的否定词,使用频率最高，也最灵活，是英语中构成否定句最主要的词，因此，这里我们主要分析和对比 no 和 not。

no 是一个使用非常广泛的否定词，用做形容词时只修饰名词，用作体饰。如：

- You have no reason to reject his invitation.
- No interesting books can be found in the bookstore.
- He is no poet.

no 还可以用在名词或动名词前表示"禁止"，这时候的 no 也起修饰作用。由于后接的词一般不是名词就是动名词，因此，这时的 no 也可以理解为作体饰功能。如：

- No photo!
- No shouting!

no 的另一个用途是用在形容词和副词的比较级前，对副词或形容词的程度进行限制，这时候的 no 作谓饰，起修饰作用。如：

- He is no shorter than his brother.
- He gets up no earlier than I.

独用的 no 起修饰功能，作谓饰，用于否定前文中的内容，如下文中的 no 分别是修饰前文中的 collect stamps，got the ticket 和 three 的。

- Do you collect stamps? No, but I collect coins.
- Have you got the ticket? No, not yet.
- He offered me three, no, five books.

no 有时还具有指称功能，用作指称功能时，主要是指代前文提到过内容的相反内容，相当于代词。如：

- I asked him if he wanted any more milk, he said no.

Not 是比 no 用途更为广泛的否定词，可以说，英语中大多数否定句都是用 not 来构成的。not 除了与 be、do 等助动词结合构成句子否定以否定全句以外，还可以单独用在不定式、分词、形容词、介词等组成的短语前面，构成成分否定，起强调和凸显被否定成分的作用，因此，not 在句子中的位置比 no 更有灵活性。

"not"作为否定副词，其主要功能是修饰，起谓饰作用。如：

- She is not good at translation.
- He did not clean the room quickly.

- They could not get to the destination on time.
- They did the reading not in the room.

not 还可以修饰句子的局部成分，修饰紧随其后的词或词组，这时候的 not 仍然起谓饰作用。如：
- Will you have your hair cut? Not now.
- He came here not by train, but by bus.
- Will you want to leave for Beijing? Not today.

修饰名词短语时，not 起体饰作用。如：
- Not a soul can be seen in the forest.

起指称作用的 not 还常常用在动词 appear, assume, believe, claim, expect, fancy, fear, guess, hope, imagine, presume, say, seem, state, suppose, tell, think, trust, understand 等动词后面，或用在词组 be afraid 等的后面，也可以用在副词 absolutely, perhaps, probably, sometimes, why 和连接词 as, if, or 等的后面①，主要是指代前文提到过内容的相反内容，相当于代词。
- Will it rain? I hope not.
- Do you still need the card? Of course not.

下面比较 no 与 not 的共同点和不同点。no 与 not 有时候可以互换使用，如下列句子中的 no 相当于 not a, not any。
- There is no water in the bottle.
- There is not any water in the bottle.

但它们在用法上更多的是不同点，而且存在明显的功能互补，也就是说，no 所具有的功能 not 常常不具备，反之亦然。如 no 可以单独使用，表示否定判断，而 not 却不能，not 如果用来表示单独否定，一般后面需要有具体被否定的内容，如 not now。no 与别的词发生关系以修饰名词为主，而 not 却在这方面存在明显的限制，如只能说 not a book，不能说 not book。No 如果要放在句子中间表达否定命题，又没有 not 那样的灵活性和适用性，no 一般只限于放在名词前和形容词前，与助动词不能结合。

4.2.2.3　汉英否定词对比

通过上面的分析，我们可以清楚地看出，汉语和英语在否定词的类别、数量、范围、功能等各方面都存在着较大的差别，具体来说，主要表现在以下几

---

① 陆谷孙，英汉大词典，上海：上海译文出版社，1996：1235

方面:

首先是英语的否定词汇明显比汉语丰富。英语表达否定的词有名词、代词、动词、副词、介词、连词等,再加上英语是有形态变化的语言,又是字母文字,因此,英语的否定词缀丰富,词缀与词根之间的关系比较清晰。汉语否定词数量少,而且品种比较单一,加上汉语是形态不发达语言,少数词缀都源自否定词,所以,否定词缀数量不多,词缀与词根的界限不明,有的否定成分界于否定词与否定词缀之间,而且地位很不稳定。下表中我们只选取了英语的一部分例词,汉语中主要的否定词基本上都已列入,两相对照,两门语言在否定词数量和种类上的差别已可见一斑。

表一 汉英语常用否定词对照

词性	汉语	英语
副词	没,不,别	no, not, seldom, rarely, hardly, little, never, scarcely
形容词	-	no, neither
动词	没,非,无	lack①
代词	莫	nobody, none, nothing, neither, little, few
名词	-	nobody
连词	-	nor, neither
连词	-	against, without, beyond, but, except, out of

其次,从否定词的功能来说,汉语中否定副词能修饰动词词组、形容词词组、副词词组、介词词组,但都不能修饰名词和句子;汉语中的否定词无论是"不"还是"没"都能单独成句。英语中的否定副词 not 可以修饰各种成分,但不能单独成句;no 以修饰名词为主,使用时可以单独成句。

再次,汉语否定词前还可以有别的副词来修饰,如"很不高兴"、"非常没面子",但英语中不能在否定词 no/not 前再加副词来调节否定程度,如要否定某一表负性意义的词,一般是采用"副词+带否定词缀的词"的形式,如 quite impossible, very unpleased。

----

① 注:陈平认为 lack 与"没(有)"差堪比拟,但是 lack 有"该有而没有"的意思,"没(有)"纯粹表否定。

下面我们就把汉英语中主要否定词的表述功能列表做一对比。其中"+"表示具有这一功能,"-"表示没有这一功能。

表二　汉英语常用否定词表述功能对比

否定词		陈述	指称	修饰		辅助
				体饰	谓饰	
汉语否定词	不	+	+	-	+	-
	没	+	+	-	+	-
英语否定词	no	+	+	+	+	-
	not	-	+	+	+	-

4.3　汉英普通否定句句法对比

句子是人们交际的基本手段,是最小的语言使用单位,人们对世界的认知,总是通过句子的形式反映出来的,只有句子才能表达一个完整的思想。在词法和句法的关系中,句法占有更重要的地位,因为词只有组成句子以后才能进入交际,因此,王维贤(2007)指出,句子是语法研究的重点,也是整个语言规律的核心。① 在汉英语否定对比中,否定句同样占据着核心地位,因为,人们要表达否定的概念,一般是通过否定句的形式来实现的。

汉语和英语的否定句,大多采用否定词否定谓语动词的方式作为主要的否定句结构方式,这种否定句,被玛蒂·靡斯太摩(Matti Miestamo)称为标准否定句(Standard Negation)。②除标准否定句外,人们也可以通过否定句子中某一成分的方式来表示对全句的否定(如 He has no books),或表达对句子局部成分的否定(如 He read English not loudly in the room)。否定句子谓语成分的否定结构是句子否定(sentence negation);通过否定句子局部成分的否定结构,不管它在意义上是对全句的否定还是对句子局部成分的否定,都是成分否定(constituent negation)。

下面我们就从普通否定句和特殊否定句两个角度来对汉英语的否定句结构

---

① 王维贤,王维贤语言学论文集,北京:商务印书馆,2007:38
② Matti Miestamo, *Standard Negation——The Negation of Declarative Verbal Main Clauses in a Typological Perspective*, Mouton de Gruyter, 2005:1

做一对比，其中特殊否定句包括情态否定句、并列否定句和量词否定句。

4.3.1 普通否定句对比

金立鑫认为，语法研究可以从研究"典型语序"开始。所谓典型语序，是指"某一语法结构呈现出一种最常见的、最基本的结构模式的情况，这种结构不带有任何其他的表示某种特殊的语境意义的形式标记，无特定的语用含义"。① 由于典型模式比较单纯，容易把握，容易研究透，所以，我们可以从研究典型的否定句开始，然后把这种"典型语序"中所获得的研究成果作为基准，来与一些变异模型进行对比，从而达到从典型分析到变异分析的转变，最后达到对该语法范畴的全方位的了解。我们的否定句对比也以对比汉英语中的普通否定句开始，在对比了普通否定句以后，我们再进入特殊否定句的讨论。

4.3.1.1 汉语普通否定句的结构

在分析汉语否定句之前，我们有必要首先了解一下汉语句子结构的基本特点，因为了解这些基本特点，会有助于我们对汉语中复杂的否定现象有一个更加清晰的认识，同时也可以方便我们的否定句对比研究。

汉语句子在不少情况下很难确定主语或干脆没有主语（如：多美啊！下雨了！），有的句子没有谓语动词（如：他上海人；小张黄头发。），即使有主语和谓语，主谓语之间也没有类似于英语的"SV 提契机制"②，因此，汉语在句子形式上没有明显的特征。汉语除没有明显的句子特征外，还具有稳定性较差的特点，一个词组在某一上下文或情景中可以看作是一个句子，放入一个更大的结构中可能就成了词组，比如"我喜欢香蕉"可以构成一个句子，而在"我喜欢香蕉，他喜欢苹果，这是大家早已知道的事情"中，"我喜欢香蕉"就成了句子主语的一部分，因此，潘文国先生把汉语的这种结构方式称为"竹式结构"，意思是说，汉语句子是像竹子一样一节一节接起来的，每一节都自成一体。③ 由于汉语句子具有形式特征不明显和稳定性比较差的特点，汉语中主语和谓语之间的语法关系与其说是施事和动作的关系，还不如说是话题和说明的关系，因此，有专家认为，我们不应该用"主语—谓语"的分析模

---

① 金立鑫，语法的多视角研究，上海：上海外语教育出版社，2006：96
② 刘宓庆，新编汉英对比与翻译，北京：中国对外翻译出版公司，2006：198
③ 潘文国，汉英语对比纲要，北京：北京语言文化大学出版社，1997：202

式来分析汉语的句子结构，而应该用"话题—说明"的模式来分析比较合适。①

我们认为，用"话题—说明"的分析框架来描述和解释汉语句子的结构确实有比"主语—谓语"模式更符合汉语的一面，但是，用"话题—说明"来代替"主语—谓语"，同样会出现划界困难的问题，由于人们对同一句子的理解和认识不同，对"话题"和"说明"的看法也会出现差异。比如下列句子：

- 他吃比萨饼吃得不快。

有人认为这里的"他"是话题，"吃比萨饼吃得不快"是说明；也有观点认为，话题应该是"他吃比萨饼吃得"，说明部分应该是"不快"。②

同时，我们也考虑到，采用"话题—说明"的分析方法会给汉英语的对比带来不便。英语是典型的SVO结构，采用"主语—谓语"的分析方法比较符合英语的特点，汉语的SVO结构不典型，但是也是优势语序。根据孙朝奋和吉汶（Sun & Givon）③ 以及曹聪孙④的统计研究，现代汉语句子中的SVO结构相对于SOV结构还是占优势。因此，为方便汉英之间的对比，下面的分析中，我们仍将采用"主语—谓语"的分析框架来分析汉语的否定句。

按照胡裕树先生的意思，汉语句子可分为非谓语句和主谓句两类。主谓句又可以细分为名词性谓语句，动词性谓语句，形容词性谓语句和主谓谓语句四种。⑤

非谓语句的否定句主要表现为否定词"不"、"没"独用时构成的独词句，这时的否定词单独表陈述，否定指向前面的问话或否定词前面部分的内容。例如：

- A：你今天就回家吗？
  B：不，我还要住两天。
- A：你昨天去上海了？

---

① Chao Y, *A Grammar of Spoken Chinese*, University of California Press, Berkeley, Los Angeles, London, 1968：69~70）

② Li Wen-hui, *A study of the negation structures of Chinese and English*, PhD paper, Georgetown University, UMI, 1992：39

③ Sun, C-F and T. Givon. On the So-called SOV word Order in Mandarin Chinese, A Quantified Text Study and its Implications. *Language*. 1985. Vol. 61. No 2

④ 曹聪孙，语言类型学与汉语的SVO和SOV之争，天津师大学报，1996（2）：75~80

⑤ 胡裕树，现代汉语（重订本），上海：上海教育出版社，2006：316~323

B：没有，我在家呆着呢。
- 他买了三十本，不，精确地说是三十六本外文原版书。

汉语主谓句的否定句情况比较复杂，原因是汉语没有英语那样的助动词，因此，否定词可以不受形式的约束，在句子中的位置比较灵活，这给汉语否定句句法单位的划分带来了不少困难。

下面我们根据胡裕树的分类方法，按照名词性谓语句，动词性谓语句，形容词性谓语句，主谓谓语句的顺序来分析汉语否定句的结构。

（1）名词性谓语句。汉语中常常有名词作谓语的情况，名词做谓语时，大多不需要动词。如：
- 明天晴天。
- 小张黄头发。
- 这个人好本领。

若要把名词性谓语句转换成否定句，一般要将原来隐去的动词重新呈现，这是因为，汉语否定词"不"一般情况下不能后接名词，更不能带名词作宾语，而没有动词的出现，就没法把否定词合适地加到句子中。名词性谓语句大多表示判断，被隐去的动词常常是"是"，因此，转换成否定句时就是把"是"变成"不是"。如果被隐去的谓语动词是"有"，则只要将"没"放在被隐去动词"有"的前面就可以了，也可以直接用"没"代替"有"。如与上面名词性谓语句相对应的否定句分别是：
- 明天不是晴天。
- 小张不是黄头发。
- 这个人没有好本领。

（2）动词性谓语句。动词性谓语句是汉语中最典型的谓语句，占谓语句的绝大部分。我们选择了王朔的《一半是火焰，一半是海水》中的否定句进行了分析，发现在所有带"不"的532个句子中，"不"用在谓语动词前面的句子占到314句，占59%；在所有带"没（有）"的214个句子中，"没有"放在谓语动词前的有94句，占44%。（详见下表）由此可见动词性谓语句在整个汉语中的分量之大。

表三 《一半是火焰，一半是海水》中汉语否定句的数量统计

用法 否定词	后接谓词	后接名词	后接局部成分	不＋是	独用	用于词缀	V＋不＋补语	总数
不	314	0	8	68	13	76	53	532
没（有）	94	57	0	0	19	44	0	214

　　动词性谓语句的否定方法一般是将否定词放在谓语动词或具有动词功能的词（如"他在杭州"中的"在"等）的前面，直接否定谓语动词，以起到否定整个命题的效果。这主要是因为，在一个句子之中，动词或具有动词功能的词是句子的主要成分，所以把否定词放在这样的词前面起到的否定效果最好。① 从信息结构角度来说，由于谓词短语往往给出新信息，因此，谓词自然是否定词否定的最佳对象。如下面句子中的"不"或"没"都放在动词的前面，并通过否定动词来否定围绕动词的整个词组。

● 这儿不算龙须沟，龙须沟在北边儿呢。（石昆山《1982年北京话调查资料》）

● "我还没爱上你。"吴迪笑，红着脸正视着我含情脉脉的目光。（王朔《一半是火焰，一半是海水》）

● 我爷爷我就不知道，我连看也没看见过。（奎金宝《1982年北京话调查资料》）

● 那一夜我几乎没睡，咬着牙躺在床上忍受着勃发的情欲烈火般的煎熬。（王朔《一半是火焰，一半是海水》）

　　如果肯定句的谓语动词是判断动词"是"，那么，否定词一律采用"不"来否定"是"；如果肯定句谓语动词是"有"，则否定词一律用"没"。这两种情况，可以说没有例外。如：

● 我告诉他们咱们不是夫妻。他们非说你在偷偷爱我。（王朔《一半是火焰，一半是海水》）

● 由于每年台风的劲吹，岛面对外海的这一面几乎没有高大树木，阳光直射在路面。（王朔《一半是火焰，一半是海水》）

　　否定词也可以放在情态动词的前面构成对情态句的否定。关于情态句的否

---

① 高名凯，汉语语法论，北京：商务印书馆，1985：430

定，后面将有专门讨论。

（3）形容词性谓语句。汉语形容词可以充当谓语，充当谓语的时候大多不需要动词，形容词直接作谓语，构成陈述句。如：
- 这房子很宽敞。
- 中国人民勤劳勇敢。

对形容词性谓语句进行否定，否定词就放在形容词前面直接否定形容词。如：
- 这房子很不宽敞。
- 他是回民嘛，这和汉民就不一样。（马增志《1982年北京话调查资料》）

"没"也可以用在形容词前，但是"没+形容词"与"不+形容词"不一样，前者一般否定动态的变化过程，而不否定状态。如：
- 这花还没红，卖不起价钱。

由于汉语的谓语可以由动词、形容词或名词担当，因此，我们在分析中有时把起谓语作用的动词、形容词或名词统称为"谓词"。

（4）主谓谓语句。汉语中主谓结构可以充当谓语，这一点与英语很不一样。对主谓谓语句进行否定，一般是对作谓语功能的主谓结构中的谓词直接进行否定就可以了，这时的否定词大多采用"不"，少用"没"。如：
- 他头发黄。
  他头发不黄。
- 他胃口很好。
  他胃口不好。
- 这个人作品很多。
  这个人作品不多。

之所以可以采用这样的否定方法，是因为，句子主语（大主语）与谓语成分中的主语（小主语）常常是前者拥有或包含后者的关系，像"他头发黄"实际是"他的头发黄"的意思，因此，否定"黄"就起到了否定句子的作用。

以上谈的都是否定谓语部分的句子，但是，汉语否定句并不总是通过否定谓语部分来构成否定句的，汉语还有通过否定句子局部成分构成的成分否定句，这是因为，汉语句子有时候所谓的枝桠部分甚至比主干部分还重要。① 因

---

① 潘文国，汉英语对比纲要，北京：北京语言文化大学出版社，1997：203

此，除了否定谓语成分以外，汉语否定词也可以根据需要放在一些需要被否定的成分前，如介词短语前、副词前或动补结构中间，直接否定状语、补语、定语等成分。如：

- 他从不在自家门口卖菜，怕是被人看见难为情。
- 他没有马上把书放进书包，而是靠在桌子上哭了起来。
- 有的那个话呀你没法儿写，你写不出来。（童静娴《1982年北京话调查资料》）
- 我们家在北京住那我可说不清楚，爷爷可能就是北京人，很多代啦，三代以上。（张国才《1982年北京话调查资料》）

汉语否定词还可以否定主语。否定主语时否定成分仅仅否定某个词，对全句命题不产生影响，这时候否定词所构成的是成分否定。如：

- 不吃早饭是个坏习惯。
- 不是上海人没有关系，只要会带孩子就可以。

从上面对于汉语普通否定句基本结构的介绍，我们可以发现汉语否定句的几个基本特点：

首先是汉语否定词在句中的位置受约束较小。汉语否定词虽然以否定动词为最多，但它们既可以出现在形容词和名词构成的谓语动词前，也可以出现在句子的局部成分，如介词短语或副词等前面。出现这种情况，一是与汉语中谓语的特点有关。汉语由于没有 SV 提挈机制的约束，谓语有比较强的灵活性、独立性和自足性，汉语谓语自由度高，对主语的依赖性比较小，这使得它的语法体系缺少了一些形式上的约束，从而使汉语动词在句法功能和语义功能上获得了优势，多了一些语词位置上的自由。① 这一特点，使得汉语否定句在组织句子结构的时候可以直接从意义出发，而不必考虑形式。二是与汉语否定词的数量不多有关。汉语除了最主要的"不、没、别、非、无"等一些否定词外，能起否定作用的副词并不多，加上有限的词缀也基本上是从否定词虚化而来的，因此，要实现对句子各部分的否定，汉语只有利用否定词灵活的位置关系和语序上的优势来弥补其否定手段上的"先天不足"。因此，高名凯先生说："在汉语中，否定词就随着注意点之所在而加在不同的地方。因为在思想上有轻重的注意点，在感情上有轻重的注意点，所以所在否定的东西也就有所不

---

① 刘宓庆，新编汉英对比与翻译，北京：中国对外翻译出版公司，2006：117

同"。①

其次,语序对于汉语否定句非常重要,否定词位置不同,否定句的意思就会不同,因此,否定词不能随便移动。正因为汉语否定词位置关系灵活,位置直接影响意义,所以,汉语可以通过否定词的位置关系来调节否定的内容和强度。如下面句子中,否定词位置不一样,意思也就不同。

- 这是些不很勤奋的学生。
- 这不是些很勤奋的学生。
- 这是些很不勤奋的学生。

第三,汉语否定句结构中,意义因素起着重要的作用,但是我们也应该看到,汉语否定句也存在着受形式制约的一面。如下面的句子就不完全是根据否定意义的需要来放置否定词的。

- 他没说三句话就走了。

上句中的"没"指向的并不是"说",而是"三句话",也就是说,"他说话了,但是数量没有三句(当然这里的"三"是虚指)"。那么为什么本该否定"三句话"的否定词"没"移到了并没有真正被否定的成分"说"的前面呢?这一点启示我们,我们在肯定汉语否定句随意放置否定词的同时,也应该注意到它同时也有受形式影响的一面,这一形式,就是"动词中心观"。吕叔湘说,由于受"动词中心观"的影响,语言中最常用叙事句的中心是动词,②因此,否定动词这一中心可以起到否定句子某一局部成分的作用,换句话说,汉语也有否定动词的倾向。

第四,句子否定与成分否定界限模糊。汉语否定词在句中灵活的位置关系也使得汉语否定句在结构形式上具有明显的缺点,那就是句子否定与成分否定之间的界限并不清晰,因此,赵世开说,汉语很多时候采用词汇否定手段来表达否定命题,而这种灵活的否定方式使得句子否定与成分否定的界限比较模糊,不易区分。③ 比如下面的两句,就很难判别属于句子否定还是成分否定。

- 约翰不常常来。
- 约翰常常不来。

---

① 高名凯,汉语语法论,北京:商务印书馆,1985:430
② 吕叔湘,中国文法要略,北京:商务印书馆,1982:28
③ 赵世开,汉英对比语法论集,上海:上海外语教育出版社,1999:231

69

陈（Chan，1973）①认为前一句的"不"修饰"常常"，是成分否定，后一句的"不"修饰"来"，是句子否定。但是邓守信认为这两句都是句子否定。我们不去判别谁对谁错，但从他们的不同意见中可以窥见汉语中区别句子否定与成分否定之不易。

吕叔湘先生在谈到汉语特点时曾这样指出："由于汉语缺少发达的形态，许多语法现象就是渐变而不是顿变，在语法分析上就容易遇到各种'中间状态'"。②吕先生的话并不是针对否定句说的，但也是适用汉语"成分否定"和"句子否定"的划分的。

4.2.1.2　英语普通否定句的结构

在讨论英语否定句前，我们同样先来看一下英语句子结构的特点。英语句子的基本结构与汉语有着比较大的差别。英语句子不管怎样千变万化，其基本句型有下列五种，即：

（1）SV（主语+谓语）；
（2）SVO（主语+谓语+宾语）；
（3）SVOC（主语+谓语+宾语+宾语补语）；
（4）SVO_1O_2（主语+谓语+宾语$_1$+宾语$_2$）；
（5）SVC（主语+谓语+主语补语或表语）。

除了这五种主要句型以外，英语还有下列两种以状语作为次要成分的句式：

（1）SVA（主语+谓语+状语）；
（2）SVOA（主语+谓语+宾语+状语）。

在这七种句型中，我们可以找到一个共同的结构，那就是SV结构，可见SV是英语句子的核心，谓词又是这一核心中的核心。英语句子主语一般不可缺少（祈使句一般也被认为是省略了主语you），主语与谓语动词形成一致关系，即刘宓庆先生所说的"SV提契机制"③，这一机制对全句起到统领作用，无论是传统语法，结构主义语法还是形式主义语法都给予这一结构以高度的重视，因此，两千多年来从来没有受到过挑战。对于英语的这一结构方式，潘文国先生形象地称其为"树式结构"，意思是说，SV是主干，是核心，其他成

---

① Chan，1973，转引自 Li Wen-hui，*A study of the negation structures of Chinese and English*，PhD paper，Georgetown University，UMI，1992：12~13
② 吕叔湘，汉语语法论文集，北京：商务印书馆1984：487
③ 刘宓庆，新编汉英对比与翻译，北京：中国对外翻译出版公司，2006：198

分是枝桠，枝桠不管怎样长，都围绕着主干这一核心，主干起到"牵一发而动全身"的作用。①

正因为 SV 是英语句子的核心，而动词 V 又是核心中的核心，因此，英语要否定整个命题常常需要通过否定动词来实现。但英语否定动词的方式，不是直接把否定词放在动词的前面，而是必须通过否定助动词、连系动词或情态动词（即所谓的 24 个特殊限定动词②，下文为叙述方便笼统称其为助动词）的形式来构成否定句。具体来说就是，如果相应的肯定句中已有连系动词或情态动词，则否定词 not 直接置于它们的后面、谓词的前面；如果肯定句中没有类似的词，则必须在谓词前面加入 do，does 或 did，然后再在这些助动词后面、谓语动词的前面加上 not 以构成否定句。如果是在非正式文体中，"助动词 + not"常常可以缩略为 isn't，don't，can't 等形式。如：

- Well, they are not completely stupid.
- They should not come here so early.
- He didn't swim across the river so easily.

由于 not 是作用在它左边的助动词上，然后与助动词一起对谓语动词加以否定，而不是 not 直接作用在谓词上面，因此，刘丹青称这种结构是后退型的。③ 我们把英语中这种利用否定助动词来达到否定全句目的的方法，称为"间接投射方式"，意思是说，否定词并不直接否定句子中的某一具体成分，而是利用助动词在句子中的重要地位，借助助动词的力量来将否定投射到需要被否定的成分上。

英语之所以能这样做，是因为在动词与助动词的关系上，助动词常常被看成是以动词为核心的动词短语的代表，否定了助动词往往意味着否定整个命题。

英语否定句这种抓住 SV 核心结构进行否定的方式导致的一个结果是英语否定词在句中的位置比汉语固定，否定句结构比汉语整齐，句子否定和成分否定的界限也比较容易划分。同时否定词的位置与被否定项的距离没有必然的逻辑关系，否定词不一定直接放置于需要被否定的成分前，因此，不容易依靠否定词的自由移动来实现对否定辖域和否定焦点的调节。从意义角度来说，因为

---

① 潘文国，汉英语对比纲要，北京：北京语言文化大学出版社，1997：198
② 注：这 24 个特殊限定动词是：am, is, are, was, were, have, has, had, do, does, did, shall, should, will, would, can, could, may, might, must, ought（to），need, dare, used to。
③ 刘丹青，语法调查研究手册，上海：上海教育出版社，2008：144

否定词与否定对象经常相隔较远,否定的辖域和焦点比较模糊,因此容易造成歧义,这一点我们在后面的语义分析中会看得更明白。

除了与助动词结合构成句子否定以外,not 有时候也能自由、灵活地放在句子中一些需要被否定的短语前面,如不定式短语、分词短语、介词短语等。采用这种方法所构成的否定不是句子否定,而是成分否定。对于这一点,叶斯柏森也曾指出:"我们常常见到相反的趋势,即把否定概念吸引到任何易于成为否定的词上去。"① 如:

- The machine is running, but not properly.
- He bought the air-conditioner not because it is cheap.
- They came here not to visit the museum.
- Not wanting to be blamed, he got there earlier than expected.

虽然采用句子否定的形式也能起到否定句子局部内容的作用,但与利用 not 构成成分否定的方式相比,后者的否定强度显然更大。试比较:

- The machine is not running properly.
- The machine is running, but not properly.

除了利用 not 来构成句子否定外,英语中有时候也可以利用 no 来表达对命题的否定。如:

- He is no teacher.
- He is no cleverer than his brother.

no 的主要功能是用作修饰来否定名词,被修饰的名词作主语或作宾语,这从形式上来说构成的是成分否定,但表示的往往是句子否定,即对全句命题的否定,这说明英语中也存在着形式否定与意义否定不相一致的情况。

- No student would like to stay at the university during the vacation.
- They have no relatives in this city.

一般来说,由否定词缀构成的词只能构成对句子局部内容的否定(如下面的第一和第二句),但如果被词缀否定的词是句中的重要成分,否定它可以构成对命题的否定,那么,这样的句子也可以看成是否定句,只不过不是典型的否定句罢了(如下面的后三句)。如:

- He operated the machine carelessly.
- It is impossible to go back home at this time of the year.

---

① 叶斯柏森,1924,语法哲学,何勇等译,北京:语文出版社,1985:477

- Tom is careless.
- He did nothing about the matter.
- Nobody came to investigate it.

英语中利用否定词缀来表达否定概念的情况比较普遍，而且还形成一定的气候。根据托蒂（Tottie，1991）的研究，在英语书面语中，形容词否定句中利用词缀否定法的句子数量占到总否定句数量的 2/3，不利用词缀的否定句只占总数的 1/3，人们更多地是用 He saw nothing 这样的句子，而较少使用 He didn't see anything。但在口语中，这个比例正好相反，用词缀构成的否定句占总数的 1/3，不用词缀构成的否定句占到 2/3。① 这说明，英语中使用词缀否定的形式用得很普遍。

除上述否定结构以外，英语中也可以利用 seldom，scarcely，never，hardly，rarely 等否定副词来构成否定句，这时候不需要借助助动词，只需把这些否定词直接放在谓语动词前面就可以了。比如：
- He never washes clothes at home.
- They are rarely late for class.
- He seldom works during the weekend.
- *He does seldom work during the weekend.

它们表达否定的命题，但构成的不是典型的否定句，原因是 seldom，scarcely，never，hardly，rarely 等是频度副词。② 它们在句中的出现，只是对动作的频度加以修饰。

从上面的介绍可以看出，英语否定句主要是抓住 SV 这一核心结构，利用 not 与助动词的结合来构成否定句，因此，句子否定是英语否定句中的优势否定法。叶斯柏森说："现在的总趋势是使用连系式否定（即否定谓语动词的方式——笔者注），即使是在那些使用特殊否定更为合适的场合也是如此"。③ 英语否定句采用这种结构方式，也与"动词中心观"有着密切的关系，因为在述谓结构中，谓词是关键成分，否定了动词，也就意味着否定了依附于动词上面的其他成分。

---

① Tottie, G *Negation in English speech and writing*: *A Study in Variation*. Academic Press Inco, 1991: 317

② 黄瑞红，英语程度副词的等级数量含意，外语教学与研究，2008（2）：121～127

③ 叶斯柏森，1924，语法哲学，何勇等译，北京：语文出版社，1985：477

4.2.1.3 汉英普通否定句的结构对比

一般认为,因为汉语和英语都是否定词加在谓语动词前,所以,它们的否定句结构很相似。事实上,我们不能被这一表面现象所迷惑,仔细分析就会发现,汉英语否定句之间虽然存在着一些对应的地方,但更多的还是差异。下面我们来比较汉英语否定句结构方面的异同。

首先,汉英语否定词放置的参照原则不同,汉语参照的中心是"信息",而不是"动词";① 而英语参照的中心是句子的 SV 机制,是句子的动词,因此,汉语与英语控制否定结构的手段是不一样的。汉语中如果语义要求与句法结构发生冲突,最后往往是语义要求占优势;英语中当语义要求与句法结构要求发生冲突时,常常是意义服从句法。对此,林同济先生曾有相当精辟的评论:英语造句用的是一种营造学手法(architectural style),其规律是撇开时间顺序而着重于空间搭架(即关系词结集),而汉语造句的规律是按时间顺序和逻辑顺序排列句子的结构成分(即动词结集)。② 专家们对汉英语句子结构特点的评价也适用于对汉英语否定句结构特点的解释。

其次,英语有句子否定优先于成分否定的倾向,这种倾向的优点是结构清晰,缺点是意义模糊。汉语正好相反,有明显的成分否定优先于句子否定的倾向,其优点是意义比较清晰,缺点是结构比较模糊。

再次,除了在句子否定方法上汉英语存在不同以外,在成分否定的方式上,汉语与英语同样存在着较大的差别。英语中能够被局部否定的成分可以包括主语和宾语,而汉语不能通过否定主语和宾语的方式来表达对局部成分或句子命题的否定,这主要是因为汉语没有可以否定名词的否定词这一缘故。

当然,汉语与英语在否定句的构成方面也有共同点。从否定句的形式上来看,否定词都以否定谓词结构为否定句的主要结构形式,都受"动词中心观"的影响而有否定动词的倾向。其次,无论汉语否定句还是英语否定句都有将否定词贴近被否定词的倾向,尤其是汉语,很少有否定词与被否定项相隔较长距离的情况。第三,词序和虚词对于汉语和英语否定句的构成都具有重要关系。一般认为,由于汉语没有严格意义上的形态变化,因此,词序和虚词在表达语法意义中占有特别重要的意义;而英语因为具有形态变化,所以词序和虚词的重要性相对不大。实际上,词序无论对于英语还是汉语否定句都很重要。下列

---

① 戴浩一,叶蜚声译,以认知为基础的汉语功能语法刍议,国外语言学,1991(1):21~27
② 林同济,转引自陆国强,英汉和汉英语义结构对比,上海:复旦大学出版社,1999:65

句子就说明，英语中线性词序对句子意义关系同样非常重要。

- It is not possible that Tom will help us.
- It is possible that Tom will not help us.

至于虚词，无论对汉语还是英语都非常重要，潘文国先生把汉语虚词称为"润滑剂"，而把英语虚词称为"黏合剂"，可见虚词对于两门语言的重要性。不同的是，汉语形态不发达，因此更倚重于词序和虚词，尤其是依靠虚词来弥补形态之不足。英语由于有比较丰富的形态，词序和虚词的重要性没有汉语那么突出。

4.4 汉英特殊否定句句法对比

4.4.1 情态否定对比

情态是指表达说话人或作者对于命题的态度和看法，因此具有明显的主观性。情态一般是利用词汇手段来表达的，这些词汇主要有情态动词、情态形容词、情态副词等。由于汉语和英语大都以情态动词为表达情态的主要手段，因此，我们把本节的研究限定在汉英语中带情态动词的否定句上。

传统语法将情态动词放入到助动词的范畴里来研究，并将情态动词看成是助动词的一种类型。有的书把情态动词归为助动词①，也有的称为模态词②，还有的称为能愿动词③，我们采用传统的说法，把它统一称为情态动词（modal verbs），并把情态动词被否定的句子称为情态否定句。

情态句一般由情态动词和命题两部分构成，构成情态的是情态动词，命题则由主动词引导的短语来构成。

下面我们先来分析汉语情态否定句的结构。

（一）汉语情态否定句的结构

汉语中能用于否定情态句的否定词主要有"不、没、非、未、毋、休、勿"等几个，其中"不"是最主要的情态否定词。其次是"没"，能被"没"否定的情态动词主要限于"能、能够、敢、要、肯"。如：

---

① 石毓智，语法的概念基础，上海：上海外语教育出版社，2006：345
② 陆丙甫，从语言类型学看模态动词的句法地位，语法研究和探索，北京：商务印书馆，2008：306
③ 马庆株，能愿动词的连用，汉语动词和动词性结构，北京：北京大学出版社，2005：65

- 他没能够买到他喜欢的鲜花。
- 他没敢上去一把把小偷抓住。

其余几个在情态否定句中用得较少。有时候，同样的情态动词用上不同的否定词，意义是有差别的，关键原因在于"不"与"没"这些否定词的附加意义不同，比如下面第一句没有时间性，后一句表示过去的行为。

- 他不敢上去一把把小偷抓住。（可理解为现在或过去）
- 他没敢上去一把把小偷抓住。（只能理解为过去）

汉语否定词与情态动词的基本位置关系有两种，一种是否定词可以放在情态动词的前面，另一种是否定词放在情态动词的后面。否定词位于情态动词之前，则否定词否定情态动词，否则就是否定主动词。

严格地来说，否定词否定主动词并不属于情态否定句的研究范围，但是在英语中，否定词否定主动词仍然被纳入情态否定句的研究范围，这是因为，否定主动词的否定词仍可以与情态动词相结合，如在下列句子中，即使 not 否定的是 come，not 也可以与 can 结合成 can't。

- He can not come.（He is allowed not to come）

为了便于比较，也为了把汉语中否定词与情态动词的各种位置关系做一全面的分析和研究，我们同样把否定主动词的带情态动词的句子纳入到研究范围之中。

根据否定词与情态动词的两种基本结构关系，汉语情态否定句可以演变出多种结构关系。下面我们就把情态动词与否定词可能出现的多种位置关系一一列出，并作说明。

（1）Neg + Mod（否定词+情态动词）。否定词前置于情态动词所构成的否定句是汉语情态否定句中最基本的位置关系，否定词否定情态动词，然后通过被否定的情态动词对句子实施否定。如：

- 谁为人民做了好事，人民不会忘记；谁在人民面前犯了罪，人民也绝不会饶恕。（《中共十大元帅》）
- 对我来说，不能上场演戏，每分钟都是煎熬。（《中国北漂艺人生存实录》）
- 我是个胆小的男生，对郭静除了暗恋，根本就没敢采取过任何行动。（《中国北漂艺人生存实录》）

（2）Mod + Neg + Mod（情态动词+否定词+情态动词）。否定词出现在两个情态动词的中间，前后的情态动词可以一样，也可以不一样。如果前后是一样的情态动词，那么组成的很可能是选择关系；如果前后情态动词不同，那么否定词否定的是后一个情态动词，然后一起受前面情态动词的统摄。如：
- 你可不可以帮我洗一下衣服？
- 在这里你可以不会说英语，但你一定得学会粤语。
- 在漂的过程中，我们也许会不愿意承认我们的孤独和伤感。(《中国北漂艺人生存实录》)

（3）Neg + Mod + Mod（否定词+情态动词+情态动词）。如果要否定一个复杂的由多个情态动词组成的情态结构时，一般是将否定词放在第一个情态动词的前面，着重否定第一个情态动词。能用在这种结构中的情态动词主要有"肯，敢，会，可能"，而且它们之间也不是完全可以自由搭配的。如：
- 他可能会在战斗中负伤，但不可能会牺牲。
- 如果这些哈比人知道有多危险，他们就不会敢去了。(翻译作品《魔戒》)
- "我看史文今晚不会肯去的"敏妮回答。(翻译作品《嘉莉妹妹》)

（4）Neg + Mod + Neg（否定词+情态动词+否定词）。在情态动词和主动词前分别加否定词，两个否定词各司其职，前面的否定词否定情态动词，后面的否定词否定主动词。它们可能表示双重否定关系，意思相当于"情态动词+主动词"，但语气更重；也可能表示另一个意思，如"不会不知道"是"肯定知道"的意思，"不能不来"是"必须来"的意思。
- 青年人不应该不知道这段悲惨耻辱的生活，必须发奋图强，使国家更兴旺强大起来。(新凤霞《当亡国奴的经历》)
- 岳飞对这段历史不会不熟悉。《满江红》以贺兰山借指敌境，也未尝不可。(《中国儿童百科全书》)
- 正因为如此，河北省的主要负责人就不可能也不敢不执行中央的《条例》，于是，就只有放弃才刚刚推行的公粮制改革。(《中国农民调查》)
- 如果说美院还有一点让我留恋的话，那么我就不能不提一下一个叫水儿的女孩。(《中国北漂艺人生存实录》)

（5）Neg + Mod + Neg + Mod（否定词+情态动词+否定词+情态动词）。两个否定词修饰后面各自的情态动词，但是两个情态否定短语的地位是不平等的，前面的情态否定结构统摄后面的情态否定结构。如：
- 在这里你可以不会打牌，但是不能不会搓麻将。
- 仍然是姐妹中最年轻的一个，但是我已经得到女神的信赖。我知道她

不会不愿意见我，或者不告诉我为什么就把我给送走。（翻译作品《龙枪－旅法师》）

（6） Mod + Neg（情态动词＋否定词）。情态动词后接否定词，否定词与情态动词只是位置关系，没有内在的意思上的联系，否定词否定的是后面的谓词。如：

● 如果在井上磨刀，在龙神看来，便是一种杀机，它自然会不高兴的。（阴法鲁、许树安《中国古代文化史》）

● "圣人"可以不吃人间烟火，长生不老，逍遥自在，凌空飞游于四海之外。（《中国儿童百科全书》）

（7） Mod + Mod + Neg（情态动词＋情态动词＋否定词）。两个情态动词连用，再后接被否定的主动词，否定词与前面的情态动词也不发生意思上的联系。如：

● 他这次应该会不过来的。

● 但近期外围经济出现多项不明朗因素，失业有可能会不降反升。（新华社2004年新闻稿）

上面罗列了否定词与情态动词可能出现的各种组合，但对这些组合，我们应该仔细分析，并不是所有的结构都是情态句的否定结构，也不能由此简单地得出结论说情态动词和否定词的组合关系很自由、很随意。经过仔细分析，我们可以发现，（6）（7）两种组合中情态动词并没有被否定，它们是情态动词后接一个被否定了的主动词。

从以上的分析可以看出，汉语情态否定句的句法结构比较清晰，情态动词前的否定词否定情态，主动词前的否定词否定命题，因此，从位置关系就能看清楚结构关系。李文惠说，与英语相比，汉语情态动词否定句的句法结构比较清晰。汉语没有否定词必须接在情态动词后面的形式限制，所以，否定词位置比较自由，可以利用位置自由的优势表明内否定和外否定。① 如：

● 可能不是汤姆。（内否定）
● 不可能是汤姆。（外否定）②

---

① Li Wen-hui, *A study of the negation structures of Chinese and English*, PhD paper, Georgetown University, UMI, 1992：25

② Li Wen-hui, *A study of the negation structures of Chinese and English*, PhD paper, Georgetown University, UMI, 1992：26

(二) 英语情态否定句的结构

英语情态动词否定句的结构与英语普通否定句的结构模式是一样的，也就是情态动词与否定词之间只有一种位置关系："情态动词 + 否定词"，而没有 not 放在情态动词前面的情况。使用的否定词也只能用 not，不能用 no。因此，英语情态否定句的结构比汉语单一。如：

- They can not come early today.
- He may not stay here any longer.
- I can't do you any help now.

英语情态动词否定句结构之所以显得比较整齐，是英语 SV 机制在起作用的缘故。英语情态动词属于助动词，因此，它除了表示情态意义以外，还具有助动词的特点，即具有直接带 not 构成否定句的功能。

英语情态否定句也有例外情况。首先是两个联用的情态动词被否定，当出现这种情况的时候，英语更多地是用其他方式来表示同样的意思。如：

- He may can't swim.
- He may be unable to swim. ①

另一例外情况是情态动词后面连续接两个否定词。

- Donald can't not obey. (= He has to obey.) ②
- Well, I just would not not sunbathe on such beautiful day.
- When he's nervous, he can't not smoke. ③
- You can't not admire him. (= It's impossible not to admire him.)

英语可以用于这种双重否定结构的情态句主要用于少数可能性情态动词，但也有极少数用于必然性或必要性情态动词之中的。如：

- It mustn't not be raining
- It needn't not be raining. ④

虽然英语情态否定动词大多具有多个意义，但情态动词的多义性并不会影

---

① 纪漪磐，英语情态助动词与汉语能愿动词的比较，赵永新主编，毕继万副主编，《汉外语言文化对比与对外汉语教学》，北京：北京语言文化大学出版社，2006：298~313
② 吴琼，英语中的否定，北京：机械工业出版社，1991
③ 纪漪磐，英语情态助动词与汉语能愿动词的比较，赵永新主编，毕继万副主编，《汉外语言文化对比与对外汉语教学》，北京：北京语言文化大学出版社，2006：298~313
④ Lyons, *John Semantics* [M] Vol. 2 second edition, Cambridge: CUP 1977, 转引自李韧之，英汉语言模态句中否定词的语法位置和语义错位，外国语，2007（1）：23

响到句子结构。如 may 无论是表示"可以"还是表示"或许、可能",它的否定式都只有 may not 一种;Not 无论是否定情态动词还是否定主动词,它的位置也只有一种。因此,从否定词的位置关系来说,英语情态句的否定句其否定方式与普通否定句的基本结构是一致的,也就是在情态动词(普通否定句是助动词)后面加上 not,通过否定情态动词(或助动词)来起到否定整个命题的作用。

(三) 汉英情态否定句的结构对比

汉英语情态否定句主要存在以下一些差别。首先,在情态动词与否定词的位置关系上,汉语的位置关系远比英语多。对于汉语否定词与主动词灵活的位置关系,张今和张云清(1981)是这样解释的,汉语中的情态动词大多是从动词演变而来,原先是两个动词连用形成连动式短语,这时第一个动词前面可以加否定词,以否定第一个动词,如果要否定第二个动词,则把否定词加在第二个否定词前,以否定第二个动词。后来,第一个动词演变成情态动词,但原有的这种情态动词与否定词的位置关系却保留了下来,所以我们今天才看到了这种否定词放在情态动词前面或后面都可以的局面。李韧之对于汉语否定词与情态动词有这么多组合的解释是,这与汉语本来有两个基本的位置,即可以放在情态动词前或后有关。① 我们认为,这两种解释都是比较勉强的,这是因为,造成这种差异的真正原因还是在于这两种语言的本质区别上,也就是说,汉语没有形式机制的约束,否定词位置关系灵活,而英语的否定词 not 有与助动词结合的倾向,于是"情态动词 + not"自然就成了情态否定句的必然选择。

第二,由于英语中情态动词与否定词位置关系固定,这容易造成歧义,因此,英语利用它可以缩写的优势以避免歧义的产生,而汉语就没有这样的手法,或者说也不需要这样的手法。如:

● He can't come. 他不能来。(可能有事情)
● He can not come. 他可以不来。

总之,汉语把情态动词与否定词的位置关系作为一种语法手段用来表示清晰的结构关系;而英语运用"情态动词 + not"这种结构关系维持了英语否定句结构的统一与稳定。

---

① 李韧之,英汉语言模态句中否定词的语法位置和语义错位,外国语,2007 (1):19~25

4.4.2 汉英并列否定句对比

并列句，又叫并列结构。章振邦给并列结构下的定义是：两个或两个以上属于同一语法层次，具有相同句法功能并通过并列连词（或逗号等）互相连接的语言结构叫做并列结构。①

一般认为，并列结构是语言中最简单的句子结构，如陆丙甫就曾这样说过："最简单的结构是并列组合，其中所有单位之间的关系是平等的，同类关系没有主次之分。"② 如果陆丙甫的话是专门针对肯定句的并列句说的，那么这话一点没有错，但是，如果这话也包括否定句的并列结构，那就不完全符合事实了，因为，无论是汉语还是英语，它们的并列否定句在句法上都存在着不规则的一面，在意义上也都表现出不少的歧义性。而且，汉语和英语的并列否定句之间又存在着彼此不相对应的地方，因此，都具有一定的复杂性，值得作一番研究和比较。

并列句中各并列项之间的关系可以分为合取（conjunction）和析取（disjunction）两种。合取是指两种或多种事物、情况同时存在；析取是指从两种或多种事物、情况中选取其中的一种。无论汉语还是英语，一般都使用连词来表示这种合取或析取关系。

（一）汉语并列否定句的结构

汉语中表示合取关系的连词主要有"和、并、同，跟、又、而、并且、而且"等，其中"和、同、跟、又、而"可以连接并列的词或词组，而"并、并且、而且、既……也、既……又"连接并列分句；表示析取关系的连词主要有"或、或者、抑或"等，它们既可以连接词或词组，也可以连接分句。各并列项之间除了用连词连接外，也可以用逗号（,）或分号（;）来表示连接关系。

汉语的并列否定句，一般是用两个否定词分别否定各自的并列项，因为，如果我们用一个否定词否定前后两个并列项，就会产生歧义。如：

- 他平时不打球，不跑步。
- 他不是公务员，也不是教师。
- 他不高，也不胖。

---

① 章振邦，新编英语语法教程，上海：上海外语教育出版社，1984：383
② 陆丙甫，从语义、语用看语法形式的实质，中国语文，1998（5）：353~367

- *他平时不打球，跑步。
- *他不是公务员，（也）是教师。
- *他不高，（也）胖。

关于这一点，陈平①和袁毓林都已经注意到了。他们认为，汉语并列结构中的否定词，其辖域一般来说只是紧随其后的并列项，后一并列项一般不在辖域之中，因此，汉语中要否定并列的两个成分，一般不能用一个否定词同时否定两个并列项，即不能使用 Neg（A 和 B）的公式，而必须在每个并列成分前面用各自的否定词否定一遍。因此，袁毓林得出结论，认为英语的否定词功能强大，并列谓语的独立性更强。②

但是，没有无例外的规则，汉语也有用一个否定词同时否定两个并列项的情况，如下列句子中，否定词"不"和"没"可以同时否定并列项。如：

- 人不吃饭喝水就活不下去。
- 不读书看报就不知道国际形势。
- 不美丽健康能当服装模特吗？
- 不分析研究就不能找到答案。
- 没有分析研究就无法认识事物的本质。③

袁毓林对这种例外的解释是，上述例句中的"不"带有"假如＋否定"的含义，因此，才可能出现一个否定词同时否定两个并列成分的情况。对于这一解释，我们有不同看法。在袁所举的例子中，"不"所在分句确实具有表"假设"的意思，可以理解为是条件句，但是，那不是造成汉语并列句可以用一个否定词同时否定两个并列项的原因，因为不带"假设"含义的否定词也能同时否定两个并列项，而在假定句中否定词未必能一起否定两个并列项。比如下面第一句中的"不"没有表示"假设"的意思，但照样可以用一个否定词同时否定两个并列项，而第二句中的并列否定成分放在典型的假设复句中，"不赌博搞女人"仍然意义不明，而必须分开否定。

- 我从不跑步打球。
- *如果他不赌博搞女人，就不会落魄到这地步。
- 如果他不赌博，不搞女人，就不会落魄到这地步。

---

① 陈平，现代语言学研究——理论、方法与事实，重庆：重庆出版社，1991：225
② 袁毓林，并列结构的否定表达，语言文字应用，1999（3）
③ 袁毓林，并列结构的否定表达，语言文字应用，1999（3）

我们认为,这其中的原因很简单,汉语是"以意御形"的语言,只要意思表达得清楚,能省的词就尽量省。前一页中六个例句前三个例句之所以要分开否定就是合并否定会有歧义。上面三句中第一句能合起来否定是因为第一句中的"跑步"与"打球"是同类事物,而且经常放在一起连用,形成了比较稳定的习惯搭配关系,用一个否定词同时否定两项不会产生歧义。第二句虽然是典型的假设句,但用一个否定词同时否定两个并列项仍然会产生歧义,因此就必须分开否定。

为进一步说明上述观点,下面我们再看几例。下列句子中,凡是分开否定的句子都是因为不分开否定会产生歧义,相反,一些可以分开否定而合起来否定的句子都是因为合起来后也不会造成歧义。

- 他每天上午读书,下午看报。
  他每天上午不读书,下午不看报。
  *他每天上午不读书,下午看报。
- 我们既举行游行,也举行静坐。
  我们既不举行游行,也不举行静坐。
  *我们既不举行游行,也举行示威。
- 他们讨论并通过了奖学金获得者的名单。
  他们没有讨论并通过奖学金获得者的名单。

袁毓林(1999)后面还举了"休做贼说谎,休奸猾懒惰"(《老乞大》)的例子来说明他的观点,我们认为他的这一例子正说明了汉语并列否定句"以意御形"的特点。对于这一例,袁毓林的解释是"休"是和"别、甭"等一样的助动词,跟后面的动词性成分构成述宾结构,所以"休+并列结构"是可以一个否定词管两个并列项的。我们认为,这样的解释也难以服人,因为,如果袁先生的解释合理,那我们下面的例子应该是正确的,但事实并非如此。

- *别存钱买股票。
- *甭存钱买股票。
- 别杀人放火。

这里的"别、甭"应该是比"休"更地道的助动词,但是在上面句子中仍然是不恰当的。这是因为,"存钱"与"买股票"属于中性行为,即不能说是应该鼓励的还是应该禁止的行为,所以容易出现歧义,而后面的"别杀人放火"不需要分开,其否定意义也很明白,因为,根据常识,"杀人放火"都是应该禁止的行为。

除了因为意义的原因以外,汉语并列项采用分开否定方法的另一个可能的原因是,汉语有时是为了音节和韵律的需要,为求得韵律上的平衡和悦耳,才使用分开否定的方式的。如:

- 功成名就——功不成,名不就
- 显山露水——不显山,不露水
- 志同道合——志不同,道不合①

汉语中表示析取关系的并列成分如果前项被否定,则也会出现后项同时被否定的情况。如下面是选自姚明的《我的世界我的梦》里面的一个句子:

- 一年我不在乎做最佳新人,或者进全明星队,或者得了多少分,抢了多少篮板。(姚明《我的世界我的梦》)

现在类似的例子我们见到的还并不多,但如果这种现象普遍存在,那说明汉语并列否定句同样符合德摩根定律(DeMorgan's theorem),即"Neg(P 或 Q)=(NegP)和(Neg Q)",意思是说:析取式(disjunction)的否定正好等于否定式的合取(conjunction)。②

此外,汉语中有一种特殊的并列结构——连动式。所谓连动是指同一主语下连续发生两个或两个以上动作,用两个或两个以上动词表示的并列结构。表示连动结构,汉语一般采用并列谓语的形式,动词之间不用连词连接。如:

- 脱鞋进屋③
- 去看病④

汉语中对连动结构进行否定,需要分两种情况来对待。第一种情况是,如果后一动作是前一动作的目的,那么只要否定前一动作,不必否定后面的动作,也就是说,用一个否定词同时否定后面的并列项。这是因为,根据否定的"毗邻原则"(戴耀晶,2000),否定词否定的是并列动作中的前项。由于两项之间关系密切,否定了前项,自然也就没有了后项,因此,只要用一个否定词就可以了,有时候甚至还不能分开否定,分开了反而不妥。如:

- 不脱鞋进屋
- *不脱鞋,不进屋

---

① 黄佩文,主谓并列结构的否定形式与语音修饰,修辞学习,2000 (5~6):46~47
② 袁毓林,并列结构的否定表达,语言文字应用1999 (3):45
③ 刘宓庆,新编汉英对比与翻译,北京:中国对外翻译出版公司,2006:120~123
④ 朱德熙,语法讲义,北京:商务印书馆,1998:160

- 不去看病
- *不去，不看病

第二种情况，如果前面的动作表示后面动作的方式，也只能否定前面一项，不需要分开否定。这种情况下，后面项不被否定。

- 站着唱 ①
- 不站着唱

  *不站着，不唱
- 老师瞪着眼看我们

  老师没瞪着眼看我们（老师看我们了，但没瞪着眼）

  *老师没瞪着眼，没看我们。②
- 几家轮流出牌

  几家不轮流出牌

  *几家不轮流，不出牌

综合以上分析，我们认为，汉语的并列否定句中否定词的放置方法没有严格的规定，完全是从意义出发，以意义为导向的，只要不产生歧义，否定词能省则省，如果可能产生歧义，则分开否定，以使意义清晰。如果认为汉语并列句一概不能一次性否定两个并列项也是不全面的。

（二）英语并列否定句

英语中表示合取关系的连词只有一个 and，表示析取关系的连词也只有一个 or。and 与 or 可以连接并列的词或词组，也可以连接并列分句。与汉语一样，英语并列句除了用连词连接各并列成分外，也可以用逗号（,）或分号（;）来表示。

英语的并列否定句，其否定方法与普通否定句的否定方法相一致，即在助动词后面加上 not，构成否定句。如：

- The lake is big and beautiful.

  The lake is not big and beautiful.
- My father knows English and Japanese.

  My father doesn't know English and Japanese.

由于用一个否定词同时否定两个并列项容易产生歧义，因此，英语可以用

---

① 朱德熙，语法讲义，北京：商务印书馆，1998：160
② 杨德峰，汉语的结构和句子研究，北京：教育科学出版社，2004：134

or 来连接两个并列项，表示对两个并列成分的否定。这是因为，根据《郎文当代英语词典》，or 在否定句中表示的不仅仅是否定一件事物，同时也否定另一件事物（used after a negative verb when you mean not one thing and also not another thing.）。① 如：

- The lake is not big or beautiful
- My father doesn't know English or Japanese.
- The elephant is not like a wall, or a spear, or a snake, or a tree.
- He has no experience or interest in playing chess.

有时候，这种 not…or 结构也可以采用 either…or, neither…nor 这样的结构来替代，以表示对两个成分的否定。

- I don't like either English or Japanese.
- He is neither rich nor kind.
- Energy can be neither created, nor destroyed. ②

然而，英语并列句的否定结构虽然简单，但它的意义却比汉语并列否定句复杂。关于这一点，我们将在下一章中做详细讨论。

下面谈谈英语连动式。英语中有少数动词，如 go, come, run, try, remember, stay 等后接其他动词，中间用 and 连接，组成并列结构，and 后面的动词相当于一个不定式。否定这样的并列结构只要否定前一个动词就可以了。如：

- They didn't go and help him when he was in trouble.
- He didn't try and pass the exam.

由于英语有比较丰富的动词形式，如不定式、分词等，因此，英语表示两个并列动作，常常会通过不定式或分词的形式来体现两个动词之间的关系，如后项是前项的目的还是前项是后项的方式，前后两个动作的逻辑关系非常清楚，因此，要否定这样的并列结构并不复杂，只要否定主动词就可以了。如：

- They went into the room to discuss the problem.
- Thet didn't go into the room to discuss the problem.
- They went back home by plane.
- They didn't go back home by plane.

---

① Longman *Dictionary of Contemporary English* (3rd Edition), Foreign Language Teaching and Research Press, 2002: 997

② 马秉义，汉语并列句英译法，中国科技翻译，1997 (2)

- THe stood singing.
- They disn't stand singing.

如果不属于上述两种情况，那么，是分别否定前后两个动词还是用一个否定词同时否定前后两项则取决于意思表达的需要。如下面的两个句子，要表示对两个并列动作的否定，那么可以通过形态来显示，如第一句，也可以通过分别否定的形式，如第二句。因此，英语连动结构的否定问题总的来说还是比较清晰的。如：

- He didn't stand up and turn off the TV.
- He didn't stand up and didn't turn off the TV.

（三）汉英语并列否定结构对比

表面上来看，汉语与英语的并列句在结构形式上都很简单，汉语只要分别否定，英语只要找到句子的助动词，并在助动词后面加 not 就可以构成并列句的否定句。但是，仔细分析就会发现，汉语和英语在并列结构否定上的区别并不是那么简单的。汉语并列结构的否定句也有其复杂的一面，因为汉语除了各自分开否定这一普遍情况之外，还存在着一种特殊情况，那就是有时候也可以在两个并列项前只加一个否定词，而在连动结构中，有时还只能否定前一项，不能否定前后两项，否定词的用法完全取决于句子意思表达的需要。英语并列句看似结构清晰，意义复杂，但是事实上，英语由于具有多种否定结构方式，加上它有比较丰富的形态变化（如不定式、分词等），因此，否定结构变化并不单一，意义也并不复杂。

4.4.3 量词否定句对比

带量词句子的否定形式是否定句研究中讨论得最多的内容之一，可以说是否定句研究中的一个热点，这是因为，一句带量词的没有歧义的肯定句一旦被否定，其意义会产生一些有趣的变化，意思会变得很复杂。如杰肯多夫（Jackendoff, R. S.）曾经对一些含有数量词的否定句做过分析，发现这些句子如果进行结构转换就会引起数量概念的变化。① 如：

- Not many arrows hit the target.
- Many arrows didn't hit the target.

---

① Jackendoff, R. S., 1969, An interpretative Theory of Negation [A], *Foundations of Language* (5)[J], Cambridge: Cambridge University Press)

- The target was not hit by many arrows. ①

正因为量词否定句很复杂,加上汉语与英语的否定词在量词否定句中的位置灵活性差别很大,两者在结构和意义诸方面都存在着许多不对应的地方,因此,对比汉英语的量词否定句显得尤为必要。

我们这里所讲的量词(quantifier),并不仅仅是指一般意义上的数量词,而是指表示数量概念的逻辑词。对于量词的具体范围,目前不同的学者有不同的概括,如陈平所列的数量词主要是 all, some, many, a few 等;② 而徐盛桓所称的量词范围划得比较宽,包括基数词,还包括 all, always, both, every, most, many, some, any, either, both…and, either…or 等词和词组,还有它们的近义词,以及上述一些词的复合词。③ 沈家煊则将量词分为全称量词和部分量词,前者如:都,全,全部,每(一),所有,一切,各,凡(是),all, every, each, any;后者如:有的,有(一)些,有几,(一)些,(一)点,几,好几,若干,有一,一,some, several, a few, any, a (n), one。虽然他们的范围有大小之别,但是一些核心的量词基本上是一致的。④ 下面我们将按照沈家煊的划分方法讨论汉英语中量词否定结构,对比中将适当兼顾到全称量词和部分量词。

需要说明的一点是,本节所讨论的量词否定句并不是指否定量词的句子,而是指含有量词的句子的否定句,因此,否定词可能在量词前面,也可能在量词后面。

(一)汉语量词否定句的结构

汉语的量词否定句与普通否定句在表达否定的形式上并没有体现出任何特别的差异,即汉语量词否定句同样根据具体被否定对象的位置来放置否定词,否定词位置不同,被否定的成分也不同,句子的意义自然也有差异。如下面的例子中,否定词的位置完全根据意思表达的需要来放置。

- 不是所有球员的妻子都爱看球赛。
- 所有球员的妻子都不爱看球赛。
- 球员的妻子并不都爱看球赛。
- 在这些被逮捕的嫌疑犯中,有些人没有被释放,而是被驱逐出美国。

---

① 胡建华、张卫东,英语语态不对称现象多维探索,北京:中国水利水电出版社,2008:218
② 陈平,英语数量词的否定,现代外语,1982 (1)
③ 徐盛桓,关于量词的否定,外国语,1994 (6)
④ 沈家煊,词序与辖域——英汉比较,语言教学与研究,1985 (1)

● 在这些被逮捕的嫌疑犯中，不是有些人被释放了，而是全部被释放了。

上述例句中，根据意思表达的需要，否定词自由地放置在句子各个不同的位置上。第一句的否定词否定的对象是"所有"，因此，句子表示的意思是"只有一部分球员的妻子爱看球赛"；第二句的否定词在"都"的后面，"不"不修饰"都"，因此，否定词不修饰量词；第三句中的"不"指向"都"，所以，全句的意思也是"只有一部分球员的妻子爱看球赛"。后面一组句子中的量词"有些人"是部分量词，第一句"没有"在量词的右边，因此量词不在否定辖域之中，否定词对量词不起作用；第二句中的量词在否定词的右边，所以在否定辖域中，量词被否定了。

（二）英语量词否定句的结构

英语中量词否定句的结构方式承续普通否定句的结构模式，同样采用否定助动词的方式以实现否定全句的目的。如：

● He doesn't like all these books.
● All students don't like English.

但是由于英语量词否定句采用这样的否定方式容易产生歧义，如下列句子各有两种理解：

● Both of the films were not produced in Hongkong.
   Neither of the films was produced in Hongkong.
   One of the two films was produced in Hongkong.
● I am not satisfied with all these paintings.
   I am satisfied with none of these paintings.
   I am only satisfied with some of these paintings.

因此，为了避免歧义的产生，英语也存在着另一种倾向，那就是采用成分否定的方式——将否定词直接放在量词的前面，直接否定量词，以表达明确的意义。如：

● Not many books were burnt in the fire.
● Not all students like English.

（三）汉英量词否定句结构对比

汉语和英语在量词否定句中存在的差异明显多于共同点。这些差异首先体现在结构上，在汉语量词否定句中，否定词大多直接用在需要被否定的成分前，即主要采用成分否定的方式；英语量词否定句以否定助动词为主要否定方式，同时也有根据表达的需要而采用成分否定方式的情况存在，因此，从否定结构的角度来说，汉英语量词否定句在句法结构上都与各自语言中普通否定句的否定结构方式相一致，并没有体现出多少特别之处。

其次，汉语与英语的量词否定句在量词的词性上呈现不对等状态，英语中的量词从词性上来说有副词、形容词、代词、数词等，而汉语的量词主要有数词、形容词和副词三种。如 all 在英语中既可以作代词和副词，也可以作量词，而汉语中与之表示对应意义的词是副词"都"。

4.5 小结

本章主要从词法和句法两个角度对比了汉语和英语的否定结构。在词法部分，我们着重对比了汉语与英语的否定词缀和否定词。对比显示，在否定词缀方面，汉语与英语存在着较大的差异，主要体现为汉语的否定词缀虚化程度不高，称不上是严格意义上的词缀，而英语的否定词缀不但量多，而且形成了很完备的否定词缀体系。在否定词方面，汉语否定词与英语否定词也有明显的差别，首先是数量上，英语具有更丰富的否定词；其次是在功能上，汉语的否定词功能更为强大，原因是汉语的否定词可以直接用于否定，不必借助于任何其他语法成分；英语的否定词在否定其他成分的时候，不但要受到语义上的制约，也要受到形式上的制约，比如 no 一般只修饰名词，不能修饰介词等。

从句式结构的角度来说，我们着重对比了普通否定句和特殊否定句，其中特殊否定句包括情态否定句、并列否定句和量词否定句。对比显示，汉语由于句子结构上没有形式机制的约束，因此，否定词的位置关系灵活，可以根据否定表达的需要自由地放置否定词。英语否定词在形式上受到的约束比较多，一般情况下，not 的位置主要是用于助动词后构成否定句。No 用于句子中间时，主要是用于名词前面修饰名词。

总之，目的决定手段，语言的目的是为了正确清晰地传递信息，这一目的也就决定了人们在结构句子的时候必然会采取尽可能没有歧义的句子结构方式。上述对汉英语否定句式的对比显示，汉语和英语由于受各自语言基本特点的影响，在否定句的结构上面体现出明显的差异，但同时，它们也都同时有既受制于内容，又受制于形式的一面，只不过各自的侧重有所不同罢了，英语体现出更多形式优先于内容的倾向，而汉语正好相反，内容比形式更具影响力。

第五章

汉英否定的语义结构对比

5.1 引言

句法和语义是形式和内容的关系,它们就像一张纸的两面,相辅相成,缺一不可,因此,语言对比要兼顾两种语言的形式系统和语义系统,除了进行结构之间的对比之外,不能忽视语言意义之间的对比。只有把语法形式和语法意义结合起来考虑,我们的对比才会是全面而充分的,也只有这样的对比,我们的对比结果才具有更高的理论价值和更大的实用价值。

所谓语义,是指符合某种形成规则的符号序列(语词或语句)在被使用过程中和它的指称所发生的对应关系。一定的语法意义总是通过一定的语法形式来表示的,语法意义是语句使用的结果,它关心的是该语句是否表达一个思想。①

传统的语义学研究的对象是排除了一切语言外因素的语言意义,而当今的语义学则把研究的对象扩大到了包括语言在特定语境作用下所产生的意义。前者是狭义的语义研究,后者则是广义的语义研究。狭义的语义是指共时的、排除了与外界联系的句子意义;广义的语义除了静态的语义研究以外,还关心动态的语义研究,也就是与语境相关的句子意义。我们把前者称为语义研究,而把后者称为语境意义研究。本章所研究的语义是指对汉英语否定句在没有进入交际状态时的意义,也就是在没有语境和上下文的理想状态下的句子意义,是在不考虑语气、重音、上下文等各种句子外因素情况下的对句子意义的研究。

现代的语义学研究以句子意义的研究为核心,这是因为句子是人们交际的

---

① 姜宏,俄语否定句的界定,中国俄语教学,2000(2):7

最小单位,句义以下关注词汇意义,向上关注语篇中句子与句子之间所发生的语义联系,寻找语篇之中的规律和特点,因此,研究中我们把语义对比的重点放在句义上。

5.2 汉英否定词的语义对比

研究句义离不开讨论词义,这是因为,首先,句是由词组成的,离开词义,也就无所谓句义。词义是分析和理解句义的基础,人们要理解句子意义,就必须从认识词义开始。虽然句义并不是词义的简单相加,句义一般大于词义之和,但词义是理解句义的基础是没有问题的。人们只要懂得词义,同时也知道词汇之间的结构组合关系,那么就不难理解句子的意义,因此,词义在句子及句子内部各级单位的语义中具有非常重要的地位。其次,词义研究也是传统语义学研究的主要内容。语义学研究词义具有非常悠久的历史,倒是语义学突破词义范围而开始重视句义却还仅仅是最近四十多年的事情。二十世纪二十年代,语言语义学在欧洲作为一门学科取得独立地位以后,一直把词义作为其重要的研究对象,后来,虽然语义学的研究范围不断扩大,但词汇意义研究一直是语义学的重要组成部分。因此,本章的语义研究从分析和对比汉英语否定词的词义开始。

利奇(Leech)把词义分为七种类型:概念义,含蓄义,风格义,感情义,反射义,组合义,主题义①。其中概念义是词义的核心。申小龙根据语言单位的存在状态把语义分为三种类型:词典义,组合义(搭配义或语法义)和语用义。我们认为,要正确理解否定结构,就应该从分析否定词的词典义开始,然后再分析否定词在句子中的组合义,最后才分析进入交际之中的否定词的语用义,因此,在本节中,我们主要分析和对比汉英否定词的概念义,而把组合义放在句法结构中去处理,把语用义结合到否定句的语境意义的讨论中。

由于否定词基本上属于虚词,虚词的功能主要在于表达语法关系,因此,无论是英语的否定词还是汉语的否定词,在给否定词释义时,除了指出其表示"否定"这一基本意义外,还应该指出它们分别带有一些什么样的附加信息,如它的搭配关系(如"用在动词、形容词前")和隐含的语法意义(如"一般与过去时连用"等),因此,否定词的语义具有多层性,并不是"表示否

---

① Leech, G. *Semantics*, Penguin, 1974:22

定"这么简单。

在分析否定词的意义以及不同否定词之间关联程度的时候,我们将利用语义特征(semantic features)分析的方法。语义特征分析法是当今词汇研究中的常用方法,采用这一方法,可以更清楚地显示一个词义与其他词义之间相同或相异的关系,也可以比较方便地解释一些难以说清楚的词义,可以用少量的词义说清楚比较复杂的词汇语义,同时,也便于对同一语义场中的词进行对比,迅速找出共同点和差异点。语义成分分析法还有助于说明某些词的搭配关系,如"没"不能与"了"用于同一句子中的原因也可以借助于这一方法来说清。在具体分析中,我们将用"+"表示某一词语具有某种语义成分,而用"-"表示这一词语不具备某一语义成分。

按照石安石,确定一个词义单位的依据应该是规范的话语材料中为社会承认的词的固定用法,不能把临时的、还没有为社会所认可的语言材料作为语义分析的依据。① 因此,我们在对比中将主要依据一些权威工具书所做的意义解释,同时结合一些规范的语料来进行分析对比。

另外,既然本章的语义研究对象是共时平面的否定句语义,那么我们就不可以把古代汉语成语以及习惯表达法中留存下来,而在现代汉语中已经没有能产性的词汇意义列入到义项之中。如成语"自顾不暇"中的"不"是"无"的意思,但现代汉语中,我们已经不再用"不"来表示"无"的意思,"无"的意思在现代汉语中大多用"无"、"没有"、"没"来表示,而不再用"不",因此,不再把"不"曾经表示的义项"无"列入讨论的范围之中。

5.2.1 否定词缀对比

由于我们把否定成分分为否定词缀和否定词,因此,下面我们先比较一下汉语和英语利用否定词缀所构成的词汇意义。

无论是汉语还是英语,一个词的否定形式哪怕是与其同一层次语义上的反义形式也不会完全等值,比如"不好"并不等于"坏",unfriendly 也不等于 not friendly。② 所以,通过否定词缀构成的词义并不等于"否定词 + 被否定成分"的意义。这一点在英语中表现得尤其明显。英语中,由否定词缀构成的否定词其否定程度比利用 not 构成的否定短语的否定程度要高,如 unhappy 与

---

① 石安石,语义论,北京:商务印书馆,1993:41
② 赵世开,汉英对比语法论集,上海:上海外语教育出版社,1999:227

not happy 相比,前者的否定程度要强一些。关于这一点,Dickens 的一句名言可以给我们以更深刻的认识:"I am sorry to inform you that we are not at all satisfied with your sister; we are very much dissatisfied with her"。

对于这样的差别,我们可以利用相似性原则给予合理的解释。带否定词缀的否定成分之所以表示更强的否定意义,是因为否定词缀与被否定对象靠得更近。比如下面两个句子中,第二句的否定强度大,那是因为否定词素 dis 组合进了 pleased 之中,与被否定成分 pleased 的距离要比 not 与 pleased 的距离更近,因此,后者的否定强度自然要大一些。

- He is not pleased.
- He is displeased.

因此,否定距离影响否定力的强弱,否定距离与否定力构成反比例关系,即否定距离越大,否定力越小;反之,否定距离越小,否定力越大。所以,要降低否定的力度,我们一般可以通过扩大否定距离的方式来实现。①

汉语中,否定词缀的特点不明显,否定词缀是介于否定词缀和否定词之间的一个语素成分。在表示否定的意义上,汉语否定词缀表示的否定意义也比否定句表示的否定意义更强一些,这主要与词缀的虚化程度高有关。比如下面的例句中,"非党员"中的"非"直接否定"党员",因此表达的否定意义较强,而"不是党员"中的"不"是通过否定"是"来达到否定"党员"的,因此,前者比后者表达的否定意义更强。下列三、四两句的道理同上。

- 他是非党员。
- 他不是党员。
- 这是非重点学校。
- 这不是重点学校。

5.2.2 汉英否定词的语义对比

下面我们开始对比汉英语否定词的意义,重点对比汉语中的"不"、"没"和英语中的"no"、"not"。我们先看汉语否定词。

在纯粹表示否定的情况下,"不"和"没"的意义几乎没有什么不同,可以互相替换而句子意思没有什么差别。如:

- 他并不比我勇敢。

---

① 熊学亮,试论英语中的否定转移,现代外语,1988 (4):54~61

- 他并没有比我勇敢。

但是这样的情况毕竟是少数,多数情况下,"不"和"没"的意义还是存在着区别的。

(一) 汉语否定词的词汇意义

到目前为止,围绕"不""没"意义区别的文章已出现不少,如李讷和汤姗迪(Charles N. L. & Sandra A. Thompson)①、吕叔湘②、屈承熹③、杜佐华④、聂仁发⑤、王欣⑥等。把这些区分方法和意见进行归纳,可以分为以下几类:

(1) 认为它们的主要差别在于时间上,"不"用在现在和将来,"没"用来指过去。持这一观点的主要有吕叔湘⑦、俞光中和植田均⑧、李铁根⑨。

(2) 认为它们的主要区别在于"体"上,"没"表示完成体或经验貌,而"不"不表示体貌特征。持这一观点的主要有赵元任⑩、屈承熹⑪、李讷和汤姗迪⑫等。

(3) 认为它们的区别体现在主观与客观上,"不"主要用于主观叙述,而"没"主要用于客观叙述。这一派的代表主要有李瑛⑬、齐沪扬⑭等。

(4) 认为它们的主要区别在动态与静态上,"没"用于表示对动态的否定,"不"用于表示对静态的否定。持这一观点的有张时阳⑮、郭锐⑯等。

(5) 认为它们的主要区别主要体现在量上,对离散量的否定用"没",对

---

① Charles N. L. & Sandra A. Thompson, *Mandarin Chinese*: *A Functional Reference Grammar*, University of California Press, 1981: 423

② 吕叔湘, 现代汉语八百词, 北京: 商务印书馆, 1980

③ 屈承熹、纪宗仁, 汉语认知功能语法, 哈尔滨: 黑龙江人民出版社, 2005: 220

④ 杜佐华, 现代汉语中"不"的词汇义与语素义探微, 理论月刊, 1996 (12): 40~41

⑤ 聂仁发, 否定词"不"与"没有"的语义特征及其时间意义, 汉语学习, 2001 (1): 21~27)

⑥ 王欣, "不"和"没(有)"的认知语义分析, 语言教学与研究, 2007 (4)

⑦ 吕叔湘, 现代汉语八百词, 北京: 商务印书馆, 1980: 341

⑧ 俞光中、植田均, 近代汉语语法研究, 上海: 学林出版社, 1999: 314,

⑨ 李铁根, "不""没(有)"的用法及其所受的时间限制, 汉语学习, 2003 (2): 1~7

⑩ 赵元任, 汉语口语语法, 北京: 商务印书馆, 1968: 29

⑪ 屈承熹、纪宗仁, 汉语认知功能语法, 哈尔滨: 黑龙江人民出版社, 2005: 217

⑫ Li & Thompson, *Mandarine Chinese*, Berkeley and Los Angeles: University of California Press, 1983: 321

⑬ 李瑛, "不"的否定意义, 语言教学与研究, 1992 (2)

⑭ 齐沪扬, 对外汉语教学语法, 上海: 复旦大学出版社, 2005: 98~99

⑮ 张时阳, 否定副词"没"和"不", 语言教学与研究, 2006 (3): 60~61

⑯ 郭锐, 过程和非过程——汉语谓词性成分的两种外在时间类型, 中国语文, 1997 (3)

连续量的否定用"不"。持这一观点的主要有石毓智①。

上面是我们所做的归类,事实上,有的学者分析词义采用的并不是单一的划分标准,而往往采用两个甚至两个以上的区分标准,如史锡尧就既用主观—客观标准,又用时间标准,同时也用到了动态—静态标准。②再如郑林啸也采用两个标准,首先用时来区分,而当它们可以同时出现的时候,"不"否定的是主观,"没"否定的是客观。③

这些讨论"不""没"区别的文章,有的涉及到"不"、"没"意义上的差别,也有的主要关注它们的搭配关系,还有的既照顾到"不""没"的语义,也考虑到它们的搭配关系。应该说,这些分析对于我们更好地认识和区别汉语这两个主要否定词的意义和用法有很大的帮助,但是它们大多只作二分分类,把二者置于对立的地位,区分结果的可操作性不强,而且无论怎样划分,总能找到一些反例。

我们认为,"不""没"是非常复杂的否定词,都具有一词多义的特点,除了表示单纯的否定以外,还都表示一些附加意义,加上它们入句以后受到句法结构的影响,因此,要想找到一、二条标准来区分"不"与"没"确实不容易做到,也难免会挂一漏万。基于上述考虑,我们主张,区分"不"与"没"的方法与标准应该和划分的目的挂起钩来,比如在讨论"不""没"与形容词搭配时候的区别与"不""没"与动词搭配时候的区别可以采用不同的区别标准,这样做出的区分不但针对性强,而且也更有实用性和说服力。

汉语由于形态不发达,因此,汉语的虚词大多都会牵涉到一些抽象的概念,否定词也不例外。例如太田辰夫就认为,古代汉语中的否定词除了表示单纯的否定概念以外,还包含了其他的一些概念,因此是一种综合的东西。④ 这说明,汉语否定词包含一些抽象的附加意义是有历史缘由的。

考虑到"不""没"意义的复杂性,同时也从本书研究的目的考虑,我们采用语义特征分析法来分析和对比它们的意义。

一般认为,"不"用在一些表示判断、可能、能力、意愿或思想活动的动

---

① 石毓智和李讷,汉语语法化的历程——形态句法发展的动因和机制,北京:北京大学出版社,2001

② 史锡尧,"不"否定的对象和"不"的位置——兼谈"不"副词"没"的语用区别,汉语学习,1995(1):7~10

③ 郑林啸,也谈动词前的"不"和"没(有)",汉语研究与应用(第三辑),中国人民大学对外语言文化学院编,北京:中国社会科学出版社,2005:104~115

④ 太田辰夫,蒋绍愚、徐昌华译,中国语历史文法,北京:北京大学出版社,1983:277

词前面，表示对动作行为的否定；也可以用在表示性质和状态的形容词前面，表示对性状的否定；"不"往往没有明显的时间特征，可以用在各种时态之中。这样的区别比较简单，也能解释许多语言现象，但是缺点是显得过于笼统。因此，我们综合了聂仁发①和杨庆惠②等关于"不"的意义的解释，把"不"的意义作了如下分类。

（1）［否定］ + ［经常性或习惯］
- 她不上班，就在家看孩子。
- 他不喝酒。

上述两句中，前句的"不"表示经常性，说明"她不上班"是一种稳定的状态；后句中的"不"说明的是他的一种习惯，即"他没有喝酒的习惯"。

（2）［否定］ + ［主观意愿］
- A. 和我们一起去广州吧！
  B. 我不去广州。
- 她要不接班儿还不让我退呢，我是申请退的。（马光英《1982年北京话调查资料》）

这里第一句中B的回答表明的是他"不愿意去广州"的想法，因此具有主观性；第二句中有两个"不"，第二个"不"表示主观性，说明"她没有要我退"的主观意愿。

（3）［否定］ + ［状态/性状］
- 我不认识这人。
- 这房子并不高。

这里第一句中的"不"虽然后接动词，但是由于"认识"表示的是一种静态的动作，因此，"不"否定的是一种状态；第二句中，"不"否定形容词"高"，所以是对性状的否定。

（4）［否定］ + ［可能］
- 在这里我们根本吃不饱。
- 有的那个话呀你没法儿写，你写不出来。（童静娴《1982年北京话调查资料》）

---

① 聂仁发，否定词"不"与"没有"的语义特征及其时间意义，汉语学习，2001（1）
② 杨庆惠主编，白荃副主编，对外汉语教学中的语法难点剖析，北京：北京师范大学出版社，1996

上述两句中的"不"都在表示"否定"意义的同时兼表"可能"的附加意义，即"吃不饱"就是"不可能吃饱"，"写不出来"就是"不可能写出来"的意思。"不"表示这一意思，大多出现于补语的位置上。

另外顺便提一下，有观点认为，"不"在表示"否定"意义的同时，具有表示"假设"的附加意义，即具有"如果不"的意思。关于这一点，吕叔湘①、石毓智②、陈一③等都曾提到过。但我们认为，这样的解释是欠妥的，因为像下列句子中的前半句确实有表示条件的意思，但那不是"不"带来的，而是汉语语法结构所具有的功能。如果仔细分析，我们可以看出，这里的"不"表示"假设不"意义的时候，它对结构的依赖性很强，即它们只能出现前一分句，离开了这一结构环境，"假设不"的意义就无从谈起。

- 他不按照我说的去做，我就不给她发工资。
- 人不犯我，我不犯人。

为了说明这一点，我们还可以举出下列其他例子来证明。下面的句子分别可以理解为"如果先到，就先吃起来"和"如果有钱就出钱，如果有力就出力"，那么我们能否就认为这里的"先"和"有"就是表示"如果先"和"如果有"的意思呢？可见，是句子结构赋予了它们"假设"的意义。

- 先到先吃
- 有钱出钱，有力出力。

"没"一般被认为是带有"时"、"体"成分的否定副词，大多用来表示过去的行为或已完成的行为，所否定的大多是客观的事实。这样的说明基本能涵盖"没"的主要语义特点，但为便于对比，我们同样运用语义成分分析法，并综合了聂仁发和杨庆惠的解释方法，把"没"的词汇意义做以下分析和归类：

（1）［否定］＋［存在/拥有］

没"作为否定词，一个特殊的身份就是否定动词，是对"存在"或"拥有"的否定，因此，李讷和汤姗迪认为，"这故事没意思"一句中的"没"就包含了两层意思：一是表示否定，二是表示具有，"没"等于"不具有"。④

---

① 吕叔湘，疑问·否定·肯定，中国语文，1985（4）
② 石毓智，语法的概念基础，上海：上海外语教育出版社，2006：251
③ 陈一，句类与词语同现关系刍议，中国语文，2005（2）：125
④ Charles N. L. & Sandra A. Thompson, *Mandarin Chinese: A Functional Reference Grammar*, University of California Press, 1981：416

如：下列例句中的"没"就包含了这两层意思。

- 不管他们怎么问，我都说我只是瞧出这两个小子不地道，报案又没证据，所以弄了个公共场所斗殴，以期引起警方注意。（王朔《一半是火焰，一半是海水》）
- 我们呢，过去也没房子，串房檐儿，就是没有房吧。（马光英《1982年北京话调查资料》）

（2）［否定］+［完成/实现］

"没"表示对"完成"的否定，意思是说"还未完成"。也正因为这一原因，"没"一般只能用于表示已完成的句子中，像"我不吃完饭"一句不妥，因为"不"只表示否定，但没有表示"完成"的意思，与后面的表示结果的成分"完"不吻合，因此，应该改成"我没吃完饭"。关于这一点，聂仁发有详细的分析（可详见聂仁发，2001）

- 我还没做作业。
- 我还没有洗澡。

上面第一句表示"我还不曾做作业"，第二句的意思是"我还未曾洗澡"，因此，"没"可以与英语中的完成时态相对应，表示"没有完成"，这时"没"具有了"体"的成分，如它们译成英语都可以翻译成：I haven't done my homework 和 I have not taken a bath。

（3）［否定］+［过去］

"没"也可以用来表示对过去行为的否定，因此，可以与一些表示过去时体的词配合着用，如下面两句中的"没"表示的是对"过去"行为的否定。

- 他一句话都没有说，走出了大门。
- 上回招我了，我没去，先干着呗，到时候再说吧，别在家呆着，呆着谁给钱呀。（张国才《1982年北京话调查资料》）

顺便提一下，上一句中的"没"也可以改成"不"，即"他一句话都不说，走出了大门"，这说明，认为"不"只能用于现在和将来的说法也是不完整的。这里的"没/不"表示过去与其说是"不/没"具有表示过去的意思，还不如说它们具有表示"过去"的"潜势"，之所以我们可以确定这里说的是过去的情况，是因为下文有"了"在提示我们。

（4）［否定］+［进行］

一般认为，"没"用于表示对过去行为的否定，因此不能用在现在时态，实际上这是对"没"表示"过去行为"的绝对化理解造成的错误。"没"完全可以用在现在时态中,如下面的句子就表示目前没有进行某一动作。
- 他正在玩电脑游戏,没在看书。
- A. 你在看报纸吗?
  B. 没有,我在写点东西。

戴耀晶(2000)认为,"没"可以表示"持续"意义,说的就是这个意思。①

(5) [否定] + [达到]

"没"表示这一意思的时候,用在形容词前面比较多,相当于"不如"。如下面句子中的"没"表示"不如"、"达不到"等意思。
- 一退休没几个月就生了小孙女儿,小孙女儿三岁多了。(马光英《1982年北京话调查资料》)
- 他没我高,他只有一米七十。

根据以上分析可以看出,"不"与"没"除了表示否定这一共同点以外,还都附带了一些抽象的语法意义。因此,赵世开指出,汉语中的否定词不是仅仅用于对人的行为动作或者事物的性质状态的单纯否定,往往带有这样或那样的附加信息,并表现出对所属语境语法条件的要求。② 这样的评价是很符合汉语否定词的实际的。

汉语否定副词之所以带有这么多的附加意义,是与它们所在句子结构的需要有直接关系的。古代汉语为了求简省,同时也为了使音节整齐匀称,往往有用一个否定词表示主要意思,而次要的意义就依靠否定词与结构一起来承担的表达方式,如在"朝不保夕"中,"不"就表示"不能"的意思。这些附带的意义在语言传承过程中被保留了下来。另外,汉语的时、体系统不发达,也往往需要借助这些虚词来补足其在时、体方面的欠缺和不足。③ 这些外在句子环境的影响和否定词本身具有的语义潜势双重作用,导致了汉语否定词意义的多层性。

当然,除了多义性这一特点以外,"不"与"没"之间也存在着不少差别。下面是"不"与"没"的语义特征对比表。

---

① 戴耀晶,现代汉语否定标记"没"的语义分析,载于《语法研究和探索(十)》,北京:商务印书馆,2000
② 赵世开,汉英对比语法论集,上海:上海外语教育出版社,1999:238
③ 杜佐华,现代汉语中"不"的词汇义与语素义探微,理论月刊,1996(12):41

表四 "不""没"的意义对比

语义成分	不	例句	没	例句
[否定][状态/性状]	+	这人不厚道。	−	
[否定][主观意愿]	+	我不去广州,你去吧。	−	
[否定][经常性/习惯]	+	他不抽烟。	−	
[否定][可能]	+	我找不到书。	−	
[否定]	+	他并不比我高。	−	
[否定][存在/拥有]	−		+	他没胆量去拼搏。
[否定][完成/实现]	−		+	我没吃饭。
[否定][过去]	−		+	我没洗脸就上班了。
[否定][进行]	−		+	我没盯着你看。
[否定][达到]	−		+	他没有我高。

从上述表格我们可以看出,"不"和"没"只有在表示单纯否定的时候才具有相同意义,在其他情况下一般都有区别,不能互换。对比也显示,"没"与"不"在意义上确实具有互补关系,只有少量的重叠关系,而它们的区别主要体现在一些附加信息上,共同点主要体现在表示"否定"这一点上。

汉语否定词的附加意义大多是语法意义,而且这些语法意义基本上是隐性的,即只能说是具备了生成这些意义的可能性,至于这些意义能否真正在句子中得到呈现,关键取决于句子的结构和上下文。我们把"没""不"进行对比和分类,实质是对它们隐性附加意义的对比,而它们的基本意义是一样的。正因为这些隐性意义只是一种潜势,而这些潜势意义要依赖于与它们相搭配的词以及上下文,因此,孤立地来讨论它们的区别并没有多少意义。

(二) 英语否定词的词汇意义

英语中的否定词非常丰富,但是用于构成否定句的最常用的否定词是 no 与 not,一般的语法书在讨论英语否定句的时候,也主要讨论这两个词,因此,本书把分析的重点也放在这两个词的讨论上。由于英语具有比汉语更丰富的形态,否定词的附加意义往往通过句子的时态、语态等来表示,英语否定词的附加意义并不多,因此,我们下面的分析不采用语义特征分析法,而采用意义解释的方法。

No 主要是用作叹词、限定词或副词,难得用作名词。用作叹词的时候,主要是表示以下意思。

（1）用于回答问题，表示对对方所说内容具有不同意见，或表示拒绝，可以理解为是构成了独词句。

- A：Can you help me carry the bag?
- B：No, I am busy now.

No 作限定词时，主要表示以下意思，但这时往往带有一定的感情色彩。

（2）相当于 not a/one

- There is no book on the desk.
- They have no dictionary on linguistics in this library.

（3）相当于 not any

- There is no water in the glass.
- There are no students studying in the classroom.

（4）用在名词或动名词前，表示"禁止"、"不允许"、"不要"。

- No admittance except on business.
- No spitting.
- There is no denying the fact that they have run out of all their savings.

用作副词，表示对程度的否定，同时表示说话人一定的主观态度和情感。

（5）表示"不存在"，这时候的 no 一般用在存在句中，而且大多是固定的习惯说法。

- There was no denying that he was right.
- There is no knowing what he will do next.

（6）相当于"根本就不"或"根本就没有"的意思

- He is no taller than me.
- He is no dancer.
- This is no good.
- It was no easy job to improve his English pronunciation.

（7）No 还可以起到名词的作用，表示"不同意"或"反对票"。如：

- The answer was a definite no.
- He gave a definite no to his request.

Not 作为否定词，主要是作副词，表示的意义比较单纯，除了表示"否定"以外，几乎没有其他任何附加意义。

与助动词结合构成否定句，表纯粹的否定，不带任何主观色彩；

- He didn't come to Hangzhou to visit his friend.
- There is not a chair in the reading room.

用在"not a + 名词"的结构中，否定名词；
- Not a soul can be seen in the forest.

否定词组或动词短语
- He bought the suit not in a clothes shop, but in a grocery.
- He warned me not to be late.
- He came to Hangzhou not to visit his friend.
- She argued against my opinion, and not without reason.

not 和 no 虽然都表示否定，都可以构成句子否定，但它们在意义上是存在不少差别的。首先，not 表示的是一种事实，强调的是客观性；而 no 往往表示说话人的主观评价，带有比较多的主观性。对此，夸克等的解释是，用 no 代替 not 是将一个没有量级差别的名词转变成了一个有量级差别的名词。① 试比较下列两句：

- He is not a doctor.
- He is no doctor.

上面第一句表示"他不是一名教师"，后一句表示"他根本不是教师"，这里的 doctor 已不再强调某一具体的职业，而是已经虚化为"具有医术、胜任医生岗位"的抽象意义。

其次，not 和 no 在相似的英语结构中可以表示否定范围或者程度上的差别。

- Mr. Smith is no taller than Mr. Jackson.
- Mr. Smith is not taller than Mr. Jackson.
- He has no more than five books in his bag.
- He has not more than five books in his bag.

上面第一句表示"两人都矮"，no 只否定 taller，句子带有说话人的个人意见，语气比较强；第二句表示"两人都高"，否定的是全句，只陈述事实，没有表明说话人的态度。第三句表示"只有五本"，第四句表示"最多五本，可能还不到五本"。

---

① Quirk et a, *A Comprehensive Grammar of the English Language*, London: Longman Group Limited, 1985: 779

总之，not 意义比较单纯，除了表示否定，几乎没有别的附加意义，not 要表示额外的意义，就要借助其他语法手段。no 具有一些附加意义，往往带有一定的主观性。

（三）汉英语否定词比较

汉语否定词与英语否定词之间存在着一些明显的差别，这些差别首先表现在它们各自的附加信息上。因为汉语几乎没有形态，因此英语可以利用形态来表示的一些语法意义汉语只能利用语序或虚词来完成，否定词作为重要的虚词，自然也会附带一些语法意义，因此，汉语否定词一词多义的现象比较普遍，一些像英语中可以利用时态、语态等来表达的内容汉语就必须通过虚词或虚词的附带成分来填补。所以，汉语否定词除了表示否定的意义成分外，还带有"时""体"等语法因素，因此，语义功能往往比较复杂。

这里要说明的一点是，汉语中的否定词所附带的语义大多是语法意义，只有少数是实际意义（如"没"表示"没+有"），因此，转换成英语时，一般是要考虑利用语法手段将这些隐含的意义表示出来。其次，这些附加意义并不是否定词本身所具有的，否定词所具有的，严格地来说并不是意义，而只是一些意义潜势，这些潜势要依赖句子才能实现。因此，近几年人们在试图区别"不"与"没"的时候总脱不开与后面连带成分之间的联系，总会说"'不'与什么搭配具有什么意思"，这正好说明，否定词的意义，除了"否定"的意义是不依赖于句子上下文就明晰的以外，其他的隐含意义都是必须借助于语境才得以明确的。

英语的否定词意义总的来说比较单一，除了 no, never 等少数几个否定词具有少量的附加意义以外，其他的否定词基本上只表示单纯的否定。出现这种情况与英语具有比较丰富的形态有关，因为英语可以通过形态来表示一些语法意义，而不必借助副词的额外意义。英语否定词 no 虽然具有一定的附加意义，比如可以表示主观性，但它的附加意义远没有汉语否定词那样多。而且，即使像 no, never 这样一些词，它们的附加意义也并不总是呈现出来的，有时候也只表示单纯的"否定"意义。如：

- There are no buses in this part of the city.
- He will never be late for class.（不表示 no + ever 的意思）

汉英语否定词的另一个差别是汉语中有的词前加否定词以后，表示的未必就是相反的内容，即一个词的否定式未必就等于它的反义词肯定式，如"不对"是指"错"，但"不错"并不表示"对"，而是表示"好"或"还可以"

的意思。这种情况英语中是没有的。这说明汉语否定词的功能还并不仅仅表示"使一个肯定的意思表达相反的含义"。

第三，汉语否定词的意义是动态的，也就是说，汉语否定词入句以后，它的意思会受到句子结构的影响而呈现出不同的附加意义。虽然汉语否定词与英语否定词都表示"否定"，但由于汉语带有比较多的附加意义，因此，汉语的附加意义会因为句子的语境不同而呈现出不同的意义。当然这个动态意义不是不可捉摸的，它无论怎么变化都脱不开它的基本意义。汉语中的常用否定词"不"、"没"与英语中的常用否定词 no、not 似乎是等值的，而在实际句子中，它们很少有等值的时候，因此，不少语法书都将英语中的 not/no 与汉语中的"没/不"互相诠释是不妥当的。实际上，英语中的 not/no 与汉语中的"没/不"只是部分对应关系。

汉英语否定词也存在一些共同点。首先，它们否定某一词后得到的意义都比肯定语表示的程度要轻一些，即使当它们放在形容词或副词前面时，都表示"低于"的意思。如汉语中"不漂亮"就是"达不到漂亮的程度"的意思，所以，它总是比"漂亮"的反义词"丑陋"程度要轻得多，其他如"不大≠小, 不长≠短, 不亮≠暗, 不老≠年轻"。因此，王力说："否定语总比肯定语的分量轻些。"① 英语中也有类似情况，英语中被"not"否定的词其语义程度也表示略低的意思，相当于"不达到、低于"，如叶斯柏森所说的 not hot 就是 less than hot 就是这个意思。正是因为这一原因，人们在评价某个人的时候，总爱用"否定+褒义词"的形式来表示贬义的意思，这样可以显示礼貌，意思是说，虽然还差一点，但已经接近褒义词所达到的程度了。

- 他的脾气不好。（一般不说"脾气坏"）
- Their performance is not excellent. （一般不说 bad）

其次，这四个否定词都可以起到代词的作用，表示的是相当于前文内容的相反内容。如下列句子中的"不"就代表"喜欢旅游"，"没有"表示"没有吃饭"，not 代表 not to travel with the team，no 表示 will not join us in the game.

- 如果你喜欢旅游，那就去西藏；如果不，那就在家看电视。
- 我问他是否吃饭了，他说没有，他说没写好论文哪有心思吃饭。
- A：Will you travel with the team?
  B：Not if I am not asked.

---

① 王力，1943，中国现代语法，北京：商务印书馆，1985：127

- I phoned him and asked whether he will join us in the game? He said no.

再次，汉语和英语的否定词都比各自语言中的其他副词功能强大，它们的作用对象都可能达到除了否定词本身以外的句子任一成分。其他副词的作用对象一般都只有句子中的部分成分，功能比否定词要小得多。比如下列句子中的"不"和 not 可以否定各自句子中的任一成分。如：

A. 我不吃昨天自己烧的饭。
- 我不吃昨天自己烧的饭，但他吃昨天自己烧的饭。
- 我不吃昨天自己烧的饭，我吃从饭店买来的饭。
- 我不吃昨天自己烧的饭，我吃别人烧的饭。
- 我不吃昨天自己烧的饭，我吃今天自己烧的饭。
- 我不吃昨天自己烧的饭，我吃昨天自己烧的饺子。

B. I can't speak English.
- I can't speak English, he can speak English.
- I can't speak English, but I can write English.
- I can't speak English, but I can speak Russian.

而下列句子中的"都"和 only 只能作用于"他们"以及 speak 或 English，不可能指向"烧"、"饭"、I 等成分。
- 他们都吃昨天自己烧的饭。
- I can only speak English.

总之，虽然汉语的"不"、"没"和英语的"no"、"not"都是构成各自否定句的主要否定词，在表达否定这一内容上它们具有对等性，但是，仔细分析就会发现，它们的意义之间还存在着很大的差异，而且，若是把它们用到句子之中，则它们之间的差别会更大，因此，为了更好地认识它们的差异和共同点，我们还必须结合句子来分析才能看得更清楚。

5.3 汉英普通否定句的语义对比

句子意义是现代语义学研究的重要内容，甚至已经超越词义学而成为现代语义学研究的核心。

语义学研究的句子意义，是指不受语境影响的意义。本章所对比的句子意义主要是撇除了语境等外在因素影响的纯粹的句子意义。

无论汉语还是英语，肯定句的意思一般都是单一、明确的，不易引起歧义,如以下句子的意思都很清楚、明白。
- 她会用电脑快速地写电子信件。
- She can write electronic letters on a computer very quickly.

但是否定句的情况就不一样了,这是因为否定句的意义是由否定词决定的,否定词的否定对象不同,句子的意义就不一样。
- 她不会用电脑快速地写信件,(但会用纸笔快速地写信件)
- 她不会用电脑快速地写电子信件,(慢慢写是会的)。
- 她不会用电脑快速地写电子信件,(但写 QQ 是能很快地写的)。

因此,我们说,否定句是某种程度上的歧义句。关于这一点,语言学界已有普遍共识。①②

5.3.1 否定辖域与否定焦点

为了便于理解和解释否定句,夸克等(1972,1985)提出了"否定辖域"(scope of negation)与"否定焦点"(focus of negation)的概念。③ 这两个概念的提出对于我们更好地分析和解释否定句的语义提供了极大的方便,因为否定句的歧义问题很多时候是出于我们无法准确地确定否定句的辖域和焦点的缘故,对辖域和焦点的判断不同,会对句子产生完全不同的理解,有时甚至会对同一否定句产生截然相反的理解。例如:

- I don't teach because teaching is difficult for me.
- 理解一:Because teaching is difficult for me, that's why I don't teach.
- 理解二:I teach not because teaching is difficult for me.
- 我不喜欢吃苹果。
- 理解一:我不喜欢吃苹果,(我喜欢种苹果)。
- 理解二:我不喜欢吃苹果,(我喜欢吃梨子)。

可见,确定否定辖域与否定焦点对于否定句语义的解读有着至关重要的影响,因此,要分析否定句的意义归根到底是要对句子的否定辖域和否定焦点有准确的判断。徐盛桓说,"与其说否定句句义的构成是全句否定意义的总和,不如说,是句中被否定成分的意义同仍然保留被肯定成分意义相互结合,或者

---

① 详见戴耀晶,学习西方语言学理论,探求汉语自身规律,21 世纪的中国语言学(一)2004:107
② 徐盛桓,"否定范围"和"否定中心"的新探索,外语学刊,1983(1)
③ Quirk et al, A Grammar of Contemporary English, London:Longman Group Ltd, 1985

说，在否定句中，总是仍然有一部分的成分还保留着肯定的意义。"① 因此，确定了否定句的否定焦点，那么就可以推断句子的其余成分没有被否定，然后在这基础上确定全句的意思。由于否定辖域和否定焦点的这一些重要性，本节将着重从辖域和焦点两个方面对汉英语否定句的意义展开分析和对比。

5.3.1.1 对于否定辖域和否定焦点的基本看法

(一) 对以往关于否定辖域和否定焦点的回顾

我们认为，要分析否定句的辖域和焦点，首先得对一些相关的理论问题有一个统一的认识，否则分析和对比就无从展开，因此，下面我们将在回顾以往相关理论的基础上，提出我们对于否定辖域和否定焦点的看法。

对于否定句中有没有否定辖域和否定焦点的问题，目前有两种截然不同的观点：一种观点认为否定句中有否定辖域和否定焦点，否定焦点就在否定辖域之中，这是大多数人的意见。但持有这一观点的一派内部也有一些不同的意见，有的认为，否定辖域和否定焦点都在否定词的后面，否定词前面的词语不在否定辖域之内，持这一看法的主要有吕叔湘（1985）、温锁林（2000）和夸克等（1985）等；但也有人认为，否定辖域和否定焦点也可以在否定词的前面，如沈开木（1984）、钱敏汝（1990）等就持这一看法。另一种观点认为，否定句中没有独立的否定辖域和否定焦点，所谓否定焦点就是否定句的焦点，持这一观点的有高名凯（1946）、徐杰和李英哲（1996）、潘建华（2000）② 等。

我们认为，否定句确实有否定辖域和否定焦点，因为否定词确实存在着否定范围和否定对象的问题；再说，这对概念的引入，可以方便我们解释否定结构中的许多现象，对于分析否定句具有很高的实用价值。

关于否定辖域的定义，虽然各家表述不同，但大致意思相差不多，其中钱敏汝的观点具有一定的代表性。她认为，否定辖域是否定词最大可能的语义作用范围，无论"不"在一个语言表达中出现在句子的什么位置，所有在语义上有可能被否定的成分都属于否定范围（即否定辖域——笔者注，下同），它说明的是句中某一部分被否定词否定的可能性。否定焦点则是指在否定范围内的，几个可能被否定的项中最终被真正否定的一项。否定焦点原则上位于否

---

① 徐盛桓，否定范围和否定中心的再探索，外国语，1990 (5)
② 潘建华，每个句子都有焦点吗？山西师大学报，2000 (3)

范围之内或与否定范围重合。①

我们认为，钱敏汝对于"否定辖域"和"否定焦点"的定义是合理的。"否定辖域"的应有之义应该是指在否定句中否定词可能作用到的范围；而否定焦点则是指在这些可能被否定词作用到的语言项中，实际被否定词作用的对象，是否定可能性的现实化。

关于英语的否定辖域，夸克等曾这样指出，英语否定句的辖域通常是从否定词本身开始，到分句末尾，或到句末附加语之前为止。谓语之前的主语、状语等一般不包括在辖域之中。② 但另一方面，他们又注意到，这样的划分难以解释主语有时候也可能被否定的事实，比如主语带总括量词的时候可以进入辖域，主句后的分句有时也可能进入辖域，所以，他们提出了语调可以改变辖域和焦点的观点。如下面的句子如果重读主语，则主语同样可以得到否定。

- All cats don't like water③
- All the children didn't sleep. ④

吕叔湘先生在分析汉语否定句时也提到了否定句的辖域问题，他认为，汉语的否定辖域是否定标记"不"和"没"后面的全部语言项目。但同时，他又指出，否定的焦点不一定只是在"不"、"没"的后面，否定的焦点也可能在"不"或"没"的前面，这样就把否定的范围扩大到了"不"或"没"的前边去了。⑤

徐盛桓（1983）、张今和张克定（2004）看到了夸克他们以及吕叔湘先生在否定辖域和否定焦点问题上的矛盾，因此，他们都曾试图就如何确定否定句的辖域和焦点问题提出了自己的建议。徐盛桓指出："在单句（包括简单句和并列复合句中的每一个单句）和主从复合句中，若 not 在谓语动词的位置，则从主语（主从复合句则从主句的主语）开始，至句末或有转折意义的成分之前止，均属否定范围"。⑥

张今和张克定认为，否定句的主语并不一定划在否定范围之外，在一定的

---

① 钱敏汝，否定载体"不"的语义、语法考察，中国语文，1990（1）
② Quirk et a, *A Comprehensive Grammar of the English Language*, London: Longman Group Limited, 1985: 787
③ Quik et al, *A Grammar of contemporary English*, London: Longman Group Limited, 1972: 383
④ Quirk, et al, *A Comprehensive Grammar of the English Language*, London: Longman Group Limited, 1985: 790
⑤ 吕叔湘，疑问·否定·肯定，中国语文，1985（4）：247
⑥ 徐盛桓，"否定范围"和"否定中心"的新探索，外语学刊，1983（1）

上下文中，主语也可以进入否定辖域；另外，如果主语含有 all, every 之类的总括词，那么主语也能进入否定辖域。①

赵世开也认为，英语句子中的否定范围一般从否定词往右的句子所有成分到该句句末，（有时延及复句中的从句）或者最后一个附加成分之前结束。但如果有状语置于否定句末尾，则该状语可能在辖域之中，也可能没有进入辖域之中。主语和谓语成分前的附加词通常属于否定范围以外的成分。作用词可能处在否定范围之内，也可能处在否定范围之外。至于"some"之类的肯定词却总是否定范围外的成分。否定辖域通常不包括转折词或连接词。②

上述各家提出的关于确定否定辖域和否定焦点的基本方法都存在一个问题，他们都没有区分语义和语用两个平面，都没有从语义和语用的角度来分别讨论否定辖域和否定焦点的问题，所以总是没能把问题说清楚。

（二）我们的否定辖域和否定焦点观

下面谈谈我们对于否定句辖域和焦点的看法。首先，我们认为，否定辖域和否定焦点的关系非常紧密，两者必须一起谈才能谈得清楚。关于这一点，徐盛桓（1983）、张今、张克定（1998）等都曾给予特别的强调。徐盛桓认为，否定焦点和否定辖域在分析和说明时要互相补充，互相制约，光强调"范围"（即辖域）就会失之过泛，光强调"中心"（即焦点）就会失之武断。两者结合起来，才能得出比较贴近发话者原来语义意图的句义。③ 张今和张克定也认为，辖域和焦点这两个概念必须同时并用才有意义。如果只谈否定范围，仍无法确切理解否定句；如果只说否定焦点，则会失去依托，无规律可循。这些对于英语和汉语都是适用的。④

否定辖域与否定焦点不但关系紧密，而且还互相依存。否定辖域必定包含否定焦点，否定焦点一定在否定辖域之内。⑤ 这是因为，否定辖域和否定焦点都是否定词语义指向的对象，否定辖域代表的是否定词语义作用区域的可能性，而否定焦点则是否定语义指向的实现。徐盛桓说得好："划出了否定范围，是为否定中心的确定提供了域值；只有在这基础上进而定出了否定中心，

---

① 张今、张克定，英汉信息结构对比研究，开封：河南大学出版社，2004：130~133
② 赵世开，汉英对比语法论集，上海：上海外语教育出版社，1999：249
③ 徐盛桓，"否定范围"和"否定中心"的新探索，外语学刊，1983（1）
④ 张今、张克定，英汉语信息结构对比研究，开封：河南大学出版社，1998：132~143
⑤ Quirk et al, *A Grammar of Contemporary English*, Longman Group Limited, 1972：382

否定句的句义才能认定。"① 也就是说，没有被否定的可能，哪来被否定的实现？因此，没有否定辖域，也就无所谓否定焦点。

其次，关于焦点的性质，目前是众说纷纭。张斌（1998）、范晓（1994）、陈昌来（2000）认为焦点是语用概念；徐烈炯和刘丹青（1998）、徐杰（2001）认为焦点是一个句法概念；沈开木（1996）认为焦点是一个逻辑概念；董秀芳（2003）认为焦点与句法和语用都有关系。② 我们认为，焦点既是一个句法概念，也是一个语用概念，焦点可以分为语义焦点和语用焦点。语义焦点是指句子没有进入交际时所显示的焦点，而语用焦点是指句子进入交际状态时由于语境的影响句子所显示出来的焦点。

结合否定句的实际，我们把否定句的焦点分为语义否定焦点和语用否定焦点。语义否定焦点主要是指句子不进入交际状态时否定词所指向的对象；语用否定焦点是一定语境因素作用下的否定句焦点，是指句子进入交际后否定词所作用的对象。由于否定句是否进入交际状态可能影响到否定词的作用范围，同时也因为否定焦点和否定辖域之间的密切关系，我们还提出把否定辖域也区分为语义否定辖域和语用否定辖域的观点。语义否定辖域是指句子在没有进入交际状态时否定词可能作用的范围；而语用否定辖域是指否定句进入交际状态时否定词可能作用的范围，是一定的语境因素影响下临时具有的辖域。

再次，我们想谈一下肯定句中的焦点与相应的否定句的否定焦点问题。现在讨论句子焦点分类的文章很多，如张伯江、方梅把焦点分为常规焦点和对比焦点；③ 张斌把焦点分为自然焦点、对比焦点和标记焦点；④ 徐烈炯、刘丹青把焦点分为自然焦点、对比焦点和话题焦点；⑤ 张豫峰认为焦点可以分为静态焦点和动态焦点。⑥ 这些讨论，大多是关于普通句的焦点，而没有联系否定句。专门讨论否定句焦点的有钱敏汝⑦、李宝伦和潘海华⑧等。

我们认为，肯定句的焦点在句子转换成否定句以后一般都转换成否定焦

---

① 徐盛桓，否定范围和否定中心的再探索，外国语，1990（5）
② 董秀芳，无标记焦点和有标记焦点的确定原则，汉语学习，2003（1）：10~16
③ 张伯江、方梅，汉语功能语法研究，南昌：江西教育出版社，1996
④ 张斌，汉语语法学，上海：上海世纪出版集团，上海教育出版社，2003：92
⑤ 徐烈炯、刘丹青，话题的结构与功能，1998
⑥ 张豫峰，汉语的焦点和"得"字句，汉语学习，2002（3）
⑦ 钱敏汝，否定载体"不"的语义、语法考察，中国语文，1990（1）
⑧ 李宝伦和潘海华，焦点与"不"字句的语义解释，现代外语，1999年，第2期

点，但是，这也并不意味着凡肯定句的焦点必然成为相应否定句的焦点，也并不等于否定句的焦点必然来自肯定句的焦点。

一般来说，前置成分总是已知信息，后置成分是新信息，因此，已知信息不能成为焦点。但是，如果前置的成分是逻辑宾语，那么"提前移到动词前面的宾语具有主题功用，不能成为信息焦点……"① 但是在否定句中，前置成分如果是动词的逻辑宾语，是可以进入辖域之中的，而进入辖域的内容就有成为否定焦点的可能，这样，句子焦点与否定焦点不相一致。如下列句子中的前置成分"苹果"和"这本电影"都是否定焦点。

- 苹果他不想吃。
- 这部电影我们不想再看了。

这里前置的逻辑宾语都是否定焦点，但在相应的肯定句中这些逻辑宾语都是话题，是已知信息，因此不可能被赋予最高信息强度，也就是说不是肯定句的焦点。这样否定句的否定焦点与相应肯定句的句子焦点不相重合。因此，我们说，否定焦点并不必然是肯定句中的句子焦点被否定后得到的。否定焦点与句子焦点有时是一致的，也有时候是不一致的。

第二，我们认为，否定句没有句尾焦点。我们提出，否定句没有句尾焦点并不是说句子末尾的成分不能成为被否定的对象，而是说句尾成分成为否定焦点时并不是因为它处于句子末尾的缘故，因此不足以列为独立的一种焦点类型；同时，一个否定句中的毗邻焦点与句尾焦点是相冲突的，因为任何句子都有句子末尾，同时任何句子也都有否定词的毗邻成分，这样句子句尾焦点与毗邻焦点发生冲突。

第三，从焦点分析的角度来说，也没必要独立设句尾焦点，因为句尾成分被否定时完全可以利用其他焦点成分给出解释。下表是笔者在128位学生中所做的调查结果。② 我们对调查结果分析后认为，下列的句尾焦点完全可以用其他方式给出解释，如第一句的"跑步"位居句尾，但它与否定词相邻，可以理解为是毗邻焦点，第二句的"第一"是补语，属于敏感词焦点，第三和第四句的 quickly 与 badly 貌似自然焦点，但也可以用敏感词焦点来加以解释，因为它们是 run 和 love 的状语。

---

① 汤廷池等编，《汉语句法·语义学论集》，台北：台湾学生书局，1988：20

② 注：数字说明的是128人中认为该成分被否定的人数，有的句子总数没有128是因为有个别同学认为该句没有任何成分被特别强调，而是全句被否定了。

汉英否定的语义结构对比

表五 敏感词焦点

1	王涛	每天	早晨	没有	跑步
	1	0	7	6	67
2	王涛	没有	跑	第一	
	4	0	0	87	
3	Tom	does	not	run	quickly
	1	0	0	7	84
4	Tom	doesn't	love	music	badly
	1	0	10	3	84

第四，我们认为，光在语义和语用两个层面上划分否定焦点和否定辖域还无助于我们很好地分析和解释汉英语的否定句，因此，我们有必要结合汉英语否定句的实际情况提出更详细的分类方式。

5.3.1.2 否定辖域和否定焦点的分类

由于我们把语义焦点定义为不依赖于任何外来因素的、句子本身具有的焦点，因此，我们根据语义焦点实现方式的不同，把语义焦点划分为标记否定焦点、敏感词否定焦点、毗邻否定焦点三类。而把语用焦点细分为语音否定焦点、上下文否定焦点、语境否定焦点和常识否定焦点四类。关于语用否定焦点，我们将在后面第六章中做详细介绍，这里我们先介绍语义否定焦点。

（1）标记否定焦点。无论英汉语，都有使用一定的词汇或句法手段来突出某一句子成分的方法，如汉语可以采用标记词"连"、"是"、"就"、"只"等来实现焦点凸显，英语可以利用强调句结构（Cleft Sentence）来突出焦点。如下列句子中"是"的使用把否定的焦点移到了语义辖域之外，这说明标记词或标记结构可以改变句子的焦点。

- 张三没有做英语作业。
  是张三没有做英语作业。
- 他没见过他爷爷奶奶。
  他连他爷爷奶奶都没见过。
- Jack didn't do the English exercises.
  It is Jack that didn't do the English exercises.

113

It is the English exercises that Jack didn't do.

刘探宙认为,焦点标记词标记的焦点是对比焦点。① 确实,通过标记词显示的焦点是具有对比的意义,但因为它仍然在句子范围以内显示出来的,没有通过句子以外的因素,因此,我们认为标记词焦点仍应该归入语义焦点的范畴之内。

(2)敏感词否定焦点。英语和汉语有一个共同点,如果有状语或补语修饰动词短语,或有定语修饰名词短语,那么这些附加成分常常很可能成为被否定的焦点。这是因为,这些定语、状语或补语成分往往是句子的新信息,是句子要凸显的重点内容,因此,它们出现在否定句中时就很容易被否定词吸引而成为否定焦点。由于它们对于否定很敏感,我们把这些词称为敏感词,由敏感词凸显的焦点称为敏感词焦点。

状语、补语和定语之所以很可能成为否定焦点,是因为,如果这些成分不是句子所要突出的信息,那么,它们也就没有出现的必要。比如在下面句子中,如果这些附加成分"迅速地"、"绣了花的"、"出门外"不是需要强调的内容,那么,这句完全可以简化为"他没有把那只鞋子扔出去"就可以了。

● 他没有迅速地把那只绣了花的鞋子扔到门外。

因此,沈家煊说的"状语、补语和定语一般不是构成谓语所必需的(obligatory)句法成分,它们一旦在否定句谓语中出现就成为语义重点,容易'吸引'否定词"② 就是这个意思。

为了验证敏感词焦点的存在,笔者在六个班级128位母语为汉语的英语专业学生中做了一次调查统计。统计的内容是要求学生在不考虑句子重音等外在因素的情况下凭语感判断每一个句子中最有可能被否定的成分。从下表的统计数据可以看出,无论是汉语还是英语,定语、状语、补语等成分确实明显存在着吸引否定词的倾向。

---

① 刘探宙,多重强式焦点共现句式,中国语文,2008(3):259~269
② 沈家煊,不对称与标记论,南昌:江西教育出版社,1999:53

表六　定语作为敏感词

王涛	不	是	一名	人见人爱的	学生	干部
3	0	0	0	108	2	1
Tom	is	not	a	well – respected	student	cadre
4	1	1	0	47	15	0

表七　状语作为敏感词

王涛	没有	痴迷地	喜欢	音乐	
0	1	99	2	0	
Tom	does	not	love	music	badly
1	0	0	10	3	84

表八　补语作为敏感词

王涛	没有	跑	第一				
4	0	0	87				
Tom	did	not	come	first	in	the	running
0	0	0	3	61	0	0	3

（3）毗邻否定焦点。毗邻否定焦点是指靠近否定词的语言项目有被优先否定的趋势。戴耀晶（2000）在研究汉语否定句时指出，汉语中否定词所否定的只是否定词后面的语法单位，而不是全部，即汉语的否定句一般遵循的是"毗邻原则"。这有一定的道理，因为汉语否定词大多是根据意义表达的需要把否定词直接放置在需要被否定的成分之前的，因此，否定词后面的内容自然就有成为否定焦点的倾向。但是如果认为汉语中所有的否定焦点都是"毗邻焦点"也不完全符合事实，因为，在上一章中我们提到，汉语否定词也有否定动词并通过否定动词达到否定附着在动词上其他成分的倾向，因此，汉语存在毗邻焦点优先的情况不假，但同时它也有通过否定谓词来否定命题的情况存在。

毗邻焦点并不仅仅汉语有，英语中也有毗邻焦点，这是因为，英语的否定词 not 除了与助动词结合，一起构成对谓语动词的否定外，也可以自由地将 not 放在需要被否定的成分前构成成分否定，而在成分否定中，被否定成分自然就成了毗邻焦点。

我们采用上述方法统计了汉语和英语中的毗邻焦点，结果显示，汉语中否定词凸显焦点的效果比较明显，而英语中靠近否定词的成分没有明显被否定的迹象，这说明，汉语否定词的位置与否定焦点的关系比英语中否定词位置与否定焦点的关系要密切。下表是我们的调查统计，虽然只有四个句子，但还是能看出汉英语在否定毗邻焦点上的差别。

表九　汉英毗邻焦点统计对比

王涛	没有	每天	早晨	做操			
1	1	81	5	2			
Tom	does	not	do	morning	exercises	every	morning
1	0	0	8	0	0	13	0
王涛	不	痴迷地	喜欢	音乐			
0	1	99	2	0			
Tom	does	not	love	music	badly		
1	0	0	10	3	84		

从理论上来说，一个句子可以有一个以上的焦点，因为说话人完全可以同时强调两个及两个以上的内容，但是由于两个焦点之间形成竞争关系，实际在句子中真正得到凸显的往往只有一个焦点，这就出现了一个句子中同时有几个焦点的时候哪个焦点更有竞争力的问题，体现在我们的语义分析中就是首先应该考虑哪一个焦点才是否定的主要对象的问题。

一般来说，语用焦点与语义焦点并不冲突，句子中一旦出现语用焦点，则语义焦点的凸显就会受到影响，语用焦点会优先得到凸显。但是在几个语义焦点同时出现的句子中，就会出现哪一个焦点优先得到凸显的问题。根据我们的观察，标记焦点是三个焦点中最容易得到凸显的焦点，最具优先权，毗邻焦点最后一个得到凸显，而敏感词焦点位于标记焦点和毗邻焦点之间。这就是为什么李宝伦和潘海华（1999）认为否定词只有在其他焦点不存在的情况下才会否定它的邻接成分的原因。

当动词同时有状语和补语修饰，句中名词有定语修饰的时候，那么哪一个成分得到凸显就与毗邻焦点有直接的关系了，如下列句子中同时出现定语、补语和状语，也就是同时出现三个敏感词焦点，这样，否定词的位置就直接决定了其中哪一个成分真正受到否定。如：
- 那个戴帽子的人不可能吃光碗里的饭。（否定"可能"）
- 不是那个戴帽子的人可能吃光碗里的饭。（否定"那个戴帽子的"）
- 那个戴帽子的人吃不光碗里的饭。（否定"光"）

理清了上述思路，我们再来看夸克等（1972，1985）的观点，就会发现，如果他们的观点限于语义焦点，他们所讲的否定焦点只能出现于否定辖域之中，主语以及外加状语和联加状语不在辖域讷的观点是正确的。而他们所讲的因语调原因而致使否定词左边的主语被否定的情况属于语用焦点，语用焦点是动态的，因此，否定词右边的成分确实有可能进入辖域。像下列句子的辖域和焦点也是明确的，因为上下文告诉我们这里被否定的成分应该是"I"。

- I didn't take Joan to swim in the pool today. It was my brother who took her. ①

徐盛桓认为下面这句的否定中心没有落入否定辖域中，但我们不这样认为。这句的辖域是包含了 Harry 的，这是因为后半句的出现使前半句具备了下文，而下文属于语境，在一定语境中出现的否定句属于语用否定，而语用否定中的否定辖域受到语境的影响变成动态的了，因而是可以移到否定词的左边的，这样，否定焦点 Harry 移到左边也就可以理解了。

- Harry didn't attack the Labour Government，(but someone did). ②

还有人用"Doesn't she know him"的句子来批驳 not 否定辖域在右边的观点。我们认为，我们讨论的否定句一般是指陈述句的否定句，这句是否定疑问句，辖域理论自然不适用于分析这样的句子，因此，凭这样的句子来批评辖域理论的合理性是不科学的。

5.3.2 汉英普通否定句的语义分析

语言都是呈线性排列的，因此，要找到确定辖域和焦点的规律，还得从线性角度来考虑，只有这样找到的规律才能容易理解，又具有可操作性。

夸克等认为，要分析否定句，应该首先确定焦点，然后再确定辖域③，但我们认为，我们在分析否定句时，应该首先寻找辖域，然后才能在确定的辖域

---

① Quirk, et al, *A Grammar of Contemporary English*, London: Longman Group Ltd. 1985；789
② 徐盛桓，"否定范围"和"否定中心"的新探索，外语学刊，1983（1）
③ Quirk et al, *A Comprehensive Grammar of the English Language*, London: Longman Group Limited, 1985：789

之中寻找并确定焦点。

5.3.2.1 汉语普通否定句的语义分析

上面说到，辖域也有语义辖域和语用辖域之分，如果句子进入交际状态，则会产生语用辖域，因此，判定辖域的第一步应该是看句子是否有产生语用辖域的条件。如果有上下文、情景等句外因素影响到否定句的意义，则否定辖域马上就可以确定，没必要再进入语义辖域的讨论了。只有没有语用辖域的存在，我们才进入划定语义辖域的程序。

关于汉语否定辖域，目前较为普遍的观点是，否定词否定的范围是从否定词一直往右直至句尾，如吕叔湘①、王力②、房玉清③、沈家煊④等都这样认为。沈家煊把这种否定辖域在否定词右边的否定称为无标记否定，而把否定辖域指向否定词左边的否定称为有标记否定。那么，汉语的否定辖域有没有例外呢？有哪些例外呢？

要回答上述问题，我们首先要看句子是否有外加状语（disjunct）。所谓外加状语，是指对全句具有修饰作用的独立的语言成分，如"真的、其实、果然"等，它们的作用对象一般是全句。外加状语无论放于句首还是句末，都不被否定，如下例中的"真的"不进入否定辖域。因此，应该被排除在否定辖域之外。

- 我很不喜欢游泳，真的。

其次，当位于否定词左边的成分是谓语动词的逻辑宾语时，否定谓语动词的否定词，其辖域包括这一逻辑宾语。如：

- 每个人都来我不同意。⑤
- 人的身体可以被囚禁，人的心却不可以。⑥

如果否定句是被动语态的句子，被提前的主语实际上是动词的逻辑宾语，也自然是动词的作用对象，因此，被动句中的主语也落在否定辖域之中。

- 我去的时候，这幢大楼还没有被他们拆除。

---

① 吕叔湘，疑问·否定·肯定，中国语文，1985（4）
② 王力 1943，中国现代语法，北京：商务印书馆，1985：127~128
③ 房玉清，实用汉语语法，北京：北京语言学院出版社，1993：338
④ 沈家煊，不对称和标记论，南昌：江西教育出版社，1999：72
⑤ Lee, T. H. T, *Studies on Quantification in Chinese*, PhD dissertation, UCLA, 1986：138~139, cited from Fang Li, *Chinese Learners' Strategy for Determining Scope Relations in English*, 福建外语，2002（4）：33~37
⑥ 赵世开，汉英对比语法论集，上海：上海外语教育出版社，1999：241

但有的时候,汉语的被动语态形式特征并不明显,与逻辑宾语提前的句子差别不大,所以也可以看成是逻辑宾语前置的特例。如:

- 那垛墙终于没有拆。

汉语中的"把"字结构有把逻辑宾语提到动词前面的功能,因此,即使"把"字后面的介词宾语位于否定词左边,也应该划入否定辖域之中。

- 若是把他的主唱地位不给我,我就不会这么快走向成功。
- 他把他老师的意见不当一回事。

再次,如果是汉语否定词独用,那么,它们的辖域就在否定词的往左方向,即否定词指向的内容是它们前面部分的内容。① 如:

下面第一例中"没有"的否定辖域是前面的问题,第二例中"不"的否定辖域在否定词的左边。

- A. 你昨天的交响乐去听了吗?

    B. 没有,我正在忙着写论文呢,哪有空啊!

- 三个人带着棍子,不,是三个彪形大汉带着长长的铁棍,气势汹汹地朝厂门口走来。(邢福义,1982)

第四,如果主语从句中的否定词只是针对小句的命题进行否定,则否定词的作用范围不可能超出小句以外,比如下列句子中的"没有",它的否定辖域只限于小句内的"跑第一",也就是,"令大家感到很意外"不可能进入否定辖域而成为前面否定词的作用对象。如:

- 王涛没有跑第一令大家感到很意外。

第五,汉语如果有状语从句位于主句的右边,那么这个状语从句大多不进入前面否定词的辖域。汉语有一种倾向,就是状语从句一般都是前置的,前置的状语从句不进入否定辖域是比较容易理解的。但是少数情况下,也有状语从句后置的情况,后置的状语从句同样不进入辖域。如:

- 他不想去看这部电影,因为有人告诉他这电影不好看。

确定辖域只是确定了否定词作用的范围,或者说,"只是围出了有可能被否定的各成分的可能性"②,而要准确理解否定句,关键是要找到否定句的焦点,因为焦点会直接影响到句子的真值条件。③ 因此,确定焦点对于理解否定

---

① 详细可参看沈开木,"不"字的否定范和否定中心的探索,中国语文,1984 (6)
② 徐盛桓,否定范围和否定中心的再探索,外国语,1990 (5)
③ Gundel, 1999, Gundel. J. K. 1999, *On different kinds of focus*, in Bosch. P. and Rob van der Sandt. Eds. 1999

句的意义关系更为密切。

下面我们着重讨论如何确定否定句的焦点问题。这里讨论的焦点主要是语义焦点，因为语用焦点在后面一章中会有专门的讨论；其次是由于语用焦点优先于语义焦点，一旦出现语用焦点，则语义焦点的确定也就无从谈起。

上面说到，否定句焦点分为标记焦点、敏感词焦点和毗邻焦点三种，它们的排列顺序一般是：标记焦点＞敏感词焦点＞毗邻焦点。也就是说，第一步是要寻找标记焦点，如果没有标记焦点，则应该寻找敏感词焦点，只有在没有前两种焦点的情况下才考虑毗邻焦点。

如果句子中有"连"、"就"、"是"等用于凸显焦点的标记词，则马上就可以找到被否定的对象。如：

- 你问我，我连礼拜是怎么回事都不知道。（张国才《1982年北京话调查资料》）
- 他就昨天没有去农贸集市上买菜。

如果没有标记焦点，下一步应该看是否有敏感词存在，如果有敏感词，就应该在状语、补语、定语中去寻找否定焦点。如：

- 我不爱坐夜航班机。（敏感词是定语"夜航"）
- 我没有深深地爱上那个扎马尾辫的女孩。（敏感词是状语"深深地"和定语"扎马尾辫的"）
- 他没有打扫干净房间就回家了。（敏感词是补语"干净"）

有的句子可能是状语、补语、定语同时出现，如上面的第二句同时有状语和定语，在这种情况下，一般就要看哪一个成分靠近否定词，靠近否定词的成分一般优先成为焦点，这是因为汉语有否定词靠近被否定成分的倾向。

当上述两种焦点都没有的时候，才考虑是否有毗邻焦点存在。如下列句子既没有标记焦点，也没有敏感词焦点，因此，可以认定与否定词毗邻的词为否定焦点。

- 不是胜利让他冲昏了头脑。（是其他原因让他冲昏了头脑）
- 胜利没让他冲昏了头脑。（没让他，而是让别人冲昏了头脑）
- 胜利冲不昏他的头脑。（胜利会让他兴奋，但不会冲昏他头脑）

看来，如果句子有标记词，要确定否定焦点并不困难，如果没有标记词，则汉语有一个很大的优势，就是根据否定词的位置来判断否定焦点之所在，这一点无论是否有敏感词焦点，情况都一样。

为了更清楚地了解汉语确实具有随需要放置否定词的情况，下面我们再来看一组句子,看汉语这样的特点是否是普遍现象。
- 丈夫没买给他妻子一个金戒指。(没有买)
- 丈夫没给他妻子买一个金戒指。(但给自己买了)
- 丈夫买给他妻子的金戒指不是一个。(是一对金戒指)
- 丈夫买给他妻子的不是一个金戒指。(是一个金手链)
- 不是丈夫买给他妻子一个金戒指。(是别人)

上面是根据肯定句"丈夫买给他妻子一个金戒指"衍生出来的几句否定句,随着否定词在句中位置的变动,句子的否定焦点也在不断地变换,而这些否定焦点的变换过程始终体现在否定词"不"或"没"的转移上,或者说,否定词始终在围着需要被否定的具体成分在移动。这说明汉语否定句具有明显的否定毗邻成分的特点,这也正是汉语毗邻否定焦点地位特别重要的原因。

但是,我们也应该看到,汉语否定句也并不是完全这么简单的,这是因为,除了其结构随内容需要可以自由、灵活地变换否定词在句中的位置以外,汉语否定句也有受形式约束的一面。试看下列句子:
- 他没吃光碗里的饭。
- 丈夫买给他妻子的不是一个金戒指。(是一个金手链)

这里,"他吃饭"的动作是实施了,也吃了碗里的一部分饭,但是结果是没有"吃光",所以说,这里的否定词"没"实际上是指向"光"的,但是,"没"却并没有放在"光"的前面。如果我们按照临近毗邻成分放置否定词的方式来放置否定词,把句子说成"他吃没光碗里的饭",那么句子就是错误的。第二句"不是"并不否定毗邻成分"一个",而是否定"金戒指",但也不能说成"丈夫买给他妻子的不是金戒指一个"。上述例子说明,汉语否定句的构成也有受形式约束的一面,这个形式就是汉语否定词同样有靠近谓语动词放置以及考虑名词短语完整性的倾向。

汉语否定句还有形式与内容不相一致的情况,这一点在量词否定句中体现得特别明显。关于量词否定句中形式与内容不相一致的情况,我们将在本章第四节中有详细讨论。

5.3.2.2 英语普通否定句的语义分析

一般情况下,汉语和英语否定句的否定辖域之间存在不少共同的地方,如英语否定句中否定词的辖域也是往右,这一点夸克等说得很清楚,但是,与汉语比较起来,英语否定辖域的例外情况更为复杂,因此,赵世开(1999)认为,汉语和英语否定句否定辖域的确定标准差别较大。

要确定英语否定句的否定辖域，第一步同样是要看句子是否有外加状语，如 frankly speaking, to tell you the truth 等，如果有外加状语出现在否定词右边，外加状语同样不进入辖域，如下面第一句。英语除了外加状语，还有联加状语（conjunct）。联加状语是指能连接两个句子的意义，同时对全句具有修饰作用的词或短语，如下句中的 though。如果有联加状语出现于否定词的右边，联加状语也应该被排除在否定辖域之外。如：

- I don't like the novel, to tell you the truth.
- I feel sick. It does not matter, though.

其次是要看否定句有没有逻辑宾语位于谓语动词左边的情况。英语的词序一般都是 SVO 结构，很少有 OSV 的情况出现，但有时候为了突出和强调宾语，也有可能将宾语提前，如下句中的 this book。当有逻辑宾语前置于谓语动词左边的时候，应该把逻辑宾语划入辖域之中。

- This book I don't like.

英语逻辑宾语前置的情况更多地出现在被动语态之中。如果被动语态的句子被否定，这时候的主语实际上也是动词的逻辑宾语，因此，被动句否定句中的主语同样应该划入否定辖域之中。如：

- The man was not caught immediately.

再次，如果英语中有否定词独用的情况，则需要区别情况来对待。当否定词用于句子中间，并表示对前面部分的修订时，否定词指向句子左边，如下面的 no 就是指向前面的 three。

- I picked up three, no, four sticks and threw them into the river.

与汉语不同，英语否定词如果是用于回答问题，那么，它是指向否定词后面的内容，而不是否定词前面的部分。如下面的 no 就是指向它后面的部分，因此后面句子是用 didn't 来与 no 相呼应的。

- Did you enjoy the film? No, I didn't.
- Didn't you attend the important meeting? No, I didn't.

第四，与汉语一样，如果主语从句中有否定词只否定从句本身的命题，则否定词的作用范围不可能超出从句，如下列句子中的 not，其否定辖域不可能超出"That Tom didn't win the first place in the running"，也就是"disappointed everyone"不可能进入前面句子的否定辖域。

- That Tom didn't win the first place in the running disappointed everyone.

第五，关于位于句尾的状语从句是否进入辖域的问题，英语与汉语有许多不同之处。汉语的状语可以说是毫无例外地放于主句的前面,基本不存在状语从句是否进入否定辖域的问题,如果有极少数位于主句之后的状语从句,一般也不进入辖域。英语的状语从句放在主句之后时,状语从句是否进入前面主句的否定辖域,一般认为情况比较复杂,如夸克等(1985)认为位于句尾的状语从句可能进入辖域,也可能不进入辖域。张今和张克定也同意夸克等的观点,他们认为,英语中的 not,如果是用于简单句中,其否定辖域包括整个分句;如果用于主从句的主句,且从句位于主句之后,not 的否定辖域则可从主句句首开始,一直延伸到从句的句尾,但这类从句一般为 because 或 when 引导的从句。①

我们认为,位于句末的状语从句无疑是在否定辖域之中的,也就是说它是有被否定的可能的,至于最终有没有真正成为否定词的作用对象而成为否定焦点,那就取决于其他因素了,如标点、重音、语境、上下文等,因此,确定句末状语从句是否进入否定辖域并不困难,困难的是要确定它是否是否定的焦点。

关于汉语和英语的否定辖域问题,汉英语之间的相同之处还是比较多的,但是,下面几种情况汉语与英语的差别就比较大了。其一是英语中当主语被量词修饰的时候,主语进入否定辖域并可能成为被否定的对象。关于这一部分内容,我们将在量词否定句中做详细分析,因而这儿暂不讨论。其二是英语中情态动词否定句有否定词否定情态动词和否定主动词的区别。当情态动词被否定的时候,情态动词虽然位于否定词的左边,但也可能进入辖域。由于下面我们将对情态动词的否定句做更详细的分析,因此,这里也暂不将它纳入讨论范围。

下面我们来讨论怎样确定英语否定句焦点的问题。英语也有汉语那样的焦点标记词,如 even,还有凸显焦点的结构,如强调句结构,因此,如果句子中出现焦点标记词或焦点标记结构,那么否定焦点就很容易确定。如:

- He didn't answer even my letter.
- He even didn't answer my question.
- It isn't Tom who broke the window with a brick.
- It isn't the window that Tom broke with a brick.
- It isn't with a brick that Tom broke the window.

---

① 张今、张克定,英汉语信息结构对比研究,开封:河南大学出版社,1998:143~144

如果没有标记词，下一步同样考虑敏感词焦点，如果有敏感词，同样应该在状语、补语、定语中去寻找焦点。如：

- I don't like over-baked chicken.（否定 over-baked）
- His father didn't beat him black and blue yesterday.（否定 black and blue）

当有多个敏感词同时出现在一个句子中的时候，英语情况与汉语不一样，这是因为，英语没有汉语那样明显的否定词靠近被否定成分的倾向。

但是，英语有英语的线索，它可以给我们一些分析的思路。英语的状语和补语一般都是后置的，定语也有后置的情况（如定语从句，介词短语做定语，少数形容词做后置定语等），因此，英语有明显的重要信息后置的倾向。顺着这样的线索，我们可以大致理出一个思路，即在有多个焦点敏感词的时候，可以优先考虑句尾成分为焦点。如：

- These young girls didn't sing and dance madly.
- She doesn't arrive at her new office on time every day.
- Tom didn't paint the wall white very quickly.

上面第一句同时有定语 young 和状语 madly，第二句同时有定语 new 和状语 on time 以及 every day，第三句同时有补语 white 和状语 quickly，这时候，一般是末尾成分成为焦点。

英语中也有毗邻焦点，但是英语的毗邻焦点比汉语容易寻找，这是因为，英语有否定词和助动词结合的形式要求，所以，凡是否定词 not 不是与助动词在一起的时候，基本可以认定它是起否定句子局部成分的作用，这时候的否定焦点就是毗邻焦点。如：

- He came to China not for travel. He has come to visit his friend.

5.3.2 汉英普通否定句的语义对比

汉英语否定句在语义上具有下列不同点。首先，虽然否定句的语义无论对于汉语还是对于英语都很复杂，但相比较而言，英语否定句的语义无疑比汉语的要复杂得多。汉语否定句也有辖域不清的问题存在，但毕竟是少数。汉语基本上是把否定词放在需要被否定的成分前面，否定辖域和焦点是通过词序来表示的，否定词位置不同，否定焦点也不一样，所以，汉语否定句产生歧义的可能性比英语的要小。因为英语否定句的结构有服从"主谓一致"这一大局的要求，有时为了服从这一大局甚至会牺牲意义，因此，英语否定词常常不直接放在真正被否定的成分之前，而是放在谓语动词的前面，用直接否定谓语动词来否定全句或句子的部分内容，使得否定词与被否定的成分之间可能相隔较远，导致英语否定句没有汉语否定句那样意义清晰。下面我们通过英汉互译的方式来对照一组句子，可以更清楚地看出汉语与英语在否定句语义方面的区别。

- The husband didn't buy his wife a gold ring.
- 丈夫没买给他妻子一个金戒指。
- 丈夫没给他妻子买一个金戒指。
- 丈夫买给他妻子的金戒指不是一个。
- 丈夫买给他妻子的不是一个金戒指。
- 不是丈夫买给他妻子一个金戒指。

上面的中文句子采用不同的否定词位置来表示不同的意思，而相应的英语句子只有一种否定句结构。如果不考虑后面两个汉语句子具有强调意味的话，那么后面两句同样可以用上面的英语句子来表达。汉语五句的内容，英语只用一句，可想英语否定句的歧义风险有多高了。

其次，汉语和英语都有凸显焦点的手段，但不同的是汉语只能利用词汇手段来标记焦点，而英语既可以利用词汇手段，也可以使用句式手段，如强调句、倒装句等来凸显焦点，这是因为，汉语是根据意思表达的需要放置否定词的，因此，毗邻焦点的凸显方式用得更多。

当然，汉语和英语否定句的意义也有一个共同点，那就是，无论在英语还是在汉语中，动词都是最后被否定的词，因为围绕谓语动词的状语、补语等如果没有了动词，就无所依附，所以不可能出现动词被否定了，而依附在动词上面的状语、补语没有被否定的情况，或出现名词被否定了，而修饰名词的定语却没有被否定的情况。因此，要么同时否定整个词组，不可能否定了根基而不否定附着成分的情况。其次，当英语采用成分否定的方式来否定句子局部成分的时候，否定焦点是明确、清晰的，那就是紧接否定词后面的成分，这时候英语的否定焦点与汉语的毗邻否定焦点是一样的。

5.4 汉英特殊否定句的语义对比

5.4.1 情态否定句的语义对比

情态否定句意义的解读，其步骤与一般否定句的意义解读基本一样，这一点，在汉语中表现得尤为明显。但是，情态否定句也有比普通否定句复杂的一面,这主要是因为情态否定句除了表示否定的意义以外,普遍具有"主观性"的特点。

(一)汉语情态否定句

汉语情态否定句的意义既比较单纯,又比较复杂。比较单纯,是说汉语带情态动词的否定句与普通否定句的辖域与焦点分布一样,基本上根据否定词的具体位置可以确定句子的焦点,不太会出现对否定焦点的误判,所以意义比较清楚。比如下面句子中,第一个"不"否定情态动词,后面的"不"否定后面的主动词。

- 他不会不喜欢这个歌剧的。
- 除非他是个残废,在生理方面有某种问题,只要是个男人,就会不注意我,我已经引起了他的注意。(《中国北漂艺人生存实录》)

说它复杂,是因为汉语情态动词的意义往往比较分散。同一意义可以用不同的情态动词来表达,如表示能力既可以用"会"(他会游泳),也可以用"能"(他能游泳);而同一个情态动词又可以表示不同的意义,如"会"既可以表示能力(他会讲英语),也可以表示"意愿"(我会牢牢记住的),还可以表示"推测"(不耕种的话田地会荒掉的)。①

但是即便如此,汉语情态否定句在意义理解上一般是不会有问题的。汉语情态否定句中的否定词有两种情况,一是否定情态动词,二是否定主动词,但不管是否定什么,只要抓住它的一个特点,即否定词后面的成分是被否定的对象,那么,一般就不会出现理解上的困难。

(二)英语情态否定句

英语情态动词也有意义范围太大的问题,如英语的 can/could 对应于汉语的"会,能,可以"等多个意思,may 可以表示"可能、允许"两种意思;can 和 may 在表示"可能"的意思上又是同义词,但它们的否定式却并不同义。因此,英语情态动词的意义也具有一定的复杂性。比如下面的句子,not 否定 can,由于 can 具有"能"和"可以"两个意思,因此,can 被否定后出现了两个意思:"不能"和"不可以"。

- She can not swim across the wide river.

意义一:• She is not able to swim across the wide river.

意义二:• She is not allowed to swim across the wide river.

---

① 赖鹏,汉语能愿动词语际迁移偏误生成原因初探,语言教学与研究,2006(5)

但是英语情态否定句语义复杂的主要原因并不在于情态动词的多义性上，因为英语情态动词虽然有多义的一面，但也有意义相对固定、集中的一面。因此，英语情态否定句的复杂性主要并不体现在情态动词的多义性上，而主要体现在否定词的否定对象上。

按照常规来说，情态动词属于助动词，因此，否定情态动词与否定助动词一样，都是否定词作用在情态动词上，情态动词进入否定词的辖域，然后被否定的情态动词对整个命题实施否定。但是，事实并不完全是这么简单，有时候否定词并不否定情态动词，而可能是否定情态动词后面的主动词，这样主动词进入否定辖域之中，帕默（Palmer）称这种情况为情态错位（modal misplacement）。如：

- She can not swim across the wide river.
- It is possible that she will not swim across the wide river.
- It is not possible that she will swim across the wide river.

上面句子之所以产生了两个意义，一是因为 can 具有多义性，二是因为英语情态否定句中否定词的辖域有多个的缘故。这两个因素，还可能会互相影响，也就是说，否定焦点不同，情态动词的意思也就不同，如下列句子由于否定焦点不同，情态动词的意义也是不一样的。如：

- You may not go swimming.
- You are not allowed to go swimming.
- It is possible that you will not go swimming.

上面的第一句可以理解为 not 否定情态动词，这样就产生第一种理解，即"你不可以去游泳"，也可以理解为是否定后面的主动词，这样句子的意思是"你可以不去游泳"。因此，在分析带情态动词的英语否定句时，要考虑两种可能，即情态动词在否定辖域内和在否定辖域外。如果是在否定辖域内，则否定词是否定情态动词，然后与情态动词一起否定命题；如果情态动词不进入辖域，则否定词否定的是主动词。

（三）汉英情态否定句的语义对比

汉语与英语的情态否定句应该说是存在着很大差别的，而主要的差别就在于汉语否定词不存在否定情态动词还是否定主动词这样的问题，我们可以从否定词与情态动词的相对位置上看出否定词否定的对象是情态动词还是主动词，而如果汉语否定词位置不同，否定句的意义也就会有差别。试比较：

- 她可以不游过这宽阔的河流。

- 她不可以游过这宽阔的河流。

英语情态否定句的否定辖域不像汉语情态否定句的否定辖域那样明显和清晰。英语情态否定句中，否定词位置相对固定，一般不会有多个位置可以选择，被否定的成分不能从句法结构中直接看出，因此要表达多个意义，就必须依赖语境和上下文，或者通过将句子转换成情态形容词的方式来表达明确的意思。

汉语和英语情态否定句语义的共同点体现在以下两方面：一是无论是汉语还是英语，情态动词的意义都要受到后面动词意义的制约。马庆株曾指出，汉语中"会、能、要"等能愿动词的意义是要受到后面动词的意义制约的，后面接自主动词①的时候它们表示客观可能或主观可能（能力、愿望等），如"会发生、可以看见、能病死人、要生病"等；后接非自主动词的时候则表示客观可能性，如"会画画儿，可以看书，能唱歌，要看电影"。② 类似的情况，英语中同样存在。如：

- He can't be ill.
- They may not be living.

这里第一句的情态否定表示的是"他不可能是生病了"，后面的动词短语类似于汉语中的非自主动词，因此 can't 不可能表示"没有能力"，而只能表示"不可能"的意思；第二句中的 may 后面接的 be living 是非自主动词，因此只能理解为是"他们不可能还活着"，而不可能理解为"他们不可以还活着"。

二是在双重情态否定句中，汉语与英语基本吻合，这是因为，在英语双重情态否定句中，后一个 not 肯定是否定主动词的，而汉语两个否定词各自否定情态动词和主动词，后一个否定词也否定主动词，这和英语一致。如：

- I can't not go to see her.
- 我不能不去看她。

这两句都表示"我必须去看她"的意思，无论结构上还是意义上汉语和英语都是一致的。

---

① 注：根据马庆株（2005：20），非自主动词是表示无意识、无心的动作行为，即动作行为发出者不能自由支配的动作行为，也表示变化和属性，因为无心的动作行为也可以看作变化或属性；自主动词是从语义上说是能表示有意识的或有心的动作行为的。

② 马庆株，能愿动词的意义与能愿结构的性质，《汉语动词和动词性结构》，北京：北京语言学院出版社，2005：62

5.4.2 汉英并列否定句的语义对比

前面说到，无论是汉语还是英语，并列句的肯定句不但结构简单，而且意义也比较单一。但是并列句的否定句就没有这么简单了，汉语与英语并列句的否定句都有产生歧义的倾向，因此，并列句否定句的语义分析在英汉语中都是难点。

之所以会产生这样的情况，一方面是因为人们为了实现顺利交际的目的，要求语言尽量精确地表达人们的思想，另一方面是因为语言的经济性原则要求我们用尽可能少的语言来表述尽可能多的信息，双方竞争的结果导致语言的表达方式常常在语言的模糊性和精确性之间左右摇摆。并列句的否定句就是这样一种情况，它有时候因为否定词的缺省而体现出更多的模糊性，甚至歧义性，而有时候又因为表达的精确性而体现出结构的冗余性。比如下面的句子，第一、二、三句因为否定词的节省导致它们都可以有两种理解，而第四句虽然是精确了，但表达方式显得烦琐。

- 他不是教授，可以住这种病房。
- 这里不是上海，到处有专家。
- He is not a professor and allowed to be accommodated with such a ward.
- He is not fat and not tall.

下面我们从语义的角度对比一下汉语和英语的并列否定句。我们先来看一下汉语并列否定句的语义。

（一）汉语并列否定句的语义

正如前一章所言，汉语并列句的否定方式与普通句的否定方式具有一致性，即根据语义表达的需要放置否定词，因此，汉语并列否定句的解读方法与上面普通否定句确定焦点的步骤是一致的。如：

- 他不会读，也不会写。

如果不考虑语境因素，则我们可以直接进入确定语义焦点的过程。像上述句子，由于句子没有辖域前移等情况存在，加上否定词后面被否定的语言项目不多，焦点容易明确，因此，意思马上可以得到确定。

汉语中有些表面看来容易产生歧义的并列句，意义也容易确定，一般不会产生歧义，这是因为，汉语是根据意义表达的需要放置否定词的，也就是说，有时虽然省略了否定词，但那是在确保不会引起误解的情况下才省略的，如下面第二、三句的第二个并列项之所以能省略，是因为这里的意思比较明确，所以，汉语并列否定句确实有意义比较清晰的一面。
- 不炒股票，不存银行，你把钱放家里干什么？
- 不炒股票存银行，一年光利息就可以赚它两三万。
- 你以后再也不能赌博搞女人了。

但是这只是汉语并列否定句的一个方面，另一方面的事实是，汉语的并列否定句也存在着产生歧义的可能性，尤其是并列结构中的连动结构更是容易出现多种理解。如下面的肯定句中有两个并列项，即"脱鞋"和"进屋"，两项都得到肯定，因此意义明确。
- 张明脱了鞋进屋。

但是它的否定句"张明没脱鞋进屋"的意思就比较复杂了，因为，它可能有两种理解：一种是理解为否定前事件，即"没脱鞋（但进屋了）"；二是理解为同时否定前后两个事件，即"没脱鞋，也没进屋"。但是这两种意思的地位是不平等的，它们在理解上是有倾向性的，即前一种理解占有优势。原因是该句没有标记焦点（即没有"是、连"等），也没有敏感词焦点，只有毗邻焦点，根据"毗邻原则"，这里的否定词"没"否定前事件的可能性更大，因此，我们把第一种理解看成是优势理解。这一例子说明，汉语并列否定句并不如我们想象的那样总是意义清晰的，它也有产生歧义的可能。

连动结构中的两个并列项之间可能有多种关系，它们之间可能是前项表示动作，后项表示目的；也可能表示前后项动作之间是连续关系。如下面三个句子，前项与后项之间存在着三种关系，因此，否定指向的对象大不一样。
- 他们每年都不坐火车回家。
- 他没有开门进屋。
- 他没有站起来眺望。

上面第一句中的并列项"坐火车"和"回家"，前项是后项的方式，这时候否定的是前项，后项没有被否定。第二句中的"开门"与"进屋"有时间上的连续性，没有前项也就没有后项，因此，这里的并列项同时被否定。第三句可以有两种理解，如果把"站起来"理解为方式，那么只有前项被否定；如果理解为是动作的连续过程，则两个并列项同时被否定。这说明，汉语中连动结构的否定式是有歧义倾向的，因此，如果只看到汉语并列否定结构中意义清晰的一面，而不注意到它也有模糊的一面，就是不全面的。

总之，汉语并列句因为具有否定词位置灵活的优势而使得汉语的并列否定意义比较清晰，但由于汉语没有英语那样的不定式、分词等动词形式来表示不同动作之间的层次关系,因此,汉语的连动结构也存在着歧义倾向。

(二) 英语并列否定句的语义

英语并列否定句的理解比汉语同类句子的理解要复杂许多,原因是英语否定句主要采用句子否定的形式,即不管否定词指向哪一个并列项,否定词都是放在句子的助动词后面,通过与助动词的结合来构成对并列句的否定。

如果并列句是用 and 连接的并列项,那么这样的否定句可能有两种理解:一种理解是否定词是对两个并列项的整体否定,或者说两个并列项被当成一个整体同时被否定,用公式表示就是:Neg(A and B) = ¬ P, ¬ Q,其中 Neg 是否定词,A 和 B 分别代表前项和后项,¬ 代表否定,P 和 Q 分别代表命题。如:

- He cannot read and write. (他不会读,也不会写。)
- He isn't tall and fat. (他个子不高,也不胖。)
- I could not have loved you and not meant well. (London)(我不可能既爱你,同时又对你不怀好意。)①
- The winds do not play and sing in the leaves. (风没有在树叶中间飘动,也不呼呼作响。)②
- He doesn't have long hair and wear jeans. (他没有蓄长发,也没有穿工装裤。)③

另一种理解是择一否定,即否定并列项中的其中一项。有观点认为,两个并列项中被否定的一项应该是前项,但是我们认为,这时候的否定词并不像汉语那样遵循"毗邻原则"否定前项,而是否定并列项中的后项,用公式表示就是:Neg(A and B) = P, ¬ Q。如:

- He isn't a policeman and an officer. (他是警察,但不是官员。)
- He doesn't pursue a degree and do a part-time job. (他读学位,没打零工。)
- My brother doesn't know English and Russian. (我弟弟懂英语,不懂俄语)
- Don't drink and drive. (喝了酒,就不要开车)④

---

① 陈平,现代语言学学研究——理论、方法与事实,重庆:重庆出版社,1991:225
② 吴琼,英语中的否定,北京:机械工业出版社,1991:16
③ 长弓,也谈否定词后并列成分的连词,大学英语,1998
④ 余澄清,连词"and"不能用于否定句吗? 大学英语,1998 (6):36

英语并列否定句中为什么会出现并列项总是否定后一项的情况呢？我们认为，这与英语焦点倾向于句尾重心有关，英语的句尾信息常常是句子的重心，变成否定句后，句尾信息就容易吸引否定词而成为被否定项。

由于并列项用 and 连接会产生上述歧义，因此，英语有一种避免歧义的方法，那就是把表示合取关系的 and 换成表示析取关系的 or，即句式变成 Neg (A or B)，这样两个并列项就都被否定了。这用公式来表示就是：Neg (A or B) = ¬ P, ¬ Q。

- He cannot read or write. （他不会读书，也不会写字。）
- The picture is not attractive or cheap. （这图画既不吸引人，也不昂贵。）
- He has no books or magazines. （他没有书，也没有杂志。）
- Jack had no tea or coffee. ① （杰克不喝茶，也不喝咖啡。）

这样，英语并列否定句中否定词位置不够灵活的缺点因为 or 的出现而得到了弥补，使英语并列否定句产生歧义的倾向得到消解。

除此之外，英语还可以充分发挥其在形态上的优势来尽量避免歧义的产生。由于英语有形态变化，形态标记清楚地显示了否定词 Neg 的辖域仅限于 A，还是同时涵盖 A 和 B。② 如下面的两句通过时态等形式来避免歧义的产生，后面一句的 didn't 后面的 come 和 give 都取原形，因此它既否定前一谓词，也否定后一谓词，而第二句中的动词 come 和 give 都取原形，因此，它们都被 didn't 所否定；第三句中 are 的使用也说明了前面的 Jenny 和 I 都被否定了。

- He didn't come and gave some reasons.
- He didn't come and give some reasons.
- Jenny and I are not allowed to go out. ③

除了上述几种方式之外，英语中还可以通过下列方式来避免歧义的产生，那就是采用专门表示并列否定的句型，如：neither…nor，not…nor 等。如果使用这样的结构，意义就很明确了。如：

- He is neither rich nor kind.
- Neither does he like English nor does he like Chinese.
- He does not rise, nor shoot, nor fish, nor swim

---

① 葛传椝，英语惯用法词典，上海：上海译文出版社，2003：391~392
② 袁毓林，并列结构的否定表达，语言文字应用，1999 (3)：42~46
③ 余澄清，连词"and"不能用于否定句吗？大学英语，1998 (6)：37

英语中也有连动结构,这些连动结构大多由少数动词(如 go,come,run,try,mind,remember,stay,stand 等)后接另一动词来组成,如:

- You should go and swim with him.
- He could stay and watch the movie with us.

它们的否定式只要否定前面一项,两个并列项在意义上全部被否定,而且不会产生歧义,这是因为在这样的连动结构中,and 连接的后项表示目的,相当于后接了一个动词不定式,因此意思很清晰。如:

- You shouldn't go and swim with him.
- He couldn't stay and watch the movie with us.

而如果我们把上述汉语中的连动结构翻译成英语的介词短语、不定式短语或分词结构等,那么,这些汉语中可能产生歧义的连动结构到了英语中几乎不可能出现歧义,原因是英语的这些不定式或分词结构清晰地表明了两个并列项之间的关系。如:

- 他们每年都不坐火车回家。

  He doesn't go back home by train every year.

- 他没有开门进屋。

  He didn't open the door to enter the room. (= He didn't open the door and enter the room.)

- 他没有站起来眺望。

  He didn't stand up and look into the distance

  He didn't stand up to look into the distance

余澄清提到,当两个并列项被当成一个整体或重叠词的时候,两个并列项同时被否定。如:

- I don't want bread and butter.
- Before liberation, the working people could not read and write. ①

其实这说明的是,英语也有受意义影响的一面,因为像上面的句子中,并列的两项要么是固定搭配,如第一句中的 bread and butter 专指"涂了黄油的面包",而不是指"面包和黄油"的意思;要么就是因为常识原因才不至于被误解,如上面第二句的 read and write 肯定都被否定,因为了解解放前中国社会现状的人都知道那时的劳动人民的文化程度。

---

① 余澄清,连词"and"不能用于否定句吗? 大学英语,1998 (6):36~37

总结上面的讨论，我们可以看出，英语并列否定句应该具有明显的产生歧义的倾向，同时，它也有不少避免产生歧义的机制，因此才能保证并列否定句能顺利实现它的交际功能。

（三）汉英并列否定句的语义对比

前一章说到，英语并列结构的否定方式比较单纯，因为，不管否定意向是什么，只要按照普通否定句的结构方式，把否定词 not 与助动词结合就可以构成否定句。但是结构上的单纯却带来了辖域和焦点上的模糊，从而使读者不能一目了然地看出否定词作用的对象，因此，英语的并列否定句具有更多产生歧义的可能性。汉语否定词根据意义表达的需要放置，因此，辖域与焦点比较明确，一般不太会产生歧义。这是汉英语并列否定句在意义上的主要区别。但是，这只是问题的一个方面，另一方面的事实是，汉语并列否定句也可能产生歧义，英语并列否定句也具有使其意义明晰化的多种手段。

另外，在连动结构上，汉语连动结构的否定句也比英语的同类否定句存在更多产生歧义的可能性，这与汉语动词缺少形态变化有关。英语因为可以通过介词短语、不定式、分词等方式来表示不同动作之间彼此的层次关系，因此，连动结构被否定后一般不会产生歧义。

5.4.3 量词否定句的语义对比

无论对于汉语还是英语，量词否定句都是比较复杂的，这是因为，量词本身就有"上限义"和"下限义"之别①，再与否定词一作用，情况就更加复杂。因此，量词否定句的语义研究一直是语言研究中的热门课题。

（一）汉语量词否定句的语义分析

由于汉语中否定词的放置比较灵活，量词与否定词之间的位置关系比较明确，句意随量词与否定词位置关系的变化而变化，因此，总的来说，汉语量词否定句的意义还是比较明晰的。如：

- 毕业生都不喜欢去南方工作。
- 毕业生不是都喜欢去南方工作。

前一句的"都"修饰"不"，"不"的否定辖域是窄域；后一句中的"不"修饰"都"，否定辖域属于宽域，因此，它们的意义差别较大。这两句告诉我们，在汉语量词否定句中，量词与否定词之间的关系与逻辑关系比较吻合，

---

① 沈家煊，不对称与标记论，南昌：江西教育出版社，1999：58

"不"在"都"的前面,则"不"否定"都",反之,则是"都"修饰"不"。因此,陆(Lu)认为,汉语中量词的否定严格符合线性排列的逻辑关系。①

但是,汉语量词否定句的语义也并不总是清晰、明确的,它也有产生歧义的时候。比如下列句子还是可能有多种理解:

A. 玛丽没邀请所有的老师。
- 玛丽所有的老师都没邀请。
- 玛丽邀只请了一部分老师。

B. 玛丽没邀请一个老师。
- 玛丽一个老师都没邀请。
- 玛丽没邀请一个老师,其他的都邀请了。②

因为在有量词的否定句中,量词很容易成为否定焦点,所以,上面句子的辖域和焦点还是清楚的,也就是说,否定词否定的都是量词。它们之所以产生歧义,关键是因为量词被否定以后,产生了一些语义量上的变化。"没有请一个老师"中的"一个"可以是实指,即指"只有一个没有请,其他的都请了";也可能被否定后产生了蕴涵意义,即"连一个都没有请",否定了最小量,从而否定了全部。这就是量词否定句意义复杂的原因。

追求精确是任何语言发展的方向,汉语的量词否定句也不例外。那么汉语如何来解决这一问题呢?汉语消除歧义的第一种方法是利用不同的语序来表示不同的意思。如:

- 我没买很多书。

这一句可以有两种理解:(1)我没有买很多书,我只买了很少一些书;(2)有很多原来想买的书结果没有买。汉语利用下列第一句来表示第一层意义,而用第二句来表示第二层意义。

- 我没买很多书。("很多书"是无定的)
- 很多书我没买。("很多书"是有定的)

如果与相应的英语句子进行比较,我们就可以看出汉语语序上的灵活性所带来的优势。与上述两个汉语句子相对应的英语只有一种表达方式: I didn't

---

① Lu John H-T, 1980, A Study of quantifiers in Mandarin Chinese, *Journal of the Chinese Language Teachers Association*, 15 (3): 1~23 转引自 Li Wen-hui, 1992: 17~18

② Fang Li, Chinese Learners' Strategy for Determining Scope Relations in English, 福建外语, 2002 (4)

buy many books，如果要表示第二层意思，那就只能采用下列说法：I didn't buy most of the books。

汉语消除歧义的另一种方法是使用"一…都"结构。先看下面的句子：
- 他一个老师没有请。

如上所述，这是一句歧义句，可以有两种理解：（1）他连一个老师都没有请；（2）他只有一个老师没有请（其他的都请了）。为了避免这种情况的出现，汉语在该句中加上"都"，构成"一…都"结构来表示（1）的意思。如果要表示意思（2），可以在"一个"前加上"只有"，改成"他只有一个老师没有请"。这说明，汉语虽然没有形态变化，但可以利用虚词来弥补这一欠缺，最终仍能表示清晰的意思。

"一…都"之所以可以起到否定全量的作用，是因为"都"是一个全称量化成分，它的功能是对某一有定对象进行周遍化指称，所以，"一…都"结构能表示对全量的否定。"一…都"结构是汉语中很有特色的量词否定句，因此，下面我们把它与英语中表达类似意思的句子进行一下比较。

- 一个人都没来。（全称否定）

不能说成：
- * One person doesn't come.

而要说成：
- No one came.
- Nobody came.
- Not a single person came.

"一…都"结构还可以进一步具体化为"一 + 量 + 名 + 都 + 否定"结构。在这一结构中，还可以使用一些高度虚化的词，如"谁、什么、哪儿"来替代"一 + 量"结构，"都"也可以用"也"来替代。

- 他谁也没请。
- 他什么都没买。
- 他连一个铜板也没有。（"铜板"是虚指，指同类中的最小量，有时候为了强调，也可以用"半个铜板"来表示）
- 他没有一个铜板。（实指）

因为数量词被否定后表示的意思是向下蕴涵，因此，汉语中的"一 + 量词 + 名词 + 都 + 否定"这样的句式往往表示彻底的否定，试想，连"一"这样最小的量都没有，那么其强化否定的效果自然就很明显，也符合逻辑中对最小数量的否定即是对全部量的否定这一道理。

（二）英语量词否定句的语义分析

上面提到，量词否定句是否定句中的难点，而这对于英语尤其如此。这是因为，量词是焦点敏感词，在否定句中极易吸收否定词而成为被否定的对象，但是另一方面，由于英语否定句的否定词是作用在谓语动词上的，因此，否定词与量词大多数时候不是靠近在一起的，这就使得英语量词否定句的辖域和焦点显得比汉语要模糊。如下面的句子都可能出现两种解释。

- All the students can not answer this question.

  None of the students can answer this question.

  Not all the students can answer this question.

- All cats don't like water.

  Every cat doesn't like water.

  Not all cats like water, only some like water. (Quirk et al, 1972: 383)

上面的句子中，量词都是在左边的主语中，那么如果量词出现在否定词的右边，也就是在否定词的自然辖域之中，是否就不会产生歧义了呢？回答是否定的。如下列句子中的量词出现在否定词后面，但句子仍然会出现两种理解。如：

A. They didn't invite both Bob and Harry.

- They invited them two.
- They invited one of them. ①

B. The teacher didn't criticize all the students.

- No student was criticized by the teacher.
- The teacher didn't criticize all the students, he only criticize some of them.

由于上述原因，余光中先生曾指出，英语的文法并不精密，因为像上述带全量副词的否定句对语境的依赖性太高。他进一步以 All that glitters is not gold 一句为例，指出该句可以有两种理解，一种是"所有发光的都不是金子"，另一种理解可以是"发光的并不都是金子"，我们之所以认为第二种理解正确，是因为第一种理解不符合逻辑。

从上面的例子我们可以看出，英语量词否定句中，语义解读与一般否定句的解读不同，英语量词否定句最显著的特点是量词无论在否定词的左边方向还

---

① 徐盛桓，关于量词的否定，外国语，1994（6）

是右边方向，都有可能进入否定辖域，成为否定焦点，即它有两种可能的解读方法：一是按照标准否定句的方式把辖域和焦点理解为是在否定词的往右方向；另一种是把否定辖域前移理解为是直接否定量词。因此，英语的量词否定句比汉语中的同类句子更可能产生歧义。

由于上述原因，斯旺（Swan）认为，像下面第一句这样的句子并不十分常用，常用的形式是把 not 直接放在 all 之前，从句子否定改成成分否定。

- All English people don't like fish and chips.
- Not all English people like fish and chips. ①

英语量词否定句避免歧义的另一种方法是使用表示零数量关系的词。英语中要表示绝对否定，即要否定全句中所有的内容，一般不用 not…all 或 all…not 这样的结构，而是用下列单词来实现全量否定：no, no one, nobody, nothing, nowhere, none, never, neither, neither…nor 等，因为这些词表示否定的意思比较单一，不太会产生歧义。如：

- None of the pictures are beautiful.
- No one telephoned.

（三）汉英语量词否定句的语义对比

汉语和英语在量词否定句语义上的主要差别是，汉语的否定焦点总体比较清晰，因此，虽然有时也有产生歧义的可能性，但总的来说，意义比英语明晰；英语的量词否定句中，辖域可能会前移，焦点可能会不明确，因此更有可能产生歧义。

沈家煊在对比了汉英语量词否定句后认为，汉语句子中逻辑语词的左右次序基本上跟这些语词的语义辖域相一致，因而也大致跟逻辑式的辖域相一致，而英语往往不相一致。"汉语句子中位于左边的逻辑语词的辖域一般总是大于位于右边的逻辑语词。改变逻辑语词在汉语句子中的相对位次，也就改变了它们的辖域。逻辑语词越是靠向句子的左边，它的辖域也越大。英语则缺乏这种对应关系。"② 试比较下列句子：

- John didn't solve one of the problems.

意义一：有一个问题约翰没有解决。

意义二：一个问题约翰都没有解决。

---

① Swan, M. *Practical English Usage*, Oxford University Press, 1980：37
② 沈家煊，词序与辖域——英汉比较，语言教学与研究，1985（1）

- Mary didn't ask many questions.

意义一：玛丽提的问题不多。

意义二：有好些问题玛丽没有提。

- John didn't solve all of the problems.

意义一：约翰没有解决所有问题。

意义二：所有问题约翰都没有解决。

- All of Mary's friends do not live in San Francisco.

意义一：玛丽的朋友不都住在旧金山。

意义二：玛丽的朋友都不住在旧金山。

当然，汉语与英语的量词否定句之间的共同点也是存在的。首先，带量词的否定句，无论是汉语还是英语，大都是对量的否定，表示其数量少于句中所提到的量，也就是叶斯柏森（1924）所说的"表示'少于'、'低于'，或者说介于所修饰的词和零之间"的意思。这说明，否定一个量并不等于得到被否定量的对立量，得到的常常是低于被否定量的数量。在这基础上，我们可以推出另一个共同点，那就是汉语和英语都可以利用否定最小量来达到否定全量的效果。

英语也有一种与汉语类似的表示全量否定的方式，那就是通过否定最小量来取得否定全部的效果。如下面是陈平（1982）列出的一些表达全量的词或短语，这些名词的共同特点都是知觉上和心理上不可再小的成分，否定这些最小量，可以达到否定全量的目的。

- Care a bit/scrap, jot, iota, shred, soul, hoot, damn, farthing, fig, hang 毫不在乎
- Bat/stir an eyelash/eyelid 不眨眼
- Breathe/say a word 一言不发
- Give a damn/hang 毫不在乎
- Have a leg to stand on 毫无道理
- Have the ghost of a chance 毫无希望
- Hold a candle/stick to 与…无法相比
- Lay a finger on 不碰一下
- Lift/wiggle a finger 一点忙都不帮
- Move a muscle 一动不动
- Sleep a wink 未曾合眼

- Turn a hair 不动声色
- Worth a tinker's damn 一钱不值①

5.5 小结

通过本章对比，我们可以看到，总体来说，汉语否定句的意义比英语否定句清晰，这主要是因为汉语的否定词位置比较灵活的缘故；英语的否定句由于受形式的约束比较多，所以常常出现为了形式而牺牲语义的情况，结果导致了英语否定句具有更多的歧义性。当然，这种情况也不是绝对的，因为，汉语有时候也有出现歧义的情况，尤其是在量词否定句中更是如此，英语也有语义比汉语明晰的时候。

---

① 陈平，英汉否定倾向性成分与否定语境，外语学刊，1982（1）：31~35

第六章

汉英否定的语用对比

6.1 引言

语言之能够成为交际工具，取决于三个重要因素：一个是语言本身所具有的意义，其次是言语活动的参与人，第三是语言使用的环境。也就是说，语言使用离不开语言环境和使用语言的人，因此，要真正全面地认识和理解汉英语否定结构，光分析语言结构和意义还不够，还得从语用的角度来展开分析和研究，把语用对比的内容纳入到对比研究的范围之中。

语用学是在语义学基础上分化出来的一门语言学分支学科，人们创立语用学，目的是为了拓宽理解和解释语言意义的途径，因此，有人把语用学归入到语义学的范畴之中。但由于语用学研究的对象是人们怎样理解语言和使用语言，研究的目的是要寻找人们使用和理解语言的客观规律，因此，语用学已经成为一门独立的学科，加强语用学研究也已成为当今语言学界的一个重要趋势。

跨语言对比同样需要对比使用中的语言，这样我们的对比研究才会完整。许国璋先生曾经说过：做汉英对比不仅要进行静态对比，也要进行动态对比（语用对比）。① 这里所讲的动态对比，就是指对比使用中的语言，或者说是把语言放在语用的平面上来进行审视。赵世开也曾说过："把两种语言的结构放到实际运用的语境中去进行对比显然比只从结构本身对比更加有用"。② 可见，在对汉英语否定句的语法、语义进行对比以后，我们有必要对汉英语的否定句

---

① 许国璋，语言对比研究的阶段小结，外语教学与研究，1991（3）
② 赵世开，英汉对比研究论文集，杨自俭、李瑞华，上海：上海外语教育出版社，1990：序

进行语用对比。我们不能单纯依赖语序和语义等静态内容，还必须关注句子和外部语境之间的联系，注重考察句子在实际运用中所表达的交际意义，将传统的只关注语义、语法对比研究逐步引向语义、语法和语用三个平面相互结合的对比研究上来，只有这样，我们的对比研究才有成效。

在我国语言学界，凡谈起"否定"与"语用"的，大多讨论的是"语用否定"，这可能是与霍恩（1985），沈家煊（1993），徐盛桓（1994）诸先生的文章所产生的广泛影响有关。事实上，"语用否定"研究与"否定的语用研究"是不同的概念，前者研究的是一种否定的方式，它是相对于描写否定而言的，指的是对某一语言本身的否定，即认为对方的话语不够合适而加以否定。由于在这样的否定中，语言既是工具，又是对象，否定句中又有引述性成分，因此，这种否定方式也叫"元语言否定"（Horn，1985）或"含意否定"（徐盛桓，1994）。而"否定的语用研究"是指从语用学的角度，利用语用学的理论和方法来分析否定句的语境意义和会话含义等。本书是对"否定"进行语用对比研究，因此，我们把后者作为研究的对象，而不把"语用否定"纳入到我们的讨论范围之中。

我们对"否定的语用研究"，主要包括两部分内容，一是否定句的语境意义研究，二是否定句的语用含义研究。同时，由于进入篇章的句子与上下文发生语义上的相互作用，我们把与篇章有关的汉英否定句对比也放在了本章之中。

6.2 语用否定焦点和语用否定意义

一个句子表达的往往有两个意义，一个是依赖于词义以及词与词之间的结构关系所产生的语义，它一般能从句子的表面就能看出，或通过分析就可以理解，我们把这样的意义称为字面意义；另一个是在交际过程中产生的意义，它是因为句子受到说话人以及语境等外在因素的影响而产生的意义，我们把这样的意义称为语境意义。

字面意义反映的是句子内部各组织成分之间的关系，因此，字面意义具有稳定性；语境意义反映的主要是句子内部成分跟句子外部因素之间的联系，或者说，是句子字面意义在语境的作用下所产生的新义，因此，语境意义具有临时性和动态性的特点。

在字面意义和语境意义的关系中，字面意义是基础和前提，语境意义则是语义的延伸和拓展，语境意义必定附着在词句的字面意义之上；另一方面，语境意义又不能脱离一定的语言环境，句子一旦脱离语言环境，语境意义就不复存在。因此，语用分析既离不开字面意义，也离不开语境，离开了这两者，语用分析就会变得没有根基。比如某人做错了事情，有人评论说：你真聪明！实际意思是说：你真笨！为什么明明说"聪明"，意思却是"笨"呢？这是因为，"聪明"和"笨"处于人的智力的两个极端，属于同一语义域，而这里的情景是"某人做错了事情"，因此，在这一特定的语境里，"聪明"产生了临时意义：笨。也就是说，用"你真聪明"来表示"你真笨"，是"聪明"这一表示智商的词与语境互相影响所导致的结果。

那么，判断语境意义需要考虑哪些因素呢？利奇提出了以下几条判别标准：（1）是否考虑了发话人或受话人，或言者或听者；（2）是否考虑了言者的意图或听者的解释；（3）是否考虑了语境；（4）是否考虑了通过使用语言或依靠使用语言而施行的那种行为或行动。① 从利奇判别语境意义的标准可以看出，在整个话语过程中，凡一切能影响到人们对话语最后理解的因素都可以说是语用因素，因此，影响语境意义的因素非常广泛，比如和什么样的人说话，在什么场合说话，以什么方式说话以及为了什么目的说话等等，都会影响到我们对语言意义的理解。这告诉我们，要完整地理解句子意思，就必须联系句子的语境，一个句子如果脱离了语境，那么再完整的句子也难以表达完整的意思，或虽然表达了完整的意思，但意义也可能会被曲解。因此，弗雷格指出："一个完整的思想应从说出这个思想的语境中得到补充。"② 在弗雷格看来，句子意义只是使它具备了表示某一意思的可能性，而要真正赋予该句子以意义就必须使句子用到一定的语境之中。巴·希莱尔（Bar‑Hillel）也强调指出："任何语言表达都不能完全独立于语用语境而存在。"③ 因此，要对比汉英语否定句的语用意义，必须考虑语境对于否定句意义的影响。

语言环境对于否定句语境意义的确定同样具有重要的影响，否定句一旦进入实际使用，否定词所指向的信息焦点总是明确的，很多原先在句子层面上难以确定的否定辖域或否定焦点，一旦放在某一特定的语境之中就会立刻凸显，意义就可能马上明确。

---

① 利奇著，李瑞华等译，语义学，上海：上海外语教育出版社，2005：455
② 弗雷格，弗雷格哲学论著选辑，王路译，北京：商务印书馆，1994：141
③ Bar‑Hillel. Y. 1954：371，Indexical expressions，*Mind*，63：359~379

我们知道，否定焦点与否定句的意义有着非常密切的关系，可以说，对句子否定焦点的判断不同，对否定句的意义也会有完全不同的理解。同样道理，要理解否定句的语境意义，关键也是要根据一定的语境来明确否定句的焦点是什么，或者说，要明确哪一个是语用否定焦点。

语境有狭义和广义之分。狭义的语境一般指文章中的上下文或会话时的前言或后语；广义的语境是指语言表达时的具体场合、周围环境以及更大范围的社会环境。① 本书所谈的语境是指广义的语境。

由于语用否定焦点可以突破线性排列的次序而位于否定词往右或往左的方向，而语境的出现可以帮助我们很快地明确句子的语用否定焦点是什么，因此，要确定语用否定焦点，就必须知道有哪些语境因素会影响到语用否定焦点的确定。

根据否定句语用分析的需要，我们把语用否定焦点划分为四种，即韵律否定焦点、上下文否定焦点、情景否定焦点和常识否定焦点。在这四种语用否定焦点中，韵律否定焦点最容易突显，最容易引起人们的注意，常识否定焦点最不容易受到人们的关注。下面我们来详细解释这四种焦点与否定句意义之间的关系。

（1）韵律否定焦点

我们知道，语用学研究的内容，既包括语境与符号之间的关系，也包括语言使用者跟符号之间的关系。由于韵律与说话人有着非常密切的联系，韵律因素是重要的语用因素，韵律对于正确理解句子起着至关重要的作用，因此，朱跃认为，我们在研究语义的时候，应该考虑韵律的作用，把韵律因素考虑进去，这样就可以把许多貌似复杂的语义关系揭示出来。② 但也有人把韵律看成是结构层面的东西，认为它与语用没有关系。我们认为，韵律为句子提供了语音环境，这一语音环境可以反映出说话人对于句子信息的态度，或者说他想要突出或强调某一部分内容的倾向性，因此，我们把带上重音和一定语调的句子理解为是处于一定语境中的句子，把因为韵律因素而产生的否定焦点称为韵律否定焦点，并把它纳入到语用研究的范围之中。

韵律包括重音、停顿和语调等，是显示焦点的重要方法，对于正确理解句

---

① 彭聃龄，语言心理学，北京师范大学出版社，1996：124，转引自徐子亮，汉语作为外语教学的认知理论研究，北京：华语教学出版社，2000：118

② 朱跃，语义论，北京：北京大学出版社，2006：20

子起着至关重要的作用。夸克等曾注意到韵律对于确定焦点的重要性,他们指出:"语调对于否定辖域是否向前延伸至主语并把主语纳入否定辖域具有非常重要的意义"。①

在口语中,我们可以利用韵律方式来区别句子的焦点,比如下列句子,它们的重音和语调不同,被凸显的成分也就不一样,意义也就存在很大差别。

- <u>我</u>不喜欢看英语电影。(是他喜欢看英语电影)
  我不<u>喜欢</u>看英语电影。(我喜欢拍摄英语电影)
  我不喜欢看<u>英语</u>电影。(我喜欢看德语电影)
  我不喜欢看英语<u>电影</u>。(我喜欢看英语电视)
- She doesn't clean the house all the ∨ month.
  It's not the case that she cleans the house all the month.
- She doesn't clean the house all the ↘ month.
  For a whole month, she doesn't clean the house.

在口语中,韵律可以通过停顿、重音、声调等方式来体现;在书面语中,韵律因素可以借助标点符号、下划线、大写、加粗等形式来表示。如下列句子通过不同的方式来表示被否定的是 teach。

- I don't <u>teach</u>, because teaching is easy for me.
- I don't TEACH, because teaching is easy for me.
- I don't teach, because teaching is easy for me.

(2)上下文否定焦点

上下文是语境的一种类型,由于语境具有使语义"单一化"、"具体化"②的作用,所以,上下文同样可以为我们正确识别辖域和焦点提供依据。一些原本从句子层面难以确定的否定对象,通过上下文就可以得到明确。比如下列句子就是通过上下文的对比来凸显焦点的。

- 王涛不是学生干部,谢莹是学生干部。(否定"王涛")
  王涛不是学生干部,他是工人干部。(否定"学生")
  王涛不是学生干部,他是学生助理。(否定"干部")
- Tom is not a taxi-driver, but Mary is.(否定"Tom")
  Tom is not a taxi-driver, but he is an office worker.(否定"taxi-driver")

---

① Quirk, et al, *A Grammar of Contemporary English*, Longman Group Limited, 1972:383
② 石安石,语义研究,北京:语文出版社,1994:45~46

Tom is not a taxi-driver, he is a coach driver. （否定 "taxi"）

　上述例句的下文为上文提供了额外信息，因此，焦点很容易明确。下列句子利用的是上文信息来确定焦点。如：

　　● 他的月收入不高，所以，他买不起高档住房。（否定 "高档"）

　　● He had lost his wallet, that's why he couldn't go back home by taxi. （否定 "by taxi"）

　对比否定焦点是上下文否定焦点中的一种特殊形式。由于对比可以为否定句提供上下文语境，因此，我们不专门单列一个 "对比否定焦点"，而是把它划入上下文否定焦点之中。对比否定焦点常常是通过前后对立项中被肯定的项来反衬另一句中的被否定项，从而使被否定项成为焦点。如下面第一句中的对立项是 "农业博览会开幕式" 和 "西湖博览会闭幕式"，其中 "农业博览会开幕式" 反衬的是 "西湖博览会闭幕式"，因此否定的焦点是 "西湖博览会闭幕式"。第二个英语句子中，to search for data for his paper 反衬出前面句子的否定焦点是 for visit。

　　● 他来杭州是参加农业博览会开幕式的，他不是来参加西湖博览会闭幕式的。

　　● He didn't come to Beijing for visit, but to search for data for his paper.

　（3）情景否定焦点

　情景否定焦点是指否定句因受情景因素影响而使否定词指向句子某一具体成分所形成的焦点。情景包括语言表达时的具体场合、说话人与听话人之间的关系以及自然环境和社会环境等。由于语境可以使信息 "单一化" 和 "具体化"，而语境又包括情景，因此，情景同样可以帮助人们确定说话人所否定的对象是什么。如：

　　● 王涛不是优秀学生。

　　● Tom is not an excellent student.

　上面第一句中的 "不" 可以指向 "优秀" 和 "学生" 这两个语项，但是在现实生活中，这样的可能性虽然有，但很小，它很可能否定的对象要么是 "优秀"，要么是 "学生"，具体指向哪一个成分，凭字面很难判定，但如果将这个句子放在特定的情景中，那么意思马上就可以明确起来。比如，如果是要挑选一名班干部，条件是能力强、表现优秀的人，在这样的情景中，那么这个句子所否定的对象就是 "优秀"，而没有否定 "学生"。如果有人因为王涛年轻而错把他当成学生，没把他当成一名已参加工作的员工，那么该句想表达的意思就是"王涛不是优秀学生,而是优秀员工"的意思。对第二个英语句子的分析也是同样的道理。

上述三种语境对于汉语与英语否定句语用焦点的确定具有大致相同的作用,即它们都能使焦点很快得到明确,换句话说,无论汉语还是英语,都能够借助这些语境提供的外在信息来确定否定句所要否定的具体对象。

(4) 常识否定焦点

常识是指众所周知的知识。常识否定焦点是指因为受常识因素的影响而判定的否定句焦点。常识可以成为语境的一个重要组成部分,因此,它有时也能成为我们确定否定句焦点的重要依据,一些不符合常识的理解自然会被排除出去,符合常识的理解自然就成为我们对否定句的必然解读。

对于下面的汉语否定句,从句面上来看,它们是歧义句,但是实际生活中不太会有人误解它们,因为有点常识的人都知道,第一句的否定焦点是"中学生",后一句的否定焦点是"可以住高干病房",因为,"总统不认识中学生"比"中学生不认识总统"更有可能性,"教授可以住高干病房"的可能性自然是要比普通人要大。

- 总统连中学生都不认识。

意义一:总统不认识中学生。

意义二:＊中学生不认识总统。

- 咱们不是教授,生病可以住高干病房。

意义一:教授才可以住高干病房,咱们不是教授,因此,生病不可以住高干病房。

意义二:＊咱们不是教授,因此,咱们生病可以住高干病房。

下列英语句子也可以根据常识来判断否定焦点之所在。

- We are not here to send you the gift.

    We have come here, but we do not do so to send you the gift.

    ＊In order to send you a gift, we are not here.

- All that glitters is not gold.

    Not all that glitters is gold.

    ＊Anything that does not glitter is gold.

- The car didn't stop because the oil was used up.

    The car stopped not because the oil was used up.

    ＊The car didn't stop because the oil was used up.

第一句之所以没有歧义,是因为如果把它理解成"为了给你送礼,我们根本没有到这里"是不符合常识的,因此,该句的否定焦点应该是 to send you the gift,即全句的意思是"我们来这里不是为了给你送礼的"。第二句也是同样道理,如果把它理解为"发光的全部不是金子"有悖于常识,因此,该句的否定焦点只能理解为是"all",也就是 all 被否定了。第三句如果把否定焦点理解为是 stop,那么句子的意思就是"这辆车因为油用光了,所以没有停下来",这与常识相背离,因此,只能把否定焦点理解为是句末的从句。

6.3 汉英否定句的语用功能

上面着重讨论了语用焦点与语用意义之间的关系,对比了在不同语境影响下汉语和英语否定句所体现出来的明确的句子意思。我们认为,对于否定句的语用研究不应该只停留在对否定句语境意义的分析上,还应该对否定句的隐含意义作进一步的讨论,因此,下面我们要讨论的否定句语用功能强调的是否定句所蕴涵的言外之意,即说话人如何根据情景的需要,根据会话原则合适地利用否定句来表达一定的言外之意,以保证交际的顺利进行。

6.3.1 语用原则

为分析会话含义,格赖斯(Grice,1975)提出了会话的"合作原则"(Cooperative Principle)。合作原则是指交谈双方在谈话过程中要成功地传达含蓄意义,必须做到彼此合作,说的话要符合交谈的目的。合作原则包括四个准则:适量准则(Quantity Maxim)、质量准则(Quality Maxim)、关系准则(Relevance Maxim)和方式准则(Method Maxim)。适量准则是说交际双方所谈的话语应该包含交际目的所需要的信息,而且其话语不应该超出交际所需要的信息;质量准则是指说的话要真实,不要说缺乏证据的话;关系准则是指话要贴切,要与交际目的有关;方式准则是说不要说晦涩的、有歧义的话,说话要简要、有条理。格赖斯指出,违反上述四条准则中的任何一条都可能产生会话含义。所谓会话含义,是指话语所隐含的意义,它是语言意义的延伸。

但是,"合作原则"并不能解释人们为什么有时候要故意拐弯抹角地说话,因此,利奇为了弥补格赖斯"合作原则"的欠缺,提出了"礼貌原则"(Politeness Principle)。他认为,人们有时之所以违反合作原则,主要是因为人际礼貌的需要。利奇的"礼貌原则"具体可以分为六个准则:(1)得体准则

(Tact Maxim)：减少有损于他人的观点，增大对他人有利的观点；（2）宽容准则（Generosity Maxim）：减少有利于自己的观点，增大有损于自己的观点；（3）表扬准则（Approbation Maxim）：减少对他人的贬损，增大对他人的赞誉；（4）谦逊准则（Modesty Maxim）：减少对自己的赞誉，增大对自己的贬低；（5）同意准则（Agreement Maxim）：减少与他人观点的不一致，增大与他人观点的一致性；（6）同情准则（Sympathy Maxim）：减少对他人的反感，增大对他人的同情。利奇的"礼貌原则"实际上是对格赖斯"合作原则"的补充，是在更高的层次上遵循"合作原则"。①

刘国辉认为，"合作原则"和"礼貌原则"都离交际现实语境太远，因而都不切实际，因此，他提出了"得体原则"（Tact Principle）。他对"得体原则"做了如下界定：作为一种语境策略原则，它会随着语境的变化需要而做出不同的选择，以达到与他人沟通信息、维持和睦关系的协调性为要务。"得体原则"包括以下几个准则：（1）宏观文化调适准则：容忍异己，换位思考；（2）微观语境调适准则：时空调适，突显焦点；（3）交际对象调适准则：看人行事，对象差异；（4）信息—人际平衡准则：信息传递不损人际关系，人际关系不碍信息交流。② 刘国辉认为，所谓"得体"，归根到底是指说话人如何根据具体语境权衡各种参数变量，以选择合适的言语以实现顺利交际的一种策略，是由语境和交际意图来决定信息传递和人际关系维持的得体言语选择。

我们认为，刘国辉提出的"得体原则"比较适合我们对否定句语用含义的分析和比较，因为否定一般会被看成是一种不礼貌的行为，因此，在实际交际中应该尽量避免。但是，在有的场合，人们会故意利用否定的语言来表达特定的含义，这不但没有违反交际原则，而且是在更高层次上的合作，是一种策略的体现。因此，在下面的对比中，我们将主要运用"得体原则"来分析汉语和英语否定句的语用功能，同时在必要的时候也会适当提到"合作原则"和"礼貌原则"，以便更全面深入地认识汉英语否定句的会话含义。

6.3.2 否定的语用功能

人们普遍认为，说出否定句是威胁对方面子的行为，因此，在实际生活中人们都应尽量避免使用否定句，有时甚至在需要用否定句的时候有意识地避免

---

① Leech, *Principles of Pragmatics*, London：Longman Group Ltd, 1983
② 刘国辉，TP 语用原则略论，熊学亮、蔡基刚主编，语言界面，上海：复旦大学出版社，2005：198

否定句而采用肯定句来表达否定的意思。因此，以往人们在研究"否定"、"语用功能"的时候，主要是讨论如何可以利用肯定句来表达否定的含义。如：

- 你说话应该小心一点。（含义：你说话不应该这么随便）
- A：这人能力怎么样？
  B：他的粉笔字写得很好。（含义：这人能力不怎么样）
- I wish I could accept your offer. （含义：I can't accept your offer）
- A：Would you help me move the piano?
  B：Oh, I must hurry to a meeting. （含义：I can't help you.）

但是，目前对于否定句所表示的含义的研究还比较欠缺。据本人陋见当今著作中，讨论否定句语用功能的主要有何自然和冉永平两位专家，他们在合著的新作《新编语用学概论》中专门谈到了否定句的语用功能问题。他们认为，否定句有四种语用功能：否定命题，否定前提，否定含义，否定转移。①

由于否定命题的功能是否定句的基本功能，加上否定命题不涉及句外含义，因此，本著作认为没有必要把它作为语用功能单独进行讨论。下面我们重点讨论否定句如何利用其句外含义来进行顺利交际的问题。

从否定句在交际过程中发挥的作用而言，我们可以把否定句的语用功能分为以下几类：利用否定句来表达言外之意；利用否定句来否定预设；利用否定句来肯定预设；曲言功能。下面我们一一加以分析和比较。

（1）利用否定句来表达言外之意

一般来说，"否定"具有潜在的威胁面子的可能，因此，与人交谈中，人们大多尽量避免使用否定句来表达对对方以及对方观点的态度，而尽量选用礼貌得体的语言，以保证谈话能顺利进行。但是，否定句也并不是总是传达负面信息的，有时候它也能表达丰富的言外之意。如下列答话人说的是否定句，但他所表达的是肯定的意思。说话人之所以这样做，是希望产生更强烈的修辞效果，从而表达更加明确的肯定含义。请看下例：

- A. 知道怎么用这把钥匙开门吗？
  B. 我不是三岁小孩。

上述回答者所采用的是否定句，但是他们的含义却是肯定的，即潜台词是"我不是三岁小孩，当然知道"等意思，因此，这是采用否定句来表达肯定的

---

① 何自然、冉永平，新编语用学概论，北京：北京大学出版社，2009：244~249

含义,同时表达了自己的不满。表达不满是伤及面子的行为,是明显的不合作,但为什么这里还是得体的呢?因为这里说话人虽然违反了"合作原则"和"礼貌原则",但是它遵守了"得体原则"中的"交际对象调适准则",即根据对方不懂得尊重人以及这种侮辱性的问题所作出的合理反应。

再看下面英语句子。

- A: The new teacher's lecture is not interesting.

  B: I can't agree with you more.

- W: I think we've covered everything. What about a cup of coffee before we move on to the next item?

  M: Good idea. I really can't wait another minute. (2002年6月大学英语四级考试)

上面两例中的 I can't agree with you more. 以及 I really can't wait another minute. 表示的是同意的意思,遵循的是赞同准则。采用否定的形式表达肯定的意思,起到的效果是进一步强化肯定的效果,所表示的意义比直接的语义肯定更加强烈。

否定句可以表达否定的命题,这是人所共知的,但否定句也可以传达否定的含义,这一点未必为人人所注意。否定句可以通过间接的否定,以达到较好的交际效果,或者说是修辞效果。请看下例。

- A: 你能帮我做一下这道题目吗?
- B: 我不是数学老师。
- A: How do you like painting?

  B: I don't have an eye for beauty. I'm afraid. ①

第一例中,回答者本该直截了当地说明自己不能帮忙,但是他没有这样做,而是通过间接的方式来表达否定的含义。这样的回答虽然增加了对方理解上的难度,但是他把原因(字面意思是"因为不是数学老师")和结果(蕴涵意思是"不能帮忙")一起抛出,其效果是使对方保留了面子,同时也起到了比断然拒绝要客气得多的效果,因此,符合"礼貌原则"中的"得体准则"。第二句中,答话人说出的也是否定句,表达的也是否定的含义,但他从自身的不足(没有欣赏美的眼光)来表达"不想发表意见"或"画并不好"等蕴涵意思。这说明,通过蕴含的意义来表达否定的意思往往比直接的否定要婉转,

---

① 毕继万,礼貌的文化特征研究,世界汉语教学,1997 (4): 46

因而也更得体。

有时候,否定句并不一定表达肯定或否定含义,而更多地显示的是一种会话策略。如:

- 我不反对你所说的关于我公司产品价格太高的问题。

用"不反对"表示"同意",但程度也比"同意"略微轻,因为从语义角度来说,"不反对"虽然是"同意"、"赞成"的意思,但在强度上却略低于"赞成",因此,人们说这句话的目的是为了让对方明白自己实质上并不是非常赞成,态度上是有所保留的。同时,这样做也可以使对方在接受否定信息时,心理上有一个缓冲的过程,这应该说是符合"礼貌原则"的,因为它比"不完全同意"这样的表达明显要礼貌。

下面的句子想说的是对方打破了杯子,但为了照顾对方的颜面,如果对方是一个孩子,则是为了照顾孩子的自尊,说话人用会话含义的方式,而不是采用直截了当的形式来表达这一含义,显得很有技巧,因此,符合"得体原则"中的"交际对象调适准则"。

- You have not broken the glass, I hope.

(2) 利用否定句来否定预设

听话人要理解说话人的含义,必须作出一系列的推理,而要成功地进行推理,则必须知道会话的预设,因此,一般来说,否定往往是在认同预设的情况下进行的,如"我不去杭州"往往是针对别人认为"我可能要去杭州"而做出的反应。缺乏对预设的了解,推理就很难展开,会话也就无法进行。但有的时候,人们可以否定预设,从而起到强化否定效果的作用。①

- A:你今天怎么没有把车开来?
  B:我没有车。
- A: Does your TV work properly?
  B: I don't have a TV.

这样的否定句给出的否定回答常常是最彻底、最强烈的,因为对方问话的前提都被否定了,那么对方问题的合理性也就被剥夺了,因此,强烈的否定意味自然就表达清楚了。这样的回答一般来讲显得比较冲撞,因而是违反"礼貌原则"的,但是,从另一角度来看,它们也遵循了"合作原则"中"量的准则",因为说话人提供的是真实的信息。

---

① 张伯江,否定的强化,汉语学习,1996 (1):17

(3)利用否定句来肯定预设

否定除了否定预设外,也可以肯定预设。由于肯定句与相应的否定句具有共同的预设,因此,说出一个否定句同样可以表示对预设的肯定。于是,说话人就利用预设的这一特点,采用否定句来隐含预设,或告知别人特定的语境中应该发生的事实。说话人这样做,有可能是为了卖关子,也有可能是有难言之隐。如:

- 我家的"宝马"车子不是黑色的。
- 校长今天没迟到。
- The teacher hasn't made a mistake in the translation this time.

前一句话说话人的意思可能并不是要强调他们家车子的颜色,而是要告诉人们他们家有"宝马"车。第二句不便直说"校长经常迟到",于是变着法子用"校长今天没迟到"隐含这一意思。第三句是在婉转地批评老师在翻译中经常出错误,因此,这句的表面意思是说老师这次没译错,含义是"老师常常译错"。这样说体现的是一种会话策略,既表达了对老师的不满,又顾及了老师的面子。因此,说话人遵循的是"得体原则"中的"交际对象调适准则"。

(4)否定句具有曲言功能

否定句的又一个语用功能是曲言功能。所谓曲言是指一种可以通过否定对立的一端来肯定另一端的修辞手法,它表现为否定性陈述(understatement),即用较弱的陈述代替较强的陈述,如用"不是特别聪明"来表示"很傻",用"不够朋友"来表示"对不起人"。①

- A:你觉得这场演出怎么样?

  B:不很完美。

- A:Hi, Tony. How did your experiment go yesterday?

  B:Well, it wasnt as easy as I had thought. I have to continue doing it tonight.(2001年6月大学英语四级考试)

上面的回答"不很完美"并不是字面意思"低于完美"的意思,实则是说"很差";第二句中 B 的回答,意思是"very difficult"。这些显示的都是会话人的策略。试比较下列两句,第一句表示语义否定,第二句是语用否定。

- His performance is not perfect. (good, but not perfect)

---

① 蒋勇、祝克懿,负极词的曲言功能及其语用定位,外语教学与研究,2009(6):410~416

- His performance is not perfect. (bad)

上述分析说明，汉语和英语的否定句并不完全像人们想象的那样只会在会话中产生负面效应，因此人们都应当回避。事实上，否定句用得好，同样会产生一些意想不到的效果，表达丰富的蕴涵意义。其次，从上述分析也可以看出，汉语和英语的否定句在表达语用功能方面具有较多的相似性。

（5）否定句具有表达谦虚的功能

中华文化中，谦己尊人是文化传统。在对待别人的赞扬与恭维时，中国人一般倾向于采用直接否定的方法给予回答，显示个人修养，因此这时候说的否定句表达的并不是它字面的意思，而是在传递着一种文化。下列例子中，回答人的否定回答并不是对对方评价的否定，而是答话人的自谦。在西方文化中，这很可能被认为是表示对对方判断的不认可，并有贬低对方欣赏能力和判断能力的意思。西方国家的人在被表扬的时候，更多地是表达感谢以示礼貌，这体现了东西方文化传统的差异。

- A：你的英语讲得不错。
  B：不，不，我还学得不好。
- A：Your handwriting is beautiful.
  B：Thank you.

6.4　汉英否定的篇章衔接功能对比

人们说话或写文章，很少有只说一句或只写一句的情况，只要说或写一个以上的句子，就会产生句与句之间衔接的问题。因此，研究句子事实上是很难离开篇章的。对于篇章研究在语法研究中的重要性，吕必松和屈承熹两位先生说得很明白。吕必松说："如果把句与句之间和段与段之间怎样衔接的问题排除在语法研究之外，实际上就是脱离语言事实，也不可能真正解释句子的构造。"① 屈承熹也非常重视汉语篇章语法的研究，他认为"不考虑篇章就无从深刻地理解语法，反之亦然。"②

我们对比汉英语中的否定句，如果把对比仅仅局限在否定句的对比上，则语言否定中许多丰富多彩的内容往往会被撇在研究的范围之外，而这是不利于

----

① 吕必松，对外汉语教学研究，北京：北京语言学院出版社，1993：163
② 屈承熹，潘文国等译，汉语篇章语法，北京：北京语言大学出版社，2006：2~8

语言研究的深入的,我们得出的结论也难免会以偏概全,挂一漏万。其次,当今语言学研究的一个趋势是把句子研究结合到语篇中来进行分析,因此,在对比分析的时候,为了把否定句看得更清晰,我们也可以把语篇的概念引入到否定句的对比之中。再次,否定结构这一语法现象与篇章有着非常密切的联系,否定表达除了表示否定的语义以外,还具有连接语篇的功能,因此,要深刻理解否定的语法现象,就有必要从篇章的角度来做进一步的研究。

下面我们就从语篇衔接的角度对比汉英语的否定结构,其中重点是对比否定词入句以后所体现出来的篇章衔接功能。

要讨论汉英语否定结构的篇章衔接功能,首先要明确什么是篇章。所谓篇章是指一段有意义的连贯的话或文章。篇章可短可长,短可短到一个词,长可长到一个长篇文章。本书由于篇幅原因,所选例子一般都比较简短。

以往的否定研究仅仅把否定词纳入到副词的范畴之中,把它当成普通的副词来对待,这样做的弊端是不言自明的,那就是不能完整地理解否定副词的语法功能。

邢福义(1982)和张谊生(2001)是最早注意到汉语否定词篇章衔接功能的专家,他们提出了从篇章的角度来研究否定词的观点。邢福义在研究"不"字独说的时候虽然没有提"篇章衔接"的概念,但他实际上已经注意到了汉语否定词的关联作用。他认为,"不"字独用有两种情况:一种是起简明的否定作用,另一种是起修订引进作用,也就是通过对前文的否定,并在指出前文不够确切的基础上,提出了更加符合实际或更加确切的说法,使所说的话一层比一层精确和深刻。在句法地位上,前者的"不"字算独词句,后者的"不"字应算是关联性成分。① 张谊生(2001)曾对汉语副词在语篇中的衔接功能给予了明确而详细的论述。他认为,副词的衔接功能主要有六种:表顺序,表追加,表推论,表解说,表转折,表条件。汉语否定词的衔接功能主要表现为表解说。他认为这样的用法是表示否定性解说,虽然它用的名称与邢福义的不同,但从其说明来看,说的是同一个意思,即对前说加以补正。②

邢福义(1982)和张谊生(2001)关于汉语否定词具有篇章衔接功能的研究给我们以不少启发,而韩礼德与哈桑(1976)关于语言篇章衔接的理论以及胡壮麟(2000)结合汉语实际所提出的语篇衔接理论更是给我们汉英否

---

① 邢福义,论"不"字独说,华中师范学院学报,1982(3)
② 张谊生,现代汉语副词研究,上海:学林出版社,2001:304

定结构篇章功能的对比以丰富的理论启示。

韩礼德和哈桑（Halliday and Hasan）提出的篇章衔接理论是众多语篇分析模式中被广泛接受的一种模式，这一衔接理论主要体现在他们合作出版的专著《英语中的衔接》（1976）一书之中。在这一专著中，他们提出了五种衔接手段：指称，替代，省略，连接和词汇衔接。1985年，Halliday又在《功能语法导论》中把实现衔接的手段又划分为四种：照应（reference），省略和替代（ellipsis and substitution），连接（conjunction）以及词汇衔接（lexical cohesion）。①

胡壮麟联系汉语实际，指出语篇衔接不仅仅限于句群之间的关系，还应该包括句子内部的衔接关系。我们认为，胡壮麟的观点是符合汉语实际的，是对韩礼德和哈桑语篇衔接理论的充实和完善，它便于我们对汉语语篇中的衔接现象进行合理的解释，因此，下面的讨论中，我们把汉语中句子内部的衔接关系也列为语篇衔接关系。

无论汉语还是英语，否定词实现语篇衔接主要是利用了否定词的指称功能通过替代（substitution）来实现的。

汉语中的替代是用否定词表示前面内容的相反内容，如下列句子中的"不"、"不会"、"没有"都是替代，它们表示与前文内容相反的内容，起到的作用相当于代词。这样做可以使结构更加简练，内容更加紧凑。

- 明天会下雨吧？我想不会。
- 如果我看得上，再贵我也买；如果不，再便宜也不要。
- 我叫他自己也吃个馒头，可他不，他说要等爸爸回来后一起吃。
- 有无职权方面的规定？如果没有，应调查是否检查过行使职权的实际情况。
- 他问我有没有《新华字典》，我说没有。

除了"不"和"没（有）"以外，汉语还可以用"否"等否定词指代前面所提内容的相反内容，这种用法以放在句尾为多。如下句的"否"用来代表前面"帮我一下"的反面意思，即"不帮我一下"的意思。

- 你帮我一下，可否？

英语中的否定词同样具有替代功能，来指代前文中的某一成分的反面意

---

① Halliday, *An Introduction to Functional Grammar*, Foreign Language Teaching and Research Press, 1985: 308~330

思，从而在话语中起到篇章衔接的功能。如：

- Are you going to Huangshan with the team. Not if I am not invited.
- Does anybody want to drink coffee? If not, let's move these stuff out of the room.
- It seems the Oxford University will lose the game. I believe not.
- I asked him if he needed any help, he said no.

上面的英语句子中，not 或 no 都是用来替代上文中内容的相反内容，比如第一句中的 not 就是指 I am not going to Huangshan with the team，第二句的 not 是替代了 nobody wants to drink coffee，第三句的 not 替代了 the Oxfod University will not loss the game，第四句的 no 替代的是 he did not need any help。否定词 no 与 not 的这种用法，可以使文字简练，结构紧凑。

需要指出的一点是，表示这种衔接功能的否定词对语境同样有很强的依赖性，这是因为，如果脱离了语境，那么它们就会因缺乏所指的对象而影响句子意思的完整性。

看来，无论汉语还是英语，都具有利用否定词来实现语篇衔接的功能，而且否定词都可以通过替代前文内容而起到篇章衔接的功能，从而使句与句之间的关系显得更加紧凑。

6.5　小结

上述研究表明，汉语和英语在语用方面既存在不同点，也存在相似点。首先，无论是汉语还是英语，语境对于否定句的焦点凸显具有相同的功能，即在一定的语境之中，无论是汉语还是英语的否定句意义都比较明白。在语用含义方面，汉语和英语否定句的差别主要体现在与文化因素有关的内容上，在否定句其他的语用功能上，汉语和英语没有多少差别。由于东西方文化的差异，汉语中否定句在一定情况下有正话反说或自谦的情况存在。在篇章衔接方面，汉语否定词和英语否定词都具有衔接篇章的功能，它们起篇章衔接功能的手段主要是替代。

第七章

英汉否定结构的历时对比

7.1 引言

　　索绪尔在他的《普通语言学教程》中提出了"共时"和"历时"这一对概念，并强调共时研究对于语言研究的重要性。此后，语言的共时研究发展迅速，并取得了不少成就，但是，这一思想也造成了语言研究中历时研究的相对薄弱和滞后。这种情况在对比语言学中同样有所反映，在对比语言学中，共时对比做得相对全面和深入，而历时对比则显得比较单薄和浅显。

　　事实上，历时研究的薄弱并非意味着历时研究在语言研究中不重要，并不意味着我们的对比研究可以排斥历时对比。在语言研究中，共时研究和历时研究是语言研究的两个平面，① 我们不应该有所偏废。首先，语言总是处在不停的变化之中，共时只是历时的一个阶段，今天共时的语法系统是历史长期发展和演变的结果，共时现象中蕴涵着历时的变化过程，因此，要做好共时研究就离不开对历时平面的研究。其次，历时对比可以让我们对共时现象有更加深刻的认识和理解，也可以帮助我们解释共时研究中无法解决的一些难题，同时也可以使我们在共时研究中所得出的结论更加科学和全面，而不至于被表面现象所误导。对于这一点，许余龙和杨自俭都曾表达过明确的意见。许余龙说："语言的发展和演变虽然不是对比语言学本身的研究对象，但是在对两种语言中的某一现象进行对比时，如果我们对这一语言现象在两种语言中的历史演变过程有所了解的话，那么我们有可能从历史语言学的角度，对这一现象在两种

---

① 吴福祥，汉语语法化研究，北京：商务印书馆，2005：15

语言中的现时状态的异同提供一种解释。"① 杨自俭（1992）提出对比语言学要共时研究和历时研究相结合，如果说共时对比要回答的是什么（what）这一问题的话，那么历时研究就是要解决怎样（how）的问题，将共时和历时结合的研究则可以解释语言学要回答的为什么（why）的问题。因此，如果我们对某一语言现象在各自语言中的历史演变情况有一个了解，那么，我们就有可能对它们的现时状态有更深刻、更清晰的认识。

我们对比汉语和英语的否定结构应该以研究共时现象为主，因为对比语言学以共时研究为主要特色，但是，共时的否定系统不是凭空产生的，而是历史上语言否定系统长期演变的结果，因此，在对两种语言否定结构的共时现象进行了对比以后，我们也应该从历时的角度来审视一下它们在起源和演变过程中的异同。

目前，研究汉语否定结构历时演变的成果非常丰富，这里随便列举一些成果就足以反映出我们对古汉语中否定现象的重视。如杨荣祥的《近代汉语副词研究》中用比较大的篇幅专门研究了近代汉语否定结构发展变化的历史。② 吴福祥的《敦煌变文12种语法研究》③ 和《〈朱子语类辑略〉语法研究》④，吴庆峰的《〈史记〉虚词通释》⑤，潘玉坤的《西周金文语序研究》⑥，葛佳才的《东汉副词系统研究》等⑦都对古代和近代汉语的否定词以及否定句式做了详细的研究。至于研究古汉语中否定结构的文章就更多了，如丁声树的《释否定词弗、不》（1935）⑧、吕叔湘的《论"毋"与"勿"》⑨、徐丹的《也谈"無"、"毋"》⑩、李爱丽的《试论古汉语否定句代词宾语前置的历史演变》⑪等都就某一专题展开讨论，虽涉及的面不广，但都具有很高的学术价值。

专门研究英语否定句历时演变的文章与专著就更多了，仅以专著为例就

---

① 许余龙，对比语言学的定义与分类，外国语，1992（4）
② 杨荣祥，近代汉语副词研究，北京：商务印书馆，2007
③ 吴福祥，敦煌变文12种语法研究，开封：河南大学出版社，2004
④ 吴福祥，《朱子语类辑略》语法研究，开封：河南大学出版社，2004
⑤ 吴庆峰，《史记》虚词通释，济南：齐鲁书社，2006
⑥ 潘玉坤，西周金文语序研究，上海：华东师范大学出版社，2005
⑦ 葛佳才，东汉副词系统研究，长沙：岳麓书社，2005
⑧ 丁声树，释否定词弗、不，载《蔡元培先生六十五岁纪念论文集》，1935
⑨ 吕叔湘，论"毋"与"勿"，载《汉语语法论文集（增订本）》，商务印书馆，2002：98
⑩ 徐丹，也谈"無"、"毋"，语言科学，2007（3）
⑪ 李爱丽，试论古汉语否定句代词宾语前置的历史演变，兰州学刊，2006（9）

有:《英语否定史》(*A History of English Negation*)①,《古英语概论》(*Introduction to Old English*)②,《英语历史上的否定》(*Negation in the history of English*)③ 等,至于在研究英语发展史中兼及否定现象讨论的就更是不胜枚举。

尽管汉语和英语否定结构的研究成果都很丰富,但是,将两者的研究成果放到一起来进行对比的还不多见,因此,我们试图在前人研究的基础上对汉语和英语的否定结构作一番历时的对比,以认识它们在起源和发展过程中所反映出来的差异和共同点,并进一步分析这些特点与前面共时研究中所发现的特点之间所存在的联系。

由于汉语和英语典藏丰富,历史绵延久长,对它们否定结构的演变史作一番详细的对比研究既不现实,也没有必要,因此,下面我们主要结合前贤的研究来对比汉语和英语在否定表达法方面的变化发展史。我们的对比将主要抓住各自否定结构所体现出来的特点来进行。下面我们将首先回顾汉语和英语否定结构的历史演变,然后在回顾的基础上展开对比。

7.2 汉语否定结构的历史演变

7.2.1 古汉语的基本语序

根据石毓智的研究,一门语言的 SVO 结构对于该语言其他方面的影响是巨大的。④ 因此,在开始讨论古代汉语否定结构的演变之前,我们先来看一下古汉语的基本结构。

管燮初先生认为,汉语语序自古至今变化不大,基本结构一直都是 SVO 结构。⑤ 修饰性成分一般前置于被修饰成分之前,只有在需要特别强调某一成分的时候才将该成分提前,比如在感叹句和对比句中可能出现特殊语序。

当然例外情况不是没有,如在上古汉语的疑问和否定句中,作宾语的代词有不少需要提前。如:

---

① Gabriella Mazzon, *A History of English Negation*, Longman Linguistics Library, 2004
② Peter S. Baker, *Introduction to Old English* (*second Edition*), Blackwell Publishing, 2007
③ Kortmann. B, Traugott. E. C. *Negation in the history of English*. Eds by Bernd Kortmann, Elizabeth Closs Traugott, Berlin, Neew York: Mouton de Gruyter, 1999
④ 石毓智,汉语语法化的历程,北京:北京大学出版社,2004:4
⑤ 管燮初,殷墟甲骨刻辞的语法研究,北京:中国科学院,1953

- 老者衣帛食肉，黎民不饥不寒，然而不王者，未之有也。（《孟子·梁惠王上》）
- 吾有老父，身死，莫之养也。（《韩非子·五蠹》）

但是，这种情况只在一定时期内占有一定优势，而且也不是绝对优势，代词宾语后置的情况也有不少。根据何乐士对《左传》中否定句代词宾语前置和后置情况的统计，前置式约占总数的63%，后置式约占47%，后置式所占比例也不低。① 殷国光统计了《吕氏春秋》中否定句代词宾语的位置，发现前置的有25例，后置的有19例，两者数量差距也不大。② 因此，郭松柏研究后认为，只强调古汉语否定句中代词宾语前置而忽视宾语后置的现象是不全面的，他认为，否定句中代词宾语后置应是在先秦的某一较早阶段就已产生，在经历了一个与倒置宾语"共生共存"的阶段后，直至中古阶段逐步形成优势语序，到不晚于唐代形成绝对优势。③ 另外，根据李爱丽的研究，否定句中代词宾语前置的现象，在甲骨文中就已经初见端倪，到汉代表现得尤为突出，此后宾语前置式为后置式所取代。到了魏晋南北朝时期，这种结构已不多见，只在一些文人墨客的仿古用法中还有少量留存。④ 太田辰夫也认为，到了唐初，这种结构已基本消失，变成现代汉语的 SVO 语序。⑤ 此后，SVO 结构一直是现代汉语的主要语序。从以上对前人研究的回顾中，我们基本上可以得出结论：汉语中 SVO 结构是主要语序，而且自古至今一直比较稳定。

另外，根据潘玉坤的研究，汉语否定词前置动词或形容词表示对动词或形容词的否定在西周金文中就已出现，⑥ 这说明，汉语中很早就已确立了否定词前置谓语动词的情况，而且这种结构至今仍然是汉语否定句的主要结构形式。刘丹青研究后也认为，汉语的否定副词古今南北都是前置的。⑦

下面我们再来更详细地看一下古代汉语否定句的主要结构方式。⑧

（1）否定词后接动词。这是古代汉语中最主要的否定句结构。

---

① 何乐士，古代汉语虚词词典，北京：语文出版社，2006
② 殷国光，《吕氏春秋》词类研究，北京：商务印书馆，2008：308
③ 郭松柏，古汉语否定句式中代词宾语的位置，赣南师范学院学报，1981（2）
④ 李爱丽，试论古汉语否定句代词宾语前置的历史演变，兰州学刊，2006（9）
⑤ 太田辰夫，中国语历史文法，北京：北京大学出版社，2003：126
⑥ 潘玉坤，西周金文语序研究，上海：华东师范大学出版社，2005
⑦ 刘丹青，商务印书馆编辑部，《21世纪的中国语言学（二）》，洪波，上古汉语的焦点表达，北京：商务印书馆，2006：39~40
⑧ 注：这里所选的例句尽量考虑到选用由不同的否定词构成的句子以及选自不同的时代的作品。

- 危邦不入，乱邦不居。（《论语·泰伯》）
- 仁者无敌人。（《孟子》）
- 乃不知有汉，无论魏晋。（《桃花源记》）
- 寻山陟岭，必造幽峻，岩嶂千重，莫不备尽登蹑。（《宋书·谢灵运传》）
- 是山也，万物无不有焉。（《水经注·河水》）
- 农，天下之本，务莫大焉。（《史记·孝文本纪》）
- 弗食不知其旨也。（《礼记·学记》）；
- 你老人家去年买春梅，许了我几匹大布，还没与我。（《金瓶梅》）

（2）否定词后接情态动词。如果否定词与情态动词连用，则否定词一般放在情态动词的前面，如"毋敢"、"不敢"、"不克（不能）"等。①

- 闻义不能徙，不善不能改，是吾忧也。（《论语·述而》）
- 衣食所安，弗敢专也，必以分人。（《左传》）
- 小大之狱，虽不能察，必以情。（《左传》）

（3）否定词后接名词。在古汉语中，否定词直接前置于名词的情况很普遍，如：

- 王曰：若古有训，蚩尤惟始作乱，延及于平民；罔不寇贼，鸱义奸宄，夺攘矫虔。（《尚书》）
- 衰、暗、倦，三者非君道也。（《吕氏春秋》）
- 贵而无位，高而无民，贤人在下位而无辅，是以动而不悔也。（《周易》）

（4）用在数词前，表示没有达到。这种结构方式在古代汉语中用得非常普遍，现代汉语中还有遗迹，但不多见。如：

- 不一年，陈胜、吴广发兵。（《史记·淮南衡山王传》）
- 利不百，法不变。（《商君书·更法》）
- 凡可读者不二十篇。（《汉书·枚皋传》）

（5）否定词后接形容词。在古汉语中，否定词放在形容词前直接否定该形容词，说明没达到形容词所描述的程度。如：

- 帝曰："契，百姓不亲，五品不逊。汝作司徒，敬敷五教，在宽。（《尚书》）

---

① 潘玉坤，西周金文语序研究，上海：华东师范大学出版社，2005

- 其时已与先王之法亏矣，而曰此先王之法也，而法之以为治，岂不悲哉！（《吕氏春秋·察今》）
- 无功而祀之，非仁也；不知而不能问，非智也。（《国语》）

以上例子说明，在古代汉语中，否定词的位置也比较灵活，可以自由放在任何需要被否定的语言成分前。这些否定结构除了第（4）种情况在现代汉语中已不多见的以外，其他几种在现代汉语中仍大量存在，而且还都是否定句的主要结构模式，由此，我们可以更清晰地看到，汉语否定句的句法系统总体来说比较稳定。汉语否定句的这种稳定性，我们认为，是与汉语基本结构的稳定性密切相关的，可以说，是汉语基本结构的稳定性导致了它的否定结构的基本稳定。

由于汉语自古至今都没有形态，语序又比较稳定，虚词的重要性尤其突出，因此，我们认为，要研究汉语否定结构的发展历史，就必须把重点放在研究汉语否定词的演变历程上。

7.2.2 汉语否定词的演变历程

在汉语的发展史上，曾经出现过大量否定词，但由于各否定词使用时间长短不一，加之受各地方言的影响，否定词具体数量已难以统计。按照蒲立本的说法，古汉语中用于否定的词总共有16个：不、否、弗、非、毋、无、无、勿、亡、罔、莫、未、微、靡、蔑、末。① 在这16个否定词中，现代汉语中仍保留的有"不，非，勿，莫，否"五个，其他像"弗，末"等几个一般只用于有文言色彩的文章中，别的否定词在现代汉语中已基本消失，不再使用。

由于"没"和"别"在整个汉语否定句中的独特地位，我们在上述16个词的基础上又增加了"没"和"别"。下面我们将通过回顾这几个否定词的演变历程来看看汉语否定词的特点。由于"不"与"没"在现代汉语中特别重要，因此，回顾中我们对这两个词的介绍会比较详细。

为方便解释，我们按照杨荣祥的分类方法，把汉语的否定副词分为四类：（1）"不"类，表示单纯否定，如"不，不必"；（2）"未"类，表示对已然的否定，如"未曾，没有"；（3）"非"类，表示对判断的否定，如"非，不是"；（4）"莫"类，表示禁止，如"别"。②

---

① 蒲立本，孙景涛译，古汉语语法纲要，北京：语文出版社，2006
② 杨荣祥，近代汉语副词研究，北京：商务印书馆，2007：74~75

汉语中的否定词在甲骨文时代就已经出现。管燮初先生在《殷墟甲骨刻辞的语法研究》中列出的甲骨文否定词有六个：勿，弗，不，弜，亡，毋。①赵诚在《甲骨文虚词探索》中列出的甲骨文否定词也有六个，但没有"亡"，增加了"非"，即"勿，弗，不，弜，毋，非"。甘露认为，甲骨文中的否定词共有七个：不，亡，弗，勿，弜，毋，非，② 其中"弜"已从汉语中消失，"亡，弗，毋"现在也仅限于古汉语中，现代汉语中目前仍在使用的主要有"不，勿，非"。虽然三人统计出的数量略有差别，但它们已足以说明甲骨文中的否定词已经比较发达。下面我们对汉语中主要的否定词进行详细的分析。

（1）不

"不"是出现时间最早，而且使用时间最长的否定词，在汉语中具有举足轻重的作用，因此，吕叔湘先生说："抑以近世汉语之一般趋势言之，否定之词，实以'不'为巨擘"③。

根据《说文解字》，"不"的原意是：不，鸟飞上翔不下来也，从一，一犹天也，象形。凡不之属皆从不。段注：凡云不然者，皆于此义引申假借。就这样，"不"字由"不下来"一意引申出表达否定的意思。另有一种观点认为，"不"原意是花萼。高鸿缙在《中国字例》中说：罗振玉说：'象花不形，花不为不之本义。'……不，原意为鄂足，象形字，名词。《左传》中有"华不注山"，"不"即是"花萼"的意思。"不"后借用为否定副词，日久而为借意所专，乃另字以还其原。不过根据研究，甲骨文中的"不"没有用作本义的，基本上都用作否定词。可见"不"最初可能是一个实词，后来成为专门表示否定的虚词，但至于它是怎样由实词转化为专门表示否定的虚词的，却已无从查考。

"不"在古代汉语中的使用非常灵活，表示的意义也呈多样化特点，尤其是在上古汉语中，"不"的功能兼涉四小类功能中的所有功能。首先它可以用来表示单纯的否定，这一用法用得最为普遍，因此，无烦举例。

"不"还可以表示"无"的意思。如：

• 有法不胜其乱，与不法同。(《商君书·开塞篇》)

"不"相当于"非"，表示否定判断，如：

---

① 管燮初，殷墟甲骨刻辞的语法研究，北京：中国科学院，1953
② 甘露，甲骨文中的双重否定，古汉语研究，2001（2）
③ 吕叔湘，汉语语法论文集（增订本），北京：商务印书馆，2002：98

- 先王不受，岂不命邪？（《庄子·让王篇》）

"不"也可以表示对已然的否定，相当于"未曾"和"没"的意思。如：

- 吾问狂屈，狂屈中欲告我而不我告。（《庄子·知北游》）
- 君不见高堂明镜悲白发，朝如青丝暮成雪。（《将进酒》）

"不"也可以表示禁止，相当于"别，不要"。如：

- 季子曰："吾姑至焉。"子羔曰："弗及，不践其难！"（《左传·哀公十五年》）
- 吾是所言，以戒真人，不失之也。（《太平经》）

另据俞光中和植田均（1999），"不"还可以用在名词或名词性短语前面表示否定，这种用法不多，只能算是"不"用途中的一个支流。如：

- 今日忽然忿激，反害了不妖精、不强盗的男女长幼五十余人。（《西游记》一回）①

此外，"不"还可以起"发声"和"助语"作用，并不表示否定。由于这样的"不"并不表示"否定"的意思，因此，不属于否定词，本书不纳入讨论之中。

从上面的简单介绍中可以看出，"不"刚开始的时候所表示否定的意义和功能非常丰富，至于它具体表示什么意思，完全取决于句子的上下文。"不"在后来的发展过程中逐渐发展成为专门表示单纯否定的副词。

（2）弗

"弗"的基本意思是"不可也，不然也，与'不'字相似"。②《公羊传》："弗者，不之深也"。这说明，"弗"也表示单纯否定，与"不"有着密切的联系。如：

- 尔有善，朕弗敢蔽；罪当朕躬，弗敢自赦，惟简在上帝之心。（《尚书》）
- 亟请於武公，公弗许。及庄公即位，为之请制。（《左传》）
- 陛下虽得廉颇李牧，弗能用也。（《史记·冯唐传》）

但"弗"与"不"不同的一点是"弗"不带宾语，这是因为，"弗"是

---

① 俞光中、植田均，近代汉语语法研究，上海：学林出版社，1999：318
② 卢以纬（元），王克忡集注，助词辞集注，北京：中华书局，1988：153

"不+之"（否定词+代词）→弗（合音，紧缩）的缘故。①②③ 王力认为，用"不之"来理解"弗"虽然有些勉强，但是，"弗"后面的动词不带宾语是无可争辩的事实。④ "弗"后来因为避讳原因专门用"不"来替代，结果"弗"最后逐步退出汉语否定句。⑤

（3）勿

在上古汉语中，表示禁止的主要否定词有"勿"和"毋"。"勿"在语义上与"无"相对应，往往用于祈使句中，表示禁止或劝阻，相当于现代汉语中的"别"或"不要"。如：

- 己所不欲，勿施于人。（《论语·颜渊》）
- 王欲行王政，则勿毁之矣。（《孟子》）

在先秦时期，"勿"后面的动词一般不接宾语，因此，太田辰夫说它是省略了宾语的禁止之词。⑥ 吕叔湘认为"勿"是"毋之"合音而成。⑦ 王力不同意"合音说"，但同意"勿"是兼摄了"之"，因此，"勿"不带宾语。⑧ 金颖认为，"勿"之所以没有宾语是因为它的宾语常常前置，造成承前省略。⑨ 但不管选何种解释，看来"勿"之中已含有宾语成分，因而后面的动词不带宾语是大家一致的认识。

"勿"后面动词不带宾语的情况到了东汉时期已有所改变，出现后接的动词或介词带宾语的情况，到《史记》中，"勿"后的动词或介词带宾语的情况有所增加，而到了《汉书》中，"勿"后动词谓语带宾语的数量有了明显上升。到了元朝，"勿"在否定句中的使用已基本趋于消失。⑩

（4）毋

"毋"作为表禁止的否定副词，主要表示"不要"。《说文解字》对"毋"的解释是：止之也，从女有奸之者，凡毋之属皆从毋。因此，"毋"表示禁

---

① 丁声树，释否定词弗、不，载《蔡元培先生六十五岁纪念论文集》，1935
② 潘悟云，汉语否定词考源——兼论虚词考本字的基本方法，中国语文，2002（4）
③ 蒲立本，孙景涛译，古汉语语法纲要，北京：语文出版社，2006：118~120
④ 王力，汉语史稿，北京：中华书局，2004：379~381
⑤ 蒲立本，孙景涛译，古汉语语法纲要，北京：语文出版社，2006：118~120
⑥ 太田辰夫，中国语历史文法，北京：北京大学出版社，2003：276
⑦ 吕叔湘，汉语语法论文集（增订本），北京：商务印书馆，2002：98
⑧ 王力，汉语史稿，北京：中华书局，1980
⑨ 金颖，禁止性否定副词"勿"的历史演变，龙岩学院学报，2006（1）：110~113
⑩ 金颖，禁止性否定副词"勿"的历史演变，龙岩学院学报，2006（1）：110~113

止，与"无"、"無"通用，有些文献中甚至混用。如：
- 毋绝其爱，亲之道也。(《左传·文公十五年》)
- 尔为吾子，生毋相见，死毋相哭。(《公羊传》)

"毋"还可以表示"不"，表示单纯的否定。如：
- 丈夫年二十。毋敢不处家。女子年十五。毋敢不事人。(《墨子》)

"毋"还表示对已然的否定，相当于现代汉语中的"没有"。如：
- 随季对曰：昔平王命我先君文侯曰："与郑夹辅周室，毋废王命！"(《左传》)

到了东汉，"毋"就很少使用了。

(6) 非

"非"是最早的否定词之一，它的另一个写法是"匪"，但"匪"出现得比"非"早，因此"匪"与"非"是古今词。"非"一直沿用至今。蒲立本认为，"非"是"不微"的紧缩，"微"是前古汉语中的系动词以及名词的标记，因此具有表示否定判断的功能。卢以纬指出，"非"是"是"之反，而口气较"不"字稍轻松。① 可见，"非"的主要功能是用作否定判断词。如：
- 举烛，非书意也。(《韩非子·外储说左上》)
- 守者曰"此非吾君也，何其声之似我君也"(《孟子·尽心上》)
- 是叶公非好龙也。(刘向《新序》)

(7) 亡

"亡"与"无"是同源词，它们的读音都是wú。"亡"表示"无"，是"有"之反，但从不带显性宾语。如：
- 今也则亡。(《论语·雍也》)
- 人皆有兄弟，我独亡。(《论语》)

"亡"也可以表示"不"的意思，如：
- 方今天下饥馑，可亡大自损减以救之，称天意乎？(《汉书·贡禹传》)

(8) 無

吕叔湘认为，"無"与"毋""字形虽异，音读不殊，传世经籍亦多彼此互为异文，故得视为一个语词之两种书写方式，无须辨析。"② 徐丹也认为，"無"、"毋"曾在战国后期、西汉前期广泛通用，它们的语法分工是合韵后发

---

① 卢以纬（元），王克仲集注，助词辞集注，北京：中华书局，1988：152
② 吕叔湘，汉语语法论文集（增订本），北京：商务印书馆，2002：72

生的,是一种自然需要。① 这说明"無"与"毋"是通用词,使用上基本没有差别。

(9) 无

"无"是古汉语中的否定动词,《说文解字》对它的解释是:无,亡也,从亡无声,也就是说,"无"做动词时是对"有"的否定,是否定意义与"存在"意义的结合,后接名词。如:

● 无君子,莫治野人,无野人,莫养君子。(《孟子》)

"无"同时也可以表示禁止之意。如:

● 初命曰:"诛不孝,无易树子,无以妾为妻!"(《孟子·告子下》)

"无"表示禁止之意的时候与"不"字不一样。"不"字口气极斩截,极决断,有"毋"字意,有"勿"字意。② 到现代汉语中,"无"的主要意思只剩下动词用法,而且,这一用法也大多为"没(有)"所取代,至于表"禁止"的意义已经消失。

(10) 否

根据《说文解字》,"否"的意思是:不也,从口从不,不也声。太田辰夫(2003)指出,这是一个包含了谓词意味的否定,或者说是代表了"不+被省略的部分"③,因此,"否"表示"不然也"之意。如:

● 赴以名,则亦书之;不然,则否。(《左传·僖二十三年》)
● 告则书,不然则否。(《左传·隐公》)

"否"也可以用于否定性回答,大多单用。如:

● 则王许之乎?曰:否。(《孟子》)

(11) 莫

上古汉语表示禁止的词主要是"毋"和"勿",到西汉时期出现了"莫"。"莫"字有"无"字意,有"勿"字意,有"不可"二字意,又疑辞。④ 因此,"莫"的主要用途是:作无定代词,表单纯否定和表示禁止。"莫"在上古和中古汉语中的主要用途是用作无定代词,相当于"无……者",类似于英语中的nobody。如:

● 不患莫己知。(《论语·里仁》)

---

① 徐丹,也谈"無""毋",语言科学,2007 (5)
② 卢以纬(元),王克仲集注,助词辞集注,北京:中华书局,1988:152
③ 太田辰夫,中国语历史文法,北京:北京大学出版社,2003:277
④ 卢以纬(元),王克仲集注,助词辞集注,北京:中华书局,1988:153

- 莫我知也夫。(《论语·宪问》)

"莫"到了东汉口语中成为最常用的禁止性副词。如：
- 其去刚卯，莫以为佩；除刀钱，勿以为利。(《汉书·王莽传中》)
- 得酒莫苟辞。(陶渊明诗)

"毋"与"勿"演变到"莫"的过程，王力是这样解释的："毋""勿"在上古同属明母，"毋"和"莫"又是鱼铎对转，所以在发展过程中，"莫"渐渐和"毋"、"勿"合流，最后在口语中代替了"毋"和"勿"。①

"莫"也可以用作副词，否定动词，表示单纯否定。如：
- 知臣莫若君。(《左传·僖公七年》)
- 炙手可热势绝伦，慎莫近前丞相嗔。(《丽人行》)
- 夫水行莫如用舟，而陆行莫如用车。(《庄子·天运》)

到了元朝，"休"成为主要的禁止之词，"莫"逐渐走向萎缩。②

（12）别

吕叔湘（1944）和江蓝生（1991）都认为，"别"是"不要"合音而成。"别"最早出现于元代，但在元代时用得很少，到明代的时候，它的使用频率还远远低于"休"，甚至比当时正处于衰落过程中的"莫"的使用频率还要低，因此，估计"别"的使用是到了清代才出现明显的增加。③"别"用作表禁止之词在现代汉语中使用仍很频繁，例子也很多，因此，此处不再举例。

（13）微

太田辰夫认为，"微"可以看成是单纯的"无"的意思，但多用作带有假设的"无"。④蒲立本认为它源自古汉语的"唯"，属系词，与来自"不唯"的"非"相对应。与"非"一样，"微"在《诗经》中常常用来否定各种句型中的名词。在古汉语中，"微"偶尔带名词，表示"如果……不的话"。⑤如：
- 微管仲，吾其被发左衽矣！(《论语》)
- 公曰："乐哉！今夕吾饮也。微此二子者，何以治吾国；微此一臣者，何以乐吾身。"(《晏子春秋》)

---

① 王力，汉语史稿，北京：中华书局，2004：381
② 杨荣祥，近代汉语副词研究，北京：商务印书馆，2007：390
③ 杨荣祥，近代汉语副词研究，北京：商务印书馆，2007：391
④ 太田辰夫，中国语历史文法，北京：北京大学出版社，2003：277
⑤ 蒲立本，孙景涛译，古汉语语法纲要，北京：语文出版社，2006：124

(14) 靡

"靡"出现较早，先秦文献中主要表示"无"、"没有"的意思，如：
- 三岁为妇，靡室劳矣。夙兴夜寐，靡有朝矣。(《诗经·国风》)
- 靡不毕现。(《史记·屈原贾生列传》)

"靡"可以作否定代词，表示"没有人"，或"没有东西"。如：
- 物靡不得其所。(《史记·司马相如传》)

"靡"也可以表示单纯否定，相当于"不"，如：
- 古布衣之侠，靡得而闻已。(《史记·游侠传序》)

"靡"的使用后来逐渐减少，现在主要出现在一些固定搭配之中。
- 靡不有初，鲜克有终。(《诗经·大雅·荡》)

(15) 蔑

"蔑"表示"不"或"无"，主要见于《左传》和《国语》之中，与"无"有对应关系，后面常常有句末小品词"矣"与之呼应。如：
- 臣出晋君，君纳重耳，蔑不济矣。(《左传·僖公》)
- 封疆之削，何国蔑有？(《左传·昭公元年》)

(16) 末

"末"的早期中古音为 mat，与"蔑"相似，主要见于《论语》。① 如：
- 不曰"如之何？如之何？"者，吾末如之何也已矣。(《论语》)
- 说而不绎，从而不改，吾末如之何也已矣！(《论语》)

(17) 罔

- "罔"主要是在上古汉语时期使用，可以在"无"的意义上使用，与《论语》中的"亡"一样，不能说是它的代词宾语省略了。② 它的主要功能是用在动词前，表示否定，如：
- 罔顾于天显民祇。(《尚书·多士》)

(18) 未

"未"在上古汉语就已产生，使用的时间很长。"未"在古代汉语中是一个具有"体"语法功能的否定词，表达已然的意思，相当于现代汉语中的"没有"，因此，太田辰夫认为"未"是"已"的否定，即在表示否定的同时

---

① 蒲立本，孙景涛译，古汉语语法纲要，北京：语文出版社，2006：125
② 蒲立本，孙景涛译，古汉语语法纲要，北京：语文出版社，2006：123

包含时间概念。① 元朝卢以纬也指出：未者，已之对。② 如：
- 秦时明月汉时关，万里长征人未还。(王昌龄《出塞》)
- 未有义而后其君者也。(《孟子》)
- 当尧之时，天下犹未平。(《孟子·滕文公上》)
- 帝深不平，食未毕，便去。(《世说新语·汰侈》)

但"未"和"没有"还相当于英语中过去时态的否定式。如：
- 召而见之，则所梦也；未问其名，号之曰"牛"。(《左传·昭四》)
- 长桥卧波，未云何龙？(《阿房宫赋》)

(19) 没（有）

"没"原来的读音为 mò，在古代文献中是一个普通的不及物动词。根据《说文解字》，"没"的本意是：沈也，从水从殳，也就是"沉没，淹没，潜水"等意思，后来根据不同的语境，进一步引申出下列意思——"沉没，消失，陷落，没收，死亡"等，可见"没"最初是一个实词，与表示否定意义并没有沾上边。

八世纪后，"没"引申为"缺乏"。唐、宋时期直至 14 世纪前，"没"主要用于名词性成分前，否定名词性成分。到 14 世纪左右，"没"发展成为一个助动词，可是只限于否定领有动词"有"。到了 15 世纪，"没"逐渐演变为否定标记，用来否定动词和形容词，到明代已成为"未"类否定副词中使用频率最高的否定词。

关于"没"演化成为专门的否定副词的过程，目前有四种意见。第一种意见认为它来源于"未"，持这一观点的主要有戴密微（Demieville）、周法高、太田辰夫和司徒修等。第二种观点认为副词"没"来源于表示"陷没、消失"的"没（mò）"。最早见于唐代文献，因此，大约到唐代才用于表示"无"的意思。持这一观点的主要是蒋冀骋和吴福祥。第三种观点认为，副词"没"不是来源于表示"沉没"的"没"，因为在古汉语中，与"没"相对应的是"无"，而"无"在北方的方言中并没有消失，它在虚化的过程中语音发生促化变成了"没"。持这一观点的主要有潘悟云。第四种观点认为，"没"是声音变化和意义双重作用之下造成的结果，具体来说就是与"无"的白读音与"没"趋于相近，"无"的"没有"义融入了"没"，"没"逐渐取代

---

① 太田辰夫，中国语历史文法，北京：北京大学出版社，2003：277
② 卢以纬（元），王克仲集注，助词辞集注，北京：中华书局，1988：145

"无"而成为否定动词。①

石毓智从句法环境的改变这一角度分析了"没"从否定名词的动词逐渐演变到否定动词的专职否定副词的原因。石毓智认为,典型名词的抽象语义特征是离散性的,而"没"是离散性词语的否定词,因此,用"没"来否定名词自然没有什么问题。但动词必须利用一些语法手段如结果补语、体标记、时间词、数量词等来使它具有离散性。到了 15 世纪,汉语中出现了一个重要的事件,即动补结构的出现和发展,这使得动词具有了离散量的语义特征,于是,"没"否定动词的条件基本成熟,加上"没"经常置于动词前位置又使它有条件逐渐演化成为专门表示否定的副词,因此,到了 15 世纪,"没"成了表示已然否定的专门副词。这样,原来几个否定标记词如"没、不曾、未、末、无、不有、不曾"等因为不能适应新的变化而被逐渐淘汰,并最后"让位于"没",使"没"成为表示否定已然的主要否定词。②

我们认为,对于"没"从动词演化成专门的否定副词,我们不妨采用综合的眼光来看比较合理,即"没"的原始意义"沉没"与表示否定的"没"具有意义上的近似性,"无"的白读音与"没"趋于相近的语音影响以及外部句法条件的成熟等共同因素的作用才造成了"没"的蜕变,由否定动词演变为专职的否定副词。因为语法化研究表明,虚化后的语法项目与其虚化前实词的意义仍然是有一些联系的,换句话说,实词的意义会对虚词的具体用法产生一定的影响。③

"没"的产生和发展对整个汉语否定表达系统产生了很大的影响,导致了汉语否定词词义系统的重新调整,从而形成了现代汉语否定词系统中"没"、"不"二分天下的局面。石毓智④和徐时仪⑤都认为,要认识这两千多年来汉语否定标记词发展的脉络,就必须厘清"没"的演变过程。目前的汉语否定系统基本上是由"不"、"没"、"别"等少数几个否定词主宰着整个汉语的否定系统。

通过对上述主要否定词的回顾和介绍,我们基本上可以得出以下几点结

---

① 徐时仪,否定词"没""没有"的来源和语法化过程,湖州师范学院学报,2003 (1):1~6

② 石毓智,语语法化的历程——形态句法发展的动因和机制,北京:北京大学出版社,2001:231

③ 解惠全,谈实词的虚化,载吴福祥主编,汉语语法化研究,北京:商务印书馆,2005:143。

④ 石毓智、李讷,汉语语法化的历程——形态句法发展的动因和机制,北京:北京大学出版社,2004:230

⑤ 徐时仪,否定词"没""没有"的来源和语法化过程,湖州师范学院学报,2003 (1):1

论。从纵向角度来看，汉语否定词经历了以下一个发展过程。在甲骨文时期，汉语中就已经出现了"弗"、"不"、"毋"、"勿"、"非"等几个否定词，虽然数量不多，但如果按杨荣祥的划分标准来对照，会发现这些否定词已涵盖了四大功能，如"不"可以表示单纯否定，"非"可以表示判断否定，"弗"可以表示已然否定，勿"和"毋"表示禁止否定，其中"不"的功能除表示单纯的否定外，还兼具其他的否定功能，因此，上古汉语的否定词门类齐全，彼此功能既有重叠，又有侧重，体现出较强的系统性。到了先秦时代，否定副词有了很大的发展，并且系统性更趋完善。在先秦汉语的否定词中，表达这四种功能的词都已出现，彼此之间虽然有交替使用的情况，但基本分工还是明确的，如"不，亡，弗，勿，毋，非"等意义都有侧重。且同一小类中的否定副词还有分布上的对立，如："不"和"弗"、"毋"和"勿"。（王力，1990）这种完整的体系在整个汉语发展史中都有明显的体现。到先秦两汉时期，汉语否定词更明显地表现为否定副词内部语义、功能的调整和分配。在继承甲骨文和金文否定词的基础上又有突破，又有新词新义产生，但这一时期否定词的主要特点表现为内部分工不明，各小类之间有明显的混同兼用现象，在否定词的发展史上起着承上启下的作用。① 自秦汉以后，否定词各小类之间的区分日渐模糊，各否定词之间兼用的情况也日益增加，上古汉语中明显的"不"和"弗"、"毋"和"勿"的对立也渐渐消失。总之，汉语否定词的产生与演变，基本上经历了一个从各自明确分工到彼此混同兼用又到明确分工这样一个过程，也就是一定意义上的否定副词内部系统性由强到弱再由弱到强的变化过程。②

在整个发展过程中，否定词更替现象严重，一方面有的旧词消失，部分新词产生，另一方面是旧词与新词意义的增加或减少。杨荣祥在研究了近代汉语副词的特点后指出，近代汉语副词具有累积和排挤，派生与分化，保守性与不平衡性同时存在等特点。这些特点也符合汉语否定词发生、发展的规律。一方面，汉语旧的否定词逐步消亡，同时也有新的否定词不断产生和发展，与此同时，旧的否定词沉积形成。③ 总之，汉语否定系统中，一个否定词的消失会引起否定词汇系统中其他否定词意义的扩大，同样道理，某一否定词意义的增

---

① 葛佳才，东汉副词系统研究，长沙：岳麓书社，2005：165
② 葛佳才，东汉副词系统研究，长沙：岳麓书社，2005：165
③ 杨荣祥，近代汉语副词研究，北京：商务印书馆，2007：393~405

加，同样会影响到其他否定词功能的减少。

从横向的角度来说，汉语否定词大多在刚出现时呈现出具有多层含义的特点，而且这些多层含义往往与句子结构有关，同一个否定词在不同的句子结构中会呈现出不同的意思。除了表示否定的基本含义以外，这些词还附带其他的一些语义成分，并不单纯表示否定。在这多层含义中，每个否定词都有一个主要的意思和用法，因此，太田辰夫说，它们除了表示单纯的否定概念外，还包含其他概念，是一种复合的东西，如"弗"表示"不……之"等。① 产生这种情况的原因，可能与古汉语求简省有关，语言时体功能还不发达，或为使音节整齐匀称有关，如"朝不保夕"、"夜不闭户"中的"不"就含有"不会"的意思。

总之，汉语否定句的演变历程主要是否定词的演变，句法变化不大，其原因与汉语的基本结构，即 SVO 结构比较稳定有着密切的关系。在整个发展过程中，否定词之间存在着一种此消彼长的情势，旧的否定词的消灭与新的否定词的产生同时存在。这里面比较复杂的一点是，旧的否定词在累积的过程中也有一些变化，如"不"的意思在发展过程中并不是一成不变的，而是由兼表多种意义逐步发展到表示单纯的否定。新的否定词的产生，除了产生新词以外，也有旧的否定词衍生出新用法和新功能的情况，即旧的否定词有新质要素的产生，而新质否定词取代部分旧质要素。因此，汉语否定句走的是一条虚词发展的道路，否定词在句中的位置关系变化不大。否定词的发展主要体现在词义演变之中，并随着词义的演变产生相应的变化。

7.3 英语否定结构的历史演变

关于英语发展史的时间划分，我们采用李赋宁的划分方法，即将英语分为三个发展时期：（1）古英语时期（Old English），从公元 450 年至 1150 年；（2）中古英语时期（Middle English），从公元 1150 年至 1500 年；（3）现代英语时期（Modern English），从 1500 至今。现代英语又可进一步分为早期现代英语（Early Modern English）和后期现代英语（Later Modern English）两个阶段，前者从 1500 年至 1700 年，后者从 1700 年至今。②

---

① 太田辰夫，中国语历史文法，北京：北京大学出版社，2003：275
② 李赋宁，英语史，北京：商务印书馆，1991

古英语与现代英语的关系并非像古汉语与现代汉语的关系一样是非常紧密的，这是因为，英语在发展过程中曾经受到过外来语言的入侵而产生过严重的变异。

7.3.1 英语基本语序的变迁

古英语具有严格而丰富的形态变化，动词有人称、时态、式的变化，名词有丰富的格变化，如主格、宾格、与格和所有格，还有性的区分，如阴性、阳性和中性，因此古英语属于高度综合化的语言。由于形态丰富，加上格标志对应于语法功能，所以，古英语的词序具有很大的灵活性，如：Se mann sloh pone boran.（那个人打了那只熊）可以有多种排列方式，而意义相同。①

1066 年，英语发展史上发生了一件重大事件：诺曼人的入侵。诺曼人入侵并占领英国长达三百多年，这对后来英语的演变产生了根本性影响。因为诺曼人的统治使英语失去了国语的地位，英语在这三百多年的时间里一直只存在于民间，成为了普通民众的语言。而这一特殊的历史环境使英语的文法从繁复走向简明具有了可能，就这样，英语词汇的屈折变化进一步减弱，词汇屈折形式的减少导致了句子模糊性的增加，因此，为了表达清晰的意义，英语中开始出现大量的介词和介词短语，同时，词序也没有原先那样自由，词序重要性也越来越突出。② 由于这一时期正是英语发展史上的中古英语时期，因此，中古英语在英语发展史上占有重要的地位。

在形态逐步简化的过程中，英语的基本结构也由 OV 型逐步演变成了 VO 型，成为了 SVO 语序的语言。石毓智认为，凡是采用 SVO 语序的语言，都充分利用语序表示各种语法范畴，其形态标记相对比较简单。③ 由 SOV 语言向 SVO 语言转变与形态标记的丢失互相作用，到了现代英语，英语获得了较多的分析性，意义的表达对语序的依赖逐步增强，语序也开始趋于稳定。因此，英语总的演变过程是一个由形态复杂逐步趋向简化，并伴随词序逐步趋于稳定的过程。

按照霍普和特劳哥特（Hopper & Traugott, 1993），语序的变化会深刻影

---

① 廖雅章，从汉英句型对比看自然语言的普遍性，语言教学与研究，1988（3）：79
② 陈才宇，古英语述评，浙江大学学报（人文社会科学版），2000（2）：160
③ 石毓智、李讷，汉语语法化的历程——形态句法发展的动因和机制：前言，北京：北京大学出版社，2004

响到一种语言的句法形态组织①，因此，英语形态简化的过程也影响到了否定结构的演变。因为形态的丰富与否与句子成分的灵活性直接相关，所以，英语在形态逐步简化的过程中，出现了否定词在句子中的位置逐步固定化的情况，原先 not 可以放在主要动词后或前的这种不固定的局面必须得到改变，于是，词序在否定句中的重要性逐步体现了出来。最后，随着助动词 do 的地位的确立，通过否定词与助动词结合构成英语否定句的结构也得到了确立。这是英语否定句基本的演变路径。下面，我们着重从叶斯柏森提出的"否定句循环理论"和助动词 do 的发展演变两方面来比较详细地看一下英语否定句的基本演变过程。

7.3.2 否定句循环理论

关于英语否定结构的演变过程，叶斯柏森（Jesperson）曾提出了一个著名的否定句循环理论（Jesperson's Negative Cycle）来概括其发展的不同阶段。他认为，英语否定句的演变主要经历了以下四个阶段：（1）否定句由一个否定标记词表达；（2）否定句由一个否定标记词和一个否定副词或否定名词词组结合而构成否定结构；（3）第二个否定词开始具有否定的功能，而否定标记词则可有可无；（4）原先的否定标记词消失。②

这一概括基本上全面地总结了英语否定结构的发展历程。下面我们就按照叶斯柏森的循环理论的四个阶段来分析英语否定句的变化过程。

（一）由一个否定标记词表达否定的时期。古代英语中，主要否定词是 ne，它的意思是"不"，它在古英语中的位置是不固定的，多数情况下可以放在限定动词前。③如：

- ic ne secge.

  I not say.

  I don't say.

- He ne andwyrde ðam wife œt fruman.

---

① Hopper & Traugott, *Gramaticalization*, Beijing：Foreign Language Teaching & Research Press, 1993：50

② Ingrid Tieken-Boon van Ostade, Gunnel Tottie, Win van derWurff, *Negation in the history of English*, Berlin, New York, Mouton de Gruyter, 1999：148

③ Peter S. Baker, *Introduction to Old English（second edition）*, Oxford：Blackwell Publishing, 2007：80

He not answered the woman at first.
- He did not answer the woman at first. ①

有时 ne 也可以放在句首。比如：
- Ne canst þu huntian buttan mid nettum?
  Not know you hunt – INF except with nets.
  Do you not know how to hunt with anything but nets? ②
- Ic ðe lange bæ pæt ðu pone wæl – gæst wihte ne grette…
  I you long ask that you that body – ghost at all NEG approach
  I long asked you that you not approach that spirit at all… ③
- He ne hep vot pet him moʒe sos – teyni.
  He doesn't have (a) foot that can hold him up. ④

ne 还可以与别的词结合构成新的词。比如当人们说得快的时候，ne 就会与一些经常跟在它后面的动词合并形成一个新词，比如：is not→nis，was not→næs，ne wolde（not wanted）→nolde。现代英语中的 never，none 都是 ne 与 ever，one 结合而来的，如：ne + ever→never，ne + one→none。同时，这也说明了字母文字在文字演变上的一大优势，它为后来英语中出现大量的否定词缀奠定了基础。

古英语中，否定也可以利用不定代词来表示，如 nan，napping，næfre（即 none，nothing，never），但在这种情况下，否定副词 ne 一般仍然应在句中出现。这说明用否定代词来表示对句子的否定这一点在古代英语中就早已存在。

（2）ne + verb + 另一个否定词。中古英语晚期和现代英语早期，由于 ne 的发音不够清晰、响亮，因此，为了凸显否定的分量，引起听话人足够的注意，ne 逐步与下列一些词组合来强化否定，如 na（never），nawiht（nothing），noght，nawt，naht 等，从而构成"ne + verb + 另一个否定词"的结构，表示对否定的强调，意思仍然是否定的，不产生"负负得正"的肯定效果，

---

① Ans van Kemenade, Sentential negation and clause structure in Old English, in Kortmann. B, Traugott. E. C. *Negation in the history of English* Eds by Bernd Kortmann, Elizabeth Closs Traugott, Berlin, Neew York: Mouton de Gruyter, 1999: 148

② (c. 1000, AElfr Coll. 62, 转引自 Hopper & Traugott, *Gramaticalization*, Beijing: Foreign Language Teaching & Research Press, 1993: 122

③ Beowulf 1994b~1995, cited by Visser 1963~1973, II: section 869, 转引自 Harris C. Harris & Lyle Campbell, 历史句法学的跨语言视角, 北京: 世界图书出版公司, 剑桥大学出版社, 2007: 73

④ 李赋宁, 英语史, 北京: 商务印书馆, 2002: 185

这种情况我们称其为否定一致（negative concord）。①② 也有的称其为"多重否定"（multiple negation）。

上古英语中，nāwiht 的 nā 是 no 的意思，与 ne 是同源词，意思是"不"，wiht 相当于现代英语中的 thing（东西），也就是说，not 的发展轨迹是这样的：nā + wiht（否定词+名词）合音后形成 nought，再经过紧缩后产生了 not。③ 也就是说，在 ne…nawiht 的结构中，后面的否定词由于受合音和紧缩的影响逐步变化为 ne…nou（g）ht，nou（g）ht 后来演变为 not。同样道理，其他凡是与 ne 呼应的词如 nowiht, nau（g）ht, nou（g）ht, nāwiht 等后来都逐步为 not 所取代，并形成 ne…not 的结构。如：

- I ne seye not.

  I do not say.

- That moves not him; though that be sick, it dies not④

下面我们重点通过 ne…naht（还包括 nat, nought, not 等）来看一下 ne…not 的上升发展历程。Na 和 naht 都可以放在 ne 的前面或后面（当然放在后面的情况更多一些）来一起构成否定的强调结构。到了中古英语早期，na 很快消失，而 ne…naht 结构的使用开始增加，而且不再真正被看成是强调式。在保存至今的最古老的文献《彼得城编年史》（*The Peterborough Chronicle*）中，ne…naht 在早期文献中仍然是强调式，与 ne 独用相比，其使用频率还是相当低的，所占比例仍然非常有限（约占17%）。但这一切很快发生了变化，到大约写于12世纪晚期的《安克伦·维斯》（*Ancrene Wisse*）中，ne…naht 的比例已经快速上升到40%。在中古英语早期，naht 的位置已经固定下来，在此后，直至17世纪末，ne…naht 就成为常用的否定词。中古英语后期的实际情况是 nat, not 已经成为常用的否定词，而 ne 以及 ne…not 已经不太使用。⑤

在这一时期，人们既可以使用"否定一致"的结构方法，也可以使用无"否定一致"的结构方式。这两套否定句结构形式相反，而意义却一样，这给人们的生活带来了极大的不便，于是，人们希望把这两套结构方式合并为一

---

① Peter S. Baker, *Introduction to Old English* (second edition), Oxford: Blackwell Publishing, 2007: 80

② Norman Blake, 剑桥英语史（第二卷），2002: 280, 北京：北京大学出版社，剑桥大学出版社

③ 蒲立本，孙景涛译，古汉语语法纲要，北京：语文出版社，2006

④ c. 1600. Shakespeare, Henry IV Part 2. II, ii. 113, 转引自 Hopper & Traugott, *Gramaticalization*, Beijing: Foreign Language Teaching & Research Press, 1993: 122

⑤ Norman Blake, 剑桥英语史（第二卷），2002: 280, 北京：北京大学出版社，剑桥大学出版社

套。正是在这样的情况下，出现了下面的第三种结构。

（3）（ne）+ verb + not 或 not + verb

上面提到，在中古英语时期，用于表示强调的否定词 nawiht，nowiht，nau（g）ht，nou（g）ht），not 用得越来越普及，因此，置于动词前的弱读的 ne 就逐渐消失。形成"verb + not"的结构。这种情况与现代法语中 ne…pas 中 ne 的脱落是一样的道理。如：

- Il ne boit pas de vin
- He NEG drinks NEG PARTIT wine
- He doesn't drink wine. ①

根据阿摩·卡莱尔（Amel Kallel）的研究，ne 的脱落是由一些内部原因引起的，并认为这种现象是语言发展的必然趋势。

到了 16 世纪末，"否定一致"脱落的情况已经很普遍，并明显受到人们的欢迎，因此很快被广泛使用，于是"否定一致"渐渐趋向衰落。

到了 17 世纪，虽然还能找到少数的用例，但到现代英语早期，ne 已基本被废弃不用。直至近代英语，一个否定句有两个否定成分的情况差不多在文章中已经非常少见了。② 当"否定一致"在 19 世纪再次出现的时候，它已明显显得不符合规范，只是在一些非正式的、不规范的口语中还有偶尔出现。

在现代英语早期，ne 消失以后，或许是为了将句子的否定意义能早一点表达出来以便尽早引起听者的注意，就出现了这样一种趋势，即将 not 放到动词的前面，于是出现了另一种否定结构：not + verb，但是根据叶斯柏森分析，这种结构使用的频率并不高，到 18 世纪后半叶已基本消失。

在 not 发生这一变化的同时，助动词 do 已经出现，并且在否定结构中的运用逐步增加，这加快了 not 前置的速度，因为 not 前置可以很容易地将否定词 not 置于助动词 do 与主要动词之间。

（4）助动词 + not + 动词

到了现代英语，虽然还可以看到"动词 + not"这样的结构，如：

- Ask not what your country can do for you;

---

① Hopper & Traugott, *Grammaticalization*, Foreign Language Teaching and Research Press, Cambridge University Press, 2001：115

② Amel Kallel, The Loss of Negative Concord in Standard English：Internal Factors, in *Language Variation and Change*

(Don't ask what your country can do for you). (Kennedy)①

但是这样的结构已经很少,主要只出现在一些仿古的文体之中,而主要的否定结构已经变成助动词与 not 结合所形成的表达方式了。这其中 do 的出现和演变对英语否定句的固定化起到了重要作用。因此,下面我们重点看一下 do 对英语否定句固定化所产生的影响。

7.3.3 Do 的变迁与英语否定句

现代语言学认为,助动词是比实意动词更加重要、更加核心的词,因此,在英语句法演变史上,助动词 do 地位的确立对于否定句结构的固定化起到了很大的促进作用,可以说,助动词 do 的出现是英语否定句发展史上一个标志性的事件,因为这大大改变了英语否定句的结构。

Do 的演变与英语形态变化的减少有着直接的关系,因为屈折变化的减少要求词序逐步趋于稳定,这就为 do 的出现提供了宏观条件。反过来,Do 的出现又加剧了英语朝着分析型语言发展,并使语序进一步趋向固定化。

在古英语中,助动词和非助动词的用法没有什么区别,所以,任何动词都可以提前构成问句,任何动词前面或后面都可以放置否定词以构成否定句。如:

- Went he not?
- Saw he the dragon?
- I say not.
- I think not.

大约在 1380 年,英语否定句可以通过下列形式来表示,即将否定词置于动词后面,不用助动词 do,如:

- It aperteneth nat to a wys man to…

  It does not suit a wise man to…②

Do 在古英语中就已经出现,但刚出现时的 do 是用作主动词和代动词的,不作助动词。中古英语时期,do 开始作为使役动词使用,后来使役动词的功能被 have,make 所取代。大约在 1450~1600 年间,迂说用法和强调用法这

---

① Main syntactic changes in the history of English, in Haruko Momma & Michael Matto (eds.), 2007: 61, *The History of the English Language*, Chichester, West Sussex: Wiley-Blackwell

② C. 1380, Chauser, CT. Melibee, 2170,转引自 Hopper & Traugott, *Grammaticalization*, Foreign Language Teaching and Research Press, Cambridge University Press, 2001: 46

两种用法并存。从 do 发展的初期直到 15 世纪，do 主要用于肯定句中。刚出现时与否定句的构成没有任何关系，一直到中古英语后期和早期现代英语中，do 才真正被用作助动词。①

do 起初的使用非常自由，但在此后的一个半世纪中，do 的使用范围逐渐缩小，意义逐步虚化，主要用于否定句及疑问句中，最终演变成为否定句及疑问句中的助动词。

助动词 do 用于构成否定句最早出现于 14 世纪的末期。② 在中古英语晚期出现了"助动词 + not + 动词"的结构，在 16 世纪早期，这样的结构还很少。进入 16 世纪后期，与中古英语时期相比，早期现代英语的 do 发生了两个主要的变化：（1）含致使义的 do 消失了；（2）虚义词 do 在频率和分布上都极大地增加了。到 16 世纪初期，do 还含有体的语义特征，此时仍作为提升动词存在。虚义 do 在肯定陈述句中的出现频率在 1575 年左右达到最高，此后便出现下降趋势。③

到 16、17 世纪，do 的语法化真正开始，并被用于构成否定句，到早期现代英语才大量出现。到 19 世纪末，英语的各种不同语序的句型基本形成并固定下来。

在 do 成为助动词以前，may，can，shall，do 等词经过重新分析以后被当作独立的一类动词——情态动词而单独列出，否定句就直接作用在这些词上面。④ 这对于 do 仿照这些情态动词来构成否定句起到了推动作用。与此同时，"do + not + 动词"的结构与 do 用于带有"副词 + 动词"的肯定结构之中的 do 的用法是相一致的，这对于 do 最终确立为主助动词起着重要的影响。另外，not 与 is，can 等词结合成为固定的 isn't 和 cannot 等，这也对 do 与 not 结合成为表达否定的主要结构基本起到了推动作用。

从 17 世纪起，用 do 构成否定句与用"动词 + not"的否定形式相比，前者的比例稳步增长，到 18 世纪，利用 do 来构成否定句已明显占有优势。但不

---

① 王娟，英语助动词 Do 的历时研究——基于社会语言学的视角，南京师大学报（社会科学版），2006（5）：146~151
② Matti Rissanen, Syntax, 剑桥英语史，第三卷，Rogger Lass 编，北京：北京大学出版社，剑桥大学出版社，2002：245
③ 陈旭传，韩景泉，《形式主义框架下的语法化研究——以英语助动词 do 为例》，外国语，2009（4）：18~25
④ Hopper & Traugott, *Grammaticalization*, Foreign Language Teaching and Research Press, Cambridge University Press, 2001：47

用虚义 do 构成否定句的情况也仍然能经常看到，特别是在与一些高频动词搭配的时候。如：

- I speake not now to simple men.

Do 在否定句中的增长过程基本上可以从王娟（2006）所作的一个分析中看出。她选择了 14 世纪至 18 世纪英国部分文学作品中的否定结构来进行研究。研究显示，在 1387～1400 年成书的《坎特伯雷故事集》中，否定句的主要形式是：not + verb，verb + not，ne + verb + not 三种，其中 verb + not 用得最多，ne + verb + not 其次，not + verb 很少使用。在 1470 年成书的《亚瑟王之死》中，否定句的主要结构形式是 verb + not，很少使用 not + verb，ne + verb，还没有出现 do 构成的否定句。在 1525 年译成的《圣经新约》中，否定句形式只有 verb + not。在 16 世纪末到 17 世纪初的莎士比亚戏剧《错误的喜剧》和《暴风雨》中，同时存在下列否定形式 verb + not 和 do not + verb。在詹姆斯 1611 年的《圣经》英译本中，助动词 do 出现于否定句中，verb + not，do not + verb 同时存在。在 1724 年笛福的《罗克珊娜》中，否定句式大量使用 do not + verb，极少使用 not + verb。① 这一研究清晰地反映出从 14 世纪末至 18 世纪上半叶三百五十多年间英语否定句的演变历程，那就是从 verb + not 逐步向着 do not + verb 的演进，直至 do not + verb 结构占有明显优势为止，这期间还出现了 verb + not，do not + verb，ne + verb 几种否定结构同时并存的情况。

Do 的出现，使很多动词失去了在问句中自由移动以及直接放在否定词前面的功能，带 do 的结构迅速取代上述否定句式，原先的否定方式消失了。于是，do 在否定句中的使用迅速普及，这也带动了疑问句中助动词 do 的广泛使用（疑问句中的使用略晚于否定句中），到了 18 世纪，助动词 do 的用法正式确立，其用途之一是用来构成否定句。到 18 世纪末，do 已成为英语语法结构中必不可少的成分，do 具有了 NICE 的特点，即用于构成否定句（Negative），用于主谓倒装句（Inversion），用作替代动词（Code）和用于表示强调（Emphasis）。②

下面是奥尔佳·费歇尔（Olga Fischer）对英语中否定系统与助动词 do

---

① 王娟，英语助动词 Do 的历时研究——基于社会语言学的视角，南京师大学报（社会科学版），2006（5）：146～150

② Gabriella Mazzon, A History of English Negation, Pearson Education Ltd., 2004

演变的对照表。从表中可以看出，英语否定句逐步走向稳定的过程也正是助动词语法化逐步实现的过程，可见 do 的语法化与英语否定句形成之间的紧密关系。①

表十 否定系统与助动词 do 的演变

各阶段的变化	古英语	中古英语	现代英语
否定系统的演变	Ne + 动词 + 其他否定词（如 na（wi）ht 等）	(ne) + 动词 + not;	
not + 动词	情态动词 + not + 动词；（动词 + not）		
助动词 do 的演变	没有助动词	使用不多，没有真正语法化	逐步实现完全语法化

总之，语言内部各成分之间是密切相关的，任何一部分的变化都会引起其他成分相应的变化。在语言演变的过程中，某一新的语法标记的产生常常会引起新的语法结构的出现。② 英语否定句由最早的 ne 前置于动词直到近代利用助动词 do 与 not 结合构成否定句，前后历时千年之久。在这一发展过程中，do 从无到有，逐渐演变成为帮助没有助动词的句子构成否定句的最主要的助动词，因此，英语中 Do 的出现对英语否定句句法的变化产生了重大影响。总之，英语形态逐步简化的过程也是英语词序逐步变得重要的过程，同时，它也证明了词法的变化会引起句法相应的变化。

7.4　汉英否定结构历时演变的比较

从上述分析可以看出，汉语和英语在否定结构的历时演变方面存在着不少差异，可以说，汉英语各自走的是完全不同的否定结构发展道路。具体来说，这主要体现在以下几个方面。

---

① Olga Fischer, *History of English Syntax*, in Haruko Momma and Michael Matto, Wiley-Blckwell, 2008：60~62
② 石毓智、李讷，汉语语法化的历程——形态句法发展的动因和机制，北京：北京大学出版社，2004：3

(1) 汉语否定词的附加意义比英语的否定词意义丰富，这与它们的历史渊源有着密切的关系。杨伯峻、何乐士（2003）和杨荣祥（2007）对古代汉语否定词的划分告诉我们，古汉语的否定词体系非常完备，而这完备的体系是靠汉语否定词的多重意义建立起来的，因为汉语的否定词具有比英语否定词更多的附加意义。相比较而言，英语的否定词意义比较单纯，在其发展历程中，英语否定词只有拼写上的差别，而没有意义上的演变，其基本内涵始终只在于表示"否定"，而没有任何新的附加意义出现。

(2) 汉语与英语不同的基本语序直接影响到了否定词的位置以及否定句的结构。汉语的语序从甲骨文开始，直到现在一直比较稳定，其主要词序一直是主动宾（SVO）结构，而且否定词的位置也比较固定，自古至今一直是前置于被修饰的成分之前。与此相反，英语中的语序从历史上来看曾发生了很多的变化。刚开始时，英语形态丰富，因此词序灵活，发展到现在，形态变化逐步减少，词序基本走向固定。在这期间，英语在语法形式上的一种发展趋势是大量使用助动词和分词以构成高度复杂的动词体系，用以表达不同的时、体和情态，以进一步提高英语的表达能力。①

汉英两门语言否定句法的变化都与各自语言的基本语序有关，汉语结构稳定，否定词位置也没有多少变化；英语随着形态的变化结构逐步走向稳定化，否定词的位置也逐渐由自由转变成稳定，因此，我们可以说，两种语言否定结构的演变是它们基本语序发展的一个缩影。

(3) 历时研究也表明，汉英语否定结构所走的是两条完全不同的道路。汉语是以调节否定词的不同意义来实现对不同句子的否定的，因此，汉语否定结构的演变史其实就是汉语否定词的更替史，或者说是否定词意义和功能互相更替的历史；而英语的否定结构是句式变化为主，否定词的意义在这中间并没有多少变化，从起初的 ne 直到 nawiht, nowiht, nau（g）ht, nou（g）ht），再到现在的 not，其间没有任何意义变动，变动的是否定词在句中的位置，而且这一位置变动并不是否定词本身的原因造成的，而是英语句子由形态发达趋向形态萎缩所致，因此，英语否定结构的演变是句子语序演变的结果。

(4) 在汉语和英语否定结构的发展史上，否定结构的演变过程中都曾发生过重要的事件。在汉语中，"没"的虚化并成为专门的否定虚词对汉语否定系统中"不"、"没"二分天下的局面具有重大的影响。在英语中，do 的出现

---

① 李赋宁，英语史，北京：商务印书馆，1991：362

成为英语否定结构稳定化的一个转折点。但它们实现转折的方式是不一样的，汉语没有 do 这样的助动词，因此，否定句结构上的任何变化都不可能直接反映到助动词上，而只能反映到否定词上；英语有丰富的助动词体系，否定词只是附加在助动词上的小品词，其功能是通过对主动词的作用来影响全句的意义的。

历时对比中也反映出汉语有重视意义的传统，而对于形式没有太多刚性的要求。汉语这种形式上没有刚性要求的特点又是与它语序上的灵活性有着直接的关系的，可以说，没有形式上的刚性要求允许语序上可以灵活一些，同时也要求语序上灵活一些，允许语序上灵活一些是指汉语否定词不受助动词的约束，要求灵活一些是因为汉语只有利用语序上的灵活性，才能弥补形态上的不足。

（5）对比也显示，英语否定词历史上就有靠近动词的传统。从最早的 ne 到后来的 na（never），nawiht（nothing），noght，nawt，naht 等，再到最后的 not，它们的位置都是围绕在动词的前后，以动词为中心安排否定句结构这一特点在英语中有着非常明显的体现。汉语的否定词在句中的位置在历史上就比较灵活，其在句中的位置并不完全为谓语动词所左右。

尽管世界语言的结构类型并不完全相同，但它们语法化的演变途径和方式仍然具有一定的共性。汉语与英语否定句的形成和发展过程也反映出了一些共同特点。这主要体现在汉语和英语否定体系的演变与它们语言整体的演变趋势呈现出大致相同的特点。汉语和英语都是从许多否定词同时并存逐步发展成为只有少数几个专门的否定词。英语否定词由早期的 ne，nawith，noght，nought，naught 等多个逐步演变成为只有 no，not 等少数几个否定词；汉语中否定词由早期的十几个发展到现代汉语中最常用的"不、没、别"等少数几个，这一发展历程证明了语言的经济性原则的影响。叶斯柏森对大量的欧洲语言进行研究后发现，任何语言都是由复杂到简单逐渐发展过来的，因此，人类的语言史也是语言不断简化的历史，这一点从两门语言否定结构的演变中可见一斑。

总之，历时对比显示，汉语的否定句演变历史主要体现为否定词的演变，是否定词互相之间意义不断调整的历史，而这样的调整是随着语言的发展总趋势而调整的。英语否定句的演变主要表现在否定词在句子中位置的变化上，而且这一位置变化是与英语从综合语逐步向着综合—分析语方向发展有着直接联系的。

7.5 小结

一门语言共时状态下所体现出来的差异和共同点基本上都能在它们的历时演变中找到踪迹。上述对比显示，汉语和英语在否定结构上的不同点和共同点是在它们的历史发展过程中早已经存在了的，因此，历时研究从另一个角度证明了汉英语在否定结构上的各自特点。

同时，任何语言现象的出现都不是随机的，都是与其他语法现象的产生与发展密不可分的，汉语和英语否定结构的演变历程同样印证了这样一个结论。语言的大的变动必然波及否定系统，如汉语的动结式、英语中 Do 的出现等，都直接影响到了否定体系的调整。

第八章

汉英否定对比与对外汉语否定句教学

8.1 为什么要联系对外汉语教学？

有观点认为，理论对比语言学与应用对比语言学无论在研究方法还是研究目的等各个方面都存在着较大的差异，因此，一本专门探讨汉英语否定"异"、"同"的专著，应该以理论建设为旨归，而不应该再牵扯到对外汉语的教学问题。但是我们认为，任何理论研究归根到底都是为了应用而展开的，更何况，本书的研究成果与对外汉语教学有着密切的关系，因此，在临近末尾的时候，本书专辟一章来讨论汉英语否定对比对于对外汉语教学，尤其是对于汉语否定句教学的启示。我们认为，这样的讨论不但不是多余的，而且还很有必要，其理由主要有以下几点。

首先，理论的价值在于应用，在于解决实际生活中的问题，同时，通过探讨理论对比的实用价值，可以增强我们对于理论研究重要性的进一步认识。众所周知，对比语言学可以分为理论对比语言学和应用对比语言学，它们之间是彼此关联、互相促进的关系。杨自俭先生在给对比语言学所下的定义中指出：对比语言学的任务之一就是"将研究成果用于语言理论研究和语言应用领域。"① 可见，将理论对比语言学的研究成果用于指导应用对比语言学是理论对比语言学的任务和目的之一。第二语言教学是应用对比语言学的重要内容，因此，将理论对比语言学的研究成果应用于第二语言教学也自然是理论对比语言学的题中应有之义。另一方面，第二语言教学的实践也可以检验理论对比语言学研究成果的正确性，给语言学研究以启发，可以帮助我们找出理论研究之

---

① 杨自俭，1994，转引自李瑞华《英汉语言文化对比研究》，上海：上海外语教育出版社

不足,因为"理论的价值和威力在于应用,在于解决实际问题,并在实践中检验和完善,并提出新的问题。"①

其次,对外汉语教学是我们国家和民族现阶段的一项重要事业。我们搞汉英对比研究,目的不是为了更好地认识英语,而是为了更好地认识汉语,而认识汉语的目的,是为了把与汉语有关的各项工作做好。对外汉语教学是我们国家在新的历史时期为实现民族振兴而开展的一项重要工作,是国家和民族的一项重要事业,是国家改革开放大局中的一个重要组成部分,它"对于向世界推广汉语,传播中华民族的优秀文化,增进中国和世界各国人民的相互了解和友谊,培养更多的对华友好人士,扩大中国与世界各国的经济、文化等各方面的交流与合作,提高中国在国际上的影响具有重要的战略意义。"② 因此,它是与汉语有关的各项工作中具有特别重要意义的一项工作。

再次,否定句是语法教学中的一个重点,也是外国学生汉语学习中的一个难点。说它是重点,是因为否定句教学伴随着对外汉语教学的始终,必须从一开始就教,而不是等到肯定句学到一定程度才开始学的语法项目。否定句教学也是对外汉语教学中的难点。理解和掌握否定句,无论对于母语学习还是对于二语学习,都是难点。研究表明,儿童掌握否定的概念虽然比较早,但是学会否定表达的时间却相对比较晚,而且学习发展的进程比较缓慢。③④ 在对外汉语教学中,否定句教学,尤其是"不"、"没"的教学是国内外公认的难点。⑤

从难度等级的角度来说,否定句也是属于有较高难度的语言项目。根据克里福特·普拉托(Cliford Prator, 1967)难度等级的六级分类法,汉语否定结构对于以英语为母语的学习者来说应属于难度第三级,因为它和英语相比,属于"母语中的某个语言项目在目的语中虽有相应的项目,但在项目的形式分布和功能方面又有差异"的项目,换句话说就是,由于汉语中句子的否定词位置比较灵活,否定词没有紧随助动词的特点,这使得汉语中的否定表达成了以英语为母语,以汉语为目的语学习者的一道较难逾越的障碍。

同时,实证研究也表明,在理解的难度上,否定句的理解难度比肯定句的

---

① 胡壮麟、朱永生、张德禄编,系统功能语法概念,长沙:湖南教育出版社,2003
② 教育部网站:http://www.moe.edu.cn/edoas/website18/58/info1358.htm
③ David W. Carroll, *Psychology of Language*, Brooks/Cole Publishing Company, Pacific Grove, California, 1986: 347
④ Brown, R. A.: *First language*: *The Early Stages.* Cambridge, MA: Harvard University Press, 1973
⑤ 汪有序,怎样教"不,没,过,着",世界汉语教学,1987(2)

理解难度要高。虽然不同的研究方法采用的实验材料、实验的程序、选择的被试等都不相同，但实验的结果却惊人地相似，这说明，与理解相应的肯定句相比，理解否定句所需要的时间更长。①②③

第四，对比语言学还与第二语言教学之间具有很深的渊源关系。语言对比虽然由来已久，但它真正迅速发展还与第二语言教学有着密切的联系。二战期间，为了能快速培养一大批能派往世界各地作战的士兵，第二语言教学迅速发展，这大大促进了对比语言学的普及。1957年，拉多（R. Lado）出版了《跨文化语言学》（Linguistics Across Culture）一书，这一著作的出版更是把对比语言学的研究进一步推向了高潮。拉多认为，老师如果能把母语和目的语进行对比，就可以知道学习者真正的困难之所在，因而能更有有针对性地实施外语教学，从而提高教学效率。虽然对比分析中所倡导的预测法在二语教学的实践中被证明效果并没有预期的那么理想，跨语言对比的方法对于第二语言教学的指导价值也曾受到过人们的怀疑，但事实证明，对比语言学对于第二语言教学还是有帮助的。这正如王还先生曾说过的那样："讨论两种语言在某一点上的异同的文章往往是为教学服务的，而且是一种很有效的方法，因为成人学外语，自觉或不自觉地总不可避免地和自己的母语或另一种较熟悉的外语比较。作为对外汉语教学工作者若能正确引导学习者进行对比，无疑对教学是很有帮助的"。④

综上所述，将汉英语否定结构的对比成果与对外汉语教学联系起来不但不是多余的，而且还很有必要，因此，本书将在回顾以往汉语否定句教学研究成就与问题的基础上讨论本研究对于对外汉语否定句教学的价值和启示。

8.2 对以往对外汉语否定句教学研究的回顾

在我国，对对外汉语否定句教学的研究开始于上世纪80年代，最早从汉外对比的角度来研究汉语否定副词的当属吴洁敏先生，她从对外汉语教学的角

---

① Brown, R. A. ：*First language*：*The Early Stages*. Cambridge，MA：Harvard University Press，1973
② 彭聃龄，汉语的认知研究，济南：山东教育出版社，2006：248～250
③ D. W. 卡罗尔著，缪小春等译，语言心理学（第四版），上海：华东师范大学出版社，2007：38 ④ 王还，汉英对比论文集，北京：北京语言学院出版社，1993：前言

度出发仔细分析了"不"和"没有"在语义、时态、句类和表达方面的区别。①

1987年,汪有序先生发表了《怎样教"不,没,过,着"》一文,专门探讨了汉语常用否定词"不"和"没"的区别以及在使用它们时应注意的问题,他认为,"不"、"没"的使用与动词的类别和时间观念有关,凡是以"过去"和"非过去"作为划分时间的标准,则采取判断动词、静动词、动动词、变动词四类动词分类法;凡是判断动词和静动词的都用"不"否定,变动词和动动词的否定取决于时间,动作是过去时间的就用"没"否定,否则就用"不"否定,这样便可以找到"不"、"没"使用的规律。汪先生的文章关注的是怎样讲清楚"不"和"没"在用法上的区别,观点实用性强,解释的方法富有新意。②

次年,王还先生针对汪有序在《怎样教"不,没,过,着"》一文中提出的区分"不"与"没"的方法提出了自己的不同意见,认为语法解释要区别一般现象和特殊现象,给出的解释要经得起推敲。③

张孝忠主要从对外汉语教学的目的出发,对比和分析了"不"和"没(有)"与not和no的区别,并指出汉语否定词比英语否定词词汇意义更加宽广,英语否定词几乎只表示纯粹的否定,没有别的含义。在否定结构上,英语要借助助动词加not来构成否定句,而汉语则直接将否定词加到需要被否定的成分前面。④

杨庆惠专门研究了汉语常用否定词"不""没"的语误,发现外国学生常误用"不"的情况有以下几种:(1)误用"不"否定动词"有",产生"不有";(2)误用"不"否定持续之动作或状态;(3)误用"不"否定已实现的动作行为或过去的经历。误用"没"的情况有以下几种:(1)误用"没"来否定主观意愿;(2)误用"没"来否定经常性、习惯性的动作或状况;(3)误用"没"来否定表示主语和宾语关系的动词;(4)误用"没"来否定行为动作本身;(5)误用"没"来否定一般的、无变化的形状;(6)"没"在句中的位置不当。最后作者指出,在否定句教学中,做好否定词语义的解释

---

① 吴洁敏,否定副词"不"和"没有"试析,杭州大学学报,1982
② 汪有序,怎样教"不,没,过,着",世界汉语教学,1987(2))
③ 王还,关于怎样教"不,没,了,过",世界汉语教学,1988(4)
④ 张孝忠,不"和"没(有)"用法举例——兼与英语"not"和"no"的对比,[J].语言教学与研究,1984(4):77~85

工作非常重要。①

　　以上研究主要是从否定副词的角度出发来讨论对外汉语否定句教学的。从否定词角度来谈否定句教学无疑是抓住了问题的关键，但是从这一角度出发并不总能把问题谈透，一些否定词搭配上正确的结构进入句子甚至篇章后未必正确，反之，一些否定词与某些成分搭配貌似错误，但是一旦进入句子可能又是正确的，因此，光抓住否定词来谈否定句教学总还存在一些不足。

　　王建勤采用偏误分析的方法研究了外国学习者学习表差异比较否定结构的过程，并分析了不同学习者习得否定结构出现错误的各种不同原因。他对《汉语中介语料系统》中以英语为母语的学习者的书面语料进行了仔细的分析，统计了各类不同的否定结构在不同学习阶段使用的频率。统计结果显示，频率最高的否定结构为"不+动词"、"不+形容词"结构，例如"不吃饭"、"不漂亮"；其次是"不+助动词+动词"、"没+动词"结构，例如"不会说"、"没来"等。频率比较低的结构有：可能补语否定、系动词否定、"跟……不一样"结构等，比如"不是我"、"吃不完"、"跟他不一样"。最后，作者得出了如下结论：学习者对汉语否定结构的习得顺序，不但与否定结构的复杂程度有关，而且还与学习者的母语与汉语否定结构上的差异程度有直接的关系。该文资料翔实、分析仔细、深入，富有说服力。②

　　袁毓林利用中介语语料库研究了外国人学习汉语否定句中出现的主要问题，他详细分析了与"不"和"没有"的意义或用法错误相关的100多个句子，逐个进行了分析，把偏误分成不同类别，并分析了偏误产生的原因。③④这样的分析对于教学很有帮助，同时也有助于我们更好地认识"不"和"没有"的意义和用法限制。

　　李英运用二语习得理论，通过口头纵向跟踪调查、书面语法测试、中介语语料库考察等多种手段，研究了母语为英语、韩语、越南语的不同汉语学习者习得否定句的情况。研究显示，这些不同背景的学习者在习得汉语否定结构方面具有共同的特点和规律。⑤

---

① 杨庆惠主编，白荃副主编，对外汉语教学中的语法难点剖析，北京：北京师范大学出版社，1996
② 王建勤，"不"和"没"否定结构的习得过程，世界汉语教学，1997（3）：92~100
③ 袁毓林，试析中介语中跟"没有"相关的偏误，世界汉语教学，2005（5）：56~70
④ 袁毓林，试析中介语中跟"不"相关的偏误，语言教学与研究，2005（6）：39~47
⑤ 李英，汉语否定结构的习得研究，广州：中山大学博士论文，2005

上面的研究主要利用偏误分析或实证研究的方法，有的则以二语习得理论或中介语理论为指导，对外国学生学习汉语否定句的过程进行了全面而详细的研究，研究的成果对于对外汉语否定句教学具有很大的启发。但是，如果我们能把他们从偏误分析或实证研究中得到的发现与汉外对比研究的成果结合起来，那么我们就有可能找到新的、更有效的对外汉语否定句教学方法。

江新专门研究了表差异否定结构的习得过程，研究结果显示，各种表差异比较的结构中，使用频率最高的是"A 跟 B 不一样"（41.4%）；其次是"V + A 跟 B 不一样"（16.1%）、"A｛集合｝不一样"（13.8%）。作者还把表差异否定结构的习得过程划分为三个阶段，即简单表述阶段、分化阶段和整合阶段来进行详细的分析。① 这一研究详细、深入，对于我们分析外国学生的否定句习得过程有颇多启发，但是，它的适用面相对较窄。

真正从对比角度来讨论对外汉语否定句教学的要数陈世伊和熊文华了。陈世伊主要研究了怎样给以英语为母语的学生讲解否定句的问题。该文从对比英汉语中主要的否定表达方法出发，指出英语表达否定的方式更为丰富，接着对比分析了英语中否定形式与否定内容不相统一的一些情况，同时也指出了中国学习者学习英语否定句有困难的原因：英语否定与汉语否定不相对应。最后文章比较了英汉语在反义疑问句回答上的差别以及英语中其他几种表示否定的非否定句形式。② 文章讨论对比的内容非常丰富，但是对于教学谈得不多。

熊文华从分析否定和否定句的定义以及分类开始，围绕否定语缀和否定词、双重否定、否定吸引、否定焦点、肯定与否定的转换等几个方面对比了汉英语中的否定句，指出了各自语言中涉及否定的许多有趣现象，并作出了详细的对比和分析。③ 熊文华的分析详细、全面，他指出了汉英语在否定表达方面的一些重要区别，给我们以不少启发，但该书虽以指导对外汉语教学为目的，而该部分直接联系否定句教学的内容谈得并不多。

总之，通过简单回顾对外汉语否定句教学的历史，我们可以发现，以往的否定句教学研究联系教学实践，具有针对性和可操作性强的特点，因此，给我们以不少启发。但是，从回顾中我们也发现，以往有关否定句教学的研究还存在以下一些问题。首先，以往的研究中，从对比语言学角度谈对外汉语否定句

---

① 江新，对外汉语教学的心理学探索，北京：教育科学出版社，2007：179
② 陈世伊，汉英否定句的比较，载于王还主编，汉英对比论文集，北京：北京语言学院出版社，1993
③ 熊文华，汉英应用对比概论，北京：北京语言文化大学出版社，1997

教学的内容并不多，而这显然是一大缺失，因为"对比分析的基本精神与方法至今仍是第二语言教育的卓越工具，低估对比分析可能在许多环节上便会产生些许偏差。"① 其次，以往的否定句教学研究对于习得过程比较重视，而对于与对外汉语教学有关的其他方面，如教材与工具书的编写，教学内容的选择与安排，否定句教学中语用能力的培养等谈得不多，而联系语用与篇章等方面的内容更是少而又少，探讨的面还显得比较狭窄。因此，本章将联系以往否定句教学研究中存在的问题，并结合本书的研究成果，试就如何提高对外汉语否定句教学效率谈一点看法。

8.3　本研究对于对外汉语否定句教学的启示

我们认为，我们的汉英语对比研究对于对外汉语教学，尤其是对于其中的否定句教学具有下列启示。

首先，认识汉语否定句的特点，可以提高我们对外汉语否定句教学的效率。汉外否定对比不但可以帮助我们更好地认识汉语否定句的特点，而且还可以帮助我们合理地确定教学内容，分清教学的难点和重点，从而合理地安排好教学内容的先后次序。

汉语否定句具有与英语否定句不同的结构特点和意义特点，因此，对外汉语教学中，要提高否定句的教学效率，必须从汉语否定句的特点出发，如果走英语作为第二语言教学的路子，只会走进死胡同。汉语没有严格意义上的形态变化（"们"表示复数、"了"表示体的说法其实都很勉强），没有专门构成否定句的"助动词+否定词"的结构，汉语主要靠一种内在的逻辑性和意义联系在支配着否定结构的运作，或者说汉语有一种隐性的语法在支撑着汉语语法体系，因此，汉语离开了语义，很多形式问题往往很难讲清楚，而从语义出发，不但有很多问题容易解释得清楚，而且有些问题根本可以不解释，所以，我们的否定句教学不能完全采用西方的利用形式手段来分解意义然后利用意义组合来教句子的方法，而应该抓住汉语的根本特点，从意义出发，把语义教学放在首位，而不是从形式分析出发。当然，强调语义的重要性并不意味着彻底否定结构分析的必要性，而是说要处理好先后轻重的问题。

---

① 邓守信，对比分析与语法教学，汉语研究与应用，中国人民大学对外语言文化学院编，北京：中国社会科学出版社，2004：49

对比研究还有助于我们改进教学方法，可以说，在教学中我们如果能充分利用对比手段来教汉语否定句，我们的否定句教学可能会出现全新的面貌。利用语际对比方法讲解汉语语法，便于凸显汉语的特点，其教学效果比孤立地讲解语法效果要好，也容易给学习者留下比较深刻的印象。从前面的对比我们可以看出，汉语否定句重意而不重形，否定词的位置选择由意义需要决定，但形式在中间并不是完全不起作用的，因此，我们在教学中可以找出它如何根据表达意义的不同需要所采取的不同的否定词放置方法，从而归纳出几种最常规的句型，这样，我们就可以把汉语否定句"无形可依"变成"有形可依"，从而提高教学的效率。

汉英对比研究还可以促进汉语语法研究，而汉语语法研究的深入可以为对外汉语教学提供更多的理论支持，因此，潘文国认为"汉外对比是促进汉语研究的新途径。"[1]

其次，对比研究还有助于我们分析和解释一些因否定而产生的歧义句。歧义句是指可以有多种理解的句子。因为否定辖域和否定焦点模糊而引起的歧义现象被公认为是语言中最为复杂的现象之一，怎样有效地解释否定句的歧义问题是教学中的一个难题。由于否定句中的歧义问题基本上都是由对否定句的辖域和焦点理解上的不同所引起的，因此，我们如果能将否定句的辖域和焦点理论引入到对否定句的分析和解释之中，就可以帮助学生快速而准确地确定汉语否定句的辖域和焦点，从而促进否定句教学效率的提高。如下面的句子都是歧义句，这些歧义都是由于对焦点的不同理解而产生的，如果我们能利用前面提到的有关语用焦点的理论来为学生设置一定的情景，或者利用常识焦点的道理来引导他们，那么，我们就可以帮助他们很快地确定否定句的焦点，从而帮助他们正确地理解句子。

- 咱们不是教授，生病可以住高干病房。

理解一：咱们不是教授，因此，咱们生病可以住高干病房。（即教授生病不可以住高干病房）

理解二：教授才可以住高干病房，咱们不是教授，因此，咱们生病不可以住高干病房。

- 方法不等于工具，拿来就可以用。

理解一：方法拿来就可以用，不像工具是不能拿来就用的。

---

[1] 潘文国，汉英语对比纲要，北京：北京语言文化大学出版社，1997：9

理解二：工具拿来就可以用，但方法与工具不一样，因此，方法不能拿来就可以用。

- 镇长连那些中学生都不认识。

理解一：镇长不认识那些中学生。
理解二：那些中学生不认识镇长。

第三，汉语否定词具有比较多的附加意义，这一特点启发我们，我们可以利用词和句相结合的教学方法来教汉语否定句结构。对外汉语教学中的汉英对比并不是对所有的对比项目平均着力的，而是有轻重之分的，比如对于实词，我们可以少花一些力气，因为，中外实词虽然引申义可能会有所不同，但其基本意思一般都是大致相同的。我们要把注意力放在一些重要的、中外差别比较大的语法项目上，其中虚词显然是需要我们特别关注的语言项目，因为汉英虚词差别比较大，而像否定词这样的虚词就更应该是我们研究和对比的重点。

否定句学习之所以难，原因并不是汉英否定的逻辑意义有什么差别，而是因为汉英表达方式以及否定词的意义差别存在较大的差距，特别是否定词的意义，汉语与英语存在着很多不对等的情况。英语否定词多，又有丰富的否定词缀；汉语否定词少，否定词缀又不发达，汉语要用如此少量的否定手段来实现英语可以凭借大量的否定词和词缀来实现的对各种句子的否定，其否定词必然具有比较多的附加意义。这些附加意义又往往很难解释得清楚，因此，如果我们光说"'不/没'是汉语中主要的否定副词，常修饰谓语动词和形容词"，这样的解释显然是远远不够的，我们还有必要在介绍其基本意义的同时，进一步解释这些词的附带信息，说明使用这些词的语境，如果不这样做，学生往往很难掌握它们的用法。同时，我们还可以采用句型教学的方法来教这些附加信息丰富的否定词，如果我们将否定词放到句子中间来进行教学，则教学的效果就可能完全不一样，因为句子可以把这些隐而不显的意义显示出来，从而让学生对这些否定词的意义以及用法有更清晰的理解和更熟练的掌握。当然，这些句型并不是随心所欲编造的，而是要经过频率测试、统计、对比等一系列环节以后才能确定的。

第四，汉英否定对比对于我们编写适合对外汉语教学的教材和词典同样具有不少启示和借鉴意义。教材是连接教学大纲和课堂教学的纽带，是教学计划的载体，是对外汉语教学目标、教学内容和教学原则的具体体现，也是课堂教学的重要依据，它的质量高低直接决定着教学大纲能否得到贯彻实行，直接关系到课堂教学效率是否有效，因此，教材编写得好坏与对外汉语教学效率具有直接的关系。

通过对比，我们还可以更加明确教学的重点和难点，从而为我们提高教材编辑质量服务。吕必松先生认为，对外汉语教学中效率的提高，方法是一个方面，而教学内容是另一个方面，"教什么和怎么教，是语言教学中两个最基本的问题……怎么教跟教什么是分不开的，只有首先明确了教什么，才能决定怎么教"。① 吕文华说得更明确，汉语教材中语法项目的选择和编排是否合理是判断教材是否具有科学性的重要标志，因此，"汉语语法点的选择和排列的研究是决定教材总体语法框架的前提。"②要做到这一点，就需要对语法项目的难度有一个了解，而要了解语法难度，对比是有效的办法。对比可以使我们判断哪些语法项目是重要的，哪些语法项目对于学习者来说是困难的，以及这些语法项目应该按照怎样的顺序排列，以便使语法项目的选编做到科学化和合理化。虽然通过对比预测的难度并不总是很准确，但是对比毕竟可以为我们指出一个方向，至于对比预测的难度是否准确，我们还可以在教学实践中作进一步的检验和调整，并确定语法项目的难易程度，最后按照由易到难的顺序安排语法项目教学的先后次序。

对比研究还对教材中词语的释义具有一定的启发。吴勇毅曾专门撰文指出词语解释对于对外汉语教学的重要性，认为用合适的方法解释汉语词语是对外汉语教学中的重要环节，是课堂教学中不可或缺的。③ 教材上的词语解释一般仅限于汉语词的基本义或泛指义，一些隐含的意义和引申的意义一般都没有标示出来，这就给学习者一个错觉，认为释义与被释项的意义是对等的，从而造成误用。因此，对教材中词义的注释不能简单化，如用英语中的 not 或 no 来注释汉语中的"没"、"不"没有把汉语否定词的复杂性体现出来，因此，常常会带来许多弊端。科学的词汇释义是高质量教材的基本要求，而要做到对词汇进行科学的释义，就需要以对比研究做后盾。如果我们能采用对比的方法来给词汇以合理的解释，就不会犯简单化的毛病，就会对词语的语义做出清晰的、分层次的解释，从而方便学生的学习，帮助他们避免因简单套用词语而出现的错误。

词典等工具书对于第二语言学习者来说是必不可少的，许成道甚至认为词

---

① 吕必松，关于教学内容与教学方法问题的思考，语言教学与研究，1990（2）：4~13
② 吕文华，汉语教材中语法项目的选择和编排，语言教学与研究，1987（3）
③ 吴勇毅，词语的解释，对外汉语教学探索，上海：学林出版社，2004：1

典比语法书重要,因为"从学习者的实际情况看,大多数人通常只用词典而不用语法书……因此,可以说,学习词典在很大程度上代替了语法书。"① 词典之中,尤其以虚词词典为最重要,因为虚词是对外汉语教学中的难点。近几年来我国出版不少高质量的汉语虚词词典,如《现代汉语虚词词典》(侯学超,北京大学出版社)、《现代汉语虚词词典》(张斌,商务印书馆)、《现代汉语虚词手册》(李晓琪,北京大学出版社)等,但如何进一步改进这些词典的释义方式,使它们真正满足对外汉语教学的需要仍然是我们需要好好考虑的问题,因为汉语是形态缺乏的语言,虚词大多具有多义性和附加义丰富的特点,而且它们的附加义常常随句子上下文的不同而有明显的差别,因此,我们在编辑词典时有必要把这些附加义解释清楚,而不仅仅是原则性的简单概括。

第五,"三个平面"的理论启示我们,在对外汉语否定句教学中,我们应该把语法、语义和语用结合起来,这有助于教学效率的提高。对于现有的对外汉语语法体系,目前业界普遍认为它对汉语句子的刻画基本上是静态的,而对句子的语用价值以及篇章价值没有给予足够的重视。而这种状况显然是不利于对外汉语教学效率的提高的,因此,在否定句教学中,我们应该把"三个平面"的一些观点引入到对外汉语教学之中。

我们应该从汉语属于语义型语言的特点出发,重视语义教学。现在的对外汉语教学中,语法教学方面重视的程度还比较大,但对语义教学重视还不够。邓守信曾指出,围绕对外汉语教学的跨语言对比应该超越表层句法结构而扩展到更深层的语义结构中,因为句法结构在学习上是明确而且比较容易掌握的,而语义结构对学习者来说则往往是模糊而且陌生的,以致形成学习上的障碍。② 同时,学习者学习目的语是为了学会用目的语来进行交际,而同一交际功能可以采用不同的语法形式来实现,如同样要表示否定的意思,可以用句法否定,也可以用词汇否定,有时候甚至可以用肯定句、感叹句、反诘句等句子形式,因此,我们不应该把语法教学与语义教学割裂开来。

在否定句教学中,我们还应该重视对学习者语用意识的培养。语言表达的得体性是影响交际成败的重要因素,有时候,一句不得体的话即使语法和语义都正确可能也会使交际难以顺利进行,相反,一句语法上虽然有点瑕疵但使用

---

① 许成道,2002,转引自钱季玉冰,试谈如何提升面向外国读者的汉语学习词典的亲和力,载朱立元编《探索与创新——华东地区对外汉语教学论文集》,北京:北京大学出版社,2006:266
② 邓守信,对比分析与语法教学,汉语研究与应用,中国人民大学对外语言文化学院编,北京:中国社会科学出版社,2004:53

得体的话则可能使交际变得很顺利。"交际活动不但要求言语的正确性,而且要求言语的得体性,如果言语不得体,即使言语本身正确(即没有语音、语法、词语等方面的任何错误),也不能达到交际目的,甚至还会闹笑话,出乱子"。① 吕必松先生的这段话告诉我们,在教外国学生学习汉语时,我们要处理好语法、语义和语用三个平面的关系,重视语用知识的传授,有必要对句子进行语用分析,以帮助学习者认识否定句在特定语境中的语用意义,使学生的语言技能和交际技能同步得到提高。由于语境具有消除否定句歧义的功能,因此,在教否定句的时候,我们可以多创设情景来提高教学效率。另外,我们还要重视中国文化和风俗的介绍,因为文化因素是影响语境意义的重要因素。有一种观点认为,语用意识只有到了中高级阶段才需要培养,初级阶段只要关注词汇、句法,只有学习者的汉语水平达到一定高度才有必要在教学中引入语用方面的内容。我们认为,这种观点是不对的。语用作为第二语言教学的一个重要内容,从一开始就应该加以重视,它应该与第二语言的教学相始终。开始学习的内容可能难度不大,但同样需要解释其词义和结构,同样需要介绍使用的场景。

前面的研究也启示我们,在对外汉语否定句教学中,我们可以引入篇章结构理论,把篇章分析的思想结合到否定句的教学之中。汉语句与句之间的分界往往似断若连,单复句难以界定,如果对比仅限于孤立的句子,恐怕不能反映出汉语语法的本质特征,对许多语法现象也难以给出圆满的解释。同时,从教学的角度来讲,学生只掌握单句的句法结构是远远不够的,往往一个孤立的句子是符合语法的,而将它放到篇章之中就不正确,或者相反,一些单句层面上不正确的句子在篇章之中又是可以接受的,因此,在教学中,我们必须注意培养学生组织和分析篇章的能力。

第六,我们还可以从历时对比中获取营养来促进对外汉语的否定句教学。汉语的虚词都是由实词虚化而来的,因此有些具有明显象形特点的虚词也具有直观地体现汉字本义和具有体现汉字意义类属的特征,而人类对符号和象形符号具有一种普遍的认知性,抓住和发挥这种共同的认知特点,常常可以使汉语虚词教学中的难题迎刃而解。因此,在教虚词的时候,特别是到了高级阶段,我们可以把一些有关词的起源以及历史演变过程的介绍纳入到教学之中,因为,历时对比有时也能给对外汉语教学带来促进作用。如高顺全认为,语法化

---

① 吕必松,关于教学内容与教学方法问题的思考,语言教学与研究,1990(2):4~13

研究成果不仅有助于语法项目排序的合理化，使语法要点的解释更加清晰，而且还有利于打通古今，使现代汉语和古代汉语教学相互连接，从而最终提高对外汉语教学的效率。①②③ 在对外汉语的否定词教学中，我们同样可以把从历时对比中所获得的研究成果应用到否定句教学之中，使学生了解一些常用否定词，如"不、没、非、无"等之间的区别和联系，以帮助学习者在更高的层次上掌握汉语否定句。

当然，在对外汉语否定句教学中引入历时的内容并不是说要告诉学生每一个否定副词的来龙去脉，而是说老师在组织教学的同时可以把这样的内容考虑进去，如在教"沉没"的"没"与"没有"的"没"的时候，可以把它们的联系简单介绍一下，说明它们在"消失"这一意义上的共同点，这样可以加深学生的印象，而且更主要的是，可以使西方学生了解汉语的内在规律，为他们进入高层次的学习（比如学习古代汉语等）打下扎实的基础。

8.4. 小　结

否定句是对外汉语教学中的难点和重点，同时，因为人类的交际离不开肯定和否定这一对语法范畴，人们在学习汉语的初始阶段就需要学习和使用到它，因此，它也是对外汉语教学中贯穿始终的重要语法项目。

在实际生活中，否定句并不是机械的"肯定句＋否定词"，这一点可以从肯定与否定的许多不对称现象中看出来。④ 因此，我们应把否定句当成一个具有相对独立性的语言现象来研究和教学。

在过去，对比语言学与第二语言教学相结合的道路之所以越走越窄，是因为人们只注重表面的比附，只注意浅层的语言现象的对照，而没有从更深入和全面的角度，用更加科学的方法来发现对比语言学对于第二语言教学的价值和意义。

在我国，将对比语言学运用于对外汉语教学已有 30 多年的历史。吕叔

---

① 高顺全，动词虚化与对外汉语教学，语言教学与研究，2002（2）
② 高顺全，从语法化的角度看语言点的安排——以"了"字为例，语言教学与研究，2006（5）
③ 管春林，语法化研究及其在对外汉语教学中的运用——以"所"字为例，云南师范大学学报（对外汉语教学与研究版），2008（5）
④ 沈家煊，不对称与标记论，南昌：江西教育出版社，1999

湘①和王还②是最早将对比语言学研究与对外汉语教学结合起来的专家。此后,陆俭明③、赵世开④、沈家煊⑤、赵永新⑥、赵立江⑦、张世涛⑧等都曾从对比的角度探讨过对外汉语的教学问题。他们的实践告诉我们,对比语言学对于第二语言教学的指导意义并没有过时,因此,我们不应该把对比语言学运用于第二语言教学的传统丢掉,而应该不断改进对比研究的方法,拓宽对比研究的视野,以更好地让对比研究为第二语言教学服务。

---

① 吕叔湘,通过对比研究语法,语言教学与研究试刊,1997(2)
② 王还,1986,有关汉外语法对比的三个问题,语言教学与研究,1986(1)
③ 陆俭明,英汉回答是非问句的认知差异,赵金铭主编,对外汉语教学的跨学科探索,北京:北京语言大学出版社,2003
④ 赵世开,汉英对比语法论集,上海:上海外语教育出版社,1999
⑤ 沈家煊,1984,汉语"了"字跟英语相应的说法,语言研究,1984(1)
⑥ 赵永新,1994,汉外对比研究与对外汉语教学,语言文字应用,1994(2)
⑦ 赵立江,1996,外国留学生使用"了"的情况调查与分析,王建勤主编,汉语作为第二语言的习得研究,北京:北京语言文化大学出版社,1996
⑧ 张世涛,对外汉语教学中的汉英词语对比,外国语言文学论文集,广州:中山大学学报编辑部,1995

第九章

结论

9.1 本书的主要观点和创新之处

否定是一种普遍而复杂的语言现象，惟其复杂，才值得研究，值得比较。本书从共时和历时两个角度对汉语和英语中的否定范畴进行了一番比较全面而深入的对比。在共时对比中，我们以"三个平面"的语法思想作指导，从结构、语义和语用三个角度对汉语和英语中的否定结构，特别是否定句结构展开了研究。在共时对比中，我们主要提出了以下一些观点。

首先我们提出，要对比研究否定和否定句，就必须对否定句进行界定。我们没有采用下定义的方式提出什么是否定句和什么是否定句，而是根据典型范畴理论提出了划分典型否定句的方法。

其次，在研究方法上，我们提出了对比研究可以而且应该从三个平面的角度来展开的观点，并且认为，三个平面不是平等的关系，而是有层次的。在三者的关系之中，形式与内容处于同一平面，语言研究的形式主要是形式结构，语言研究的内容主要是意义结构；其次，我们把意义结构作进一步的划分，把意义分为字面意义和语用意义，然后在形式结构、字面意义和语用意义三个平面展开对比和讨论。

第三，我们从词法和句法两个方面对比了汉语和英语的否定结构，在否定词方面，汉语和英语的差别主要体现在数量上，英语具有更丰富的否定词和否定词缀，而且词缀虚化的程度高；汉语否定词缀少，且虚化程度低。汉语否定词数量少，品种单一，词缀又不发达。这一切造成了汉英语否定词之间的第二个差别，那就是功能上的差别。

从句式结构的角度来看，汉语的否定句结构比较灵活，否定词的位置受形式限制和约束较小，主要根据意义表达的需要放置否定词，尤其是并列否定句中更有明显的随意义放置否定词的情况；英语否定词在句中的位置没有汉语否定词那样自由灵活，受到比较多的形式约束。但是，另一方面，英语也有受意义制约的一面，比如英语并列否定句可以通过多种句法结构手段来弥补意义上的歧义性；汉语也有受形式影响的一面，如否定词有往动词靠拢的倾向，像在"没说三句话"中否定词的否定对象是"三句话"，但是"没"并没有紧贴"三句话"。

第四，我们的否定意义对比也从词汇和句子两方面展开。在否定词的意义方面，汉语否定词一词多义现象普遍，并通过丰富的附加意义来弥补其在时态、语态、语气等方面的不足；汉语否定词的意义是动态的，入句后的意思会受到句子结构的影响而呈现出不同的附加意义。英语否定词意义呈现出单一性的特点。在否定句的意义方面，汉语否定句的意义比较清晰，英语否定句具有更多产生歧义的倾向性。产生这种情况的原因是汉语的否定词位置关系灵活，英语的否定句由于受形式的约束比较多，所以常常出现为了形式而牺牲意义的情况，从而导致否定焦点的模糊性，这特别明显地体现在情态否定句和量词否定句之中。当然，这种情况也不是绝对的，因为，汉语有时候也有出现歧义的情况，如量词否定句也可能产生一句多解的情况。英语也有语义比汉语明晰的时候，如并列否定句就有多种手段来避免歧义的产生。

第五，在否定句的语用对比上，我们分三方面来展开讨论和对比。首先是讨论进入交际的否定句的意义。对比显示，语境无论对于汉语否定句还是英语否定句都具有明确焦点的作用。在语用功能上，汉语与英语的否定句都具有利用否定句的含义来顺利完成交际的功能，语用功能差别不明显，但是由于文化因素的影响，中国人经常会使用否定句来表示谦虚的含义，这在英语国家几乎是没有的。对汉英否定词篇章衔接功能的对比显示，汉英语在替代方面表现出比较多的共性。总之，在语用方面，汉英语否定句差别不是很大。

第六，历时研究表明，汉英语否定结构所走的是两条完全不同的演变道路。汉语没有形态，句子结构又比较稳定，因此，汉语否定结构的演变史其实就是汉语否定词的更替史以及汉语否定词的变化史，或者说是否定词意义和功能互相更替的历史；而英语有形态变化，而且形态由繁而简，句子结构趋于稳定，给否定句的影响是否定词在句中的位置逐步趋于稳定，在这过程中，否定词在演变的过程中除了拼写上的变化外，意义没有任何变化。这反映了各自语言基本特点对于否定句结构的影响。其次，在汉语和英语否定结构的发展史上，两门语言都曾发生过重要的事件，在汉语中，"没"的虚化并成为专门的否定虚词和英语中 do 的出现并成为英语否定结构的重要组成部分都对各自语言否定结构的净化或稳定化起到了关键作用。

最后，在联系对外汉语教学方面，本书在宏观上提出了提高对外汉语否定句教学效率的几点意见。到目前为止，关注否定句教学的文章已出现了不少，但是大多是从微观角度进行的研究，从宏观角度提出否定句教学建议的不多。

本书的创新之处主要有以下几点。首先，我们运用了典型范畴理论提出了对于否定句界定的新思路。我们认为，否定是复杂的语法语义范畴，要给否定和否定句下一个很周全的定义难度较大，而要下一个符合各种语言的否定和否定句定义则更为困难，因此，我们提出利用典型范畴理论来对待否定句或许是一种灵活而有效的处理方法。其次，我们的共时对比主要从三个平面，即结构，语义和语用的平面展开讨论。三个平面理论源自汉语语法研究，但是将这一观点运用于汉英语否定结构的对比研究还不多见，因此，本书提出从结构、语义和语用三个平面来展开对比，可以更全面地认识和理解汉英语否定结构。再次，通过对汉英语中普通否定句和特殊否定句的对比，我们提出了与目前语言学界普遍接受的观点不相一致的意见。一般认为，汉语否定词随意义需要放置，没有形式约束；英语否定句受 SV 机制约束，没有灵活性。我们认为，汉语在否定表达上以意义为中心组织句子结构，这是基本事实，但同时它也受到一定的形式上的约束；英语以形式为否定句的主要结构手段，但意义在其中也起到一定的作用，因此，两门语言在否定句的结构方式上存在比较多的差异不假，但是它们也有一定的相似之处同样是事实。第四，从对汉语和英语否定句的语义对比显示，汉语否定句并不如我们原先认为的那样意义清晰，英语否定句也并不容易产生歧义，事实是，汉语否定句总的来说确实有比英语否定句意义清晰的一面，但汉语否定句也有语义模糊的一面，尤其是量词否定句表现得非常明显；英语否定句也有利用形态机制来调节语义，从而使意义更加清晰的一面，这一点在并列否定句上有明显的体现。第五，在语用对比中，我们着重分析和对比了否定句的语用功能。以往讨论语用否定的大多讨论"元语言否定"，也有的在讨论语用功能的时候主要讨论肯定句的否定蕴涵意义，而专门讨论否定句的语境意义、篇章衔接功能的目前还不多见。以往人们认为否定句是威胁面子的，因此，人们一般尽量避免使用否定句。我们一反这一观点，认为无论是汉语还是英语都有利用否定句来表示一些特定含义的方法。第六，我们对比研究了汉语和英语否定词和否定句所具有的篇章衔接功能。目前有人注意到了汉语否定词独说的时候所具有的语用功能（如沈家煊，1993），修辞功能（如邢福义，1982）和篇章衔接功能（如张谊生，2004），但是像我们这样利用对比的方式来研究汉语和英语否定句的篇章衔接功能还属首次。第七，我们利用调查分析的方法来测试否定焦点，并把这些测试所得与我们对否定现象的分析结合起来，把实证研究和理论探讨互相结合，以提高结论的可信度和说服力。最后，我们从历时的角度分析并对比了汉语和英语否定结构的演变历史，并把历时研究中的发现与共时研究中的成果联系了起来。对比显示，汉语与英语由于受到各自语言基本特点的影响，在否定结构的发展方面呈现出不同的规律，汉语的否定结构演变主要体现在否定词的交替更迭和意义的变化之中，英语的否定句变化主要体现为与形态简化相伴随的词序的逐步固定化以及助动词地位的逐步提升上，汉英语在共时方面的异同与它们在历史发展中所体现出来的异同有着密切的联系。

9.2 本书存在的不足和今后需要解决的问题

当然，本研究也存在着一些欠完善之处，主要有以下几方面。（1）本书的研究把理论探讨和实例分析结合了起来，而且也在较小的范围内做了否定句的焦点测试，因此结果有一定的说服力。但是囿于精力和时间，调查研究的范围不广，选择的被试结构单一，因此，如果能在较大范围内进行测试并进行系统的研究，结论会更有科学性。本书在选择语料的过程中，汉语语料选用北京大学的CCL语料库，但是英语没有利用语料库，所用例句大多选自别人的论文或教材，因此，英语例句的系统性不够。（2）在本对比研究的基础上，如果能进一步研究否定对比的类型学意义，则本研究会具有更大的理论性。刘丹青（2003）说，类型学研究是当今语言研究的第三个流派（其他两个分别是形式主义和功能主义），它以研究语言的共性和蕴涵共性为基本特色，同时，对比语言学又与类型学关系非常密切，通过对比研究可以加深对语言结构类型的认识，因此，如果能在对比的基础上进行类型学价值的讨论，必将进一步提升本书的理论价值。（3）本书进行了汉英语否定的共时和历时研究，但研究中没有将共时和历时研究结合起来，即在讨论共时的时候只讨论共时的内容，在历时研究的时候只关注历时的方面，这样做的优点是条理相对清晰，但缺点是讨论显得比较狭窄，而没有像潘文国先生所倡导的进行"综合的、立体的研究",更没有做到"融中外古今于一炉",① 因此,对有些问题的讨论还不够深刻。(4)英语历时研究显得比较薄弱。由于要系统地阅读古英语资料困难很大,因此,我们的英语历时研究主要是选取一些已有结论的内容来进行梳理,然后把梳理的结果与汉语进行对比,因此,有的观点只是二手的,没有自己的研究作基础,对比时有些问题就不太能说得透;另外,古英语研究界对有些历史现象没有比较统一的观点,这给我们的研究也带来了不少难度。所以,今后若有可能,这方面可以下更大的功夫进行深入的研究。

---

① 潘文国,关于对比语言学理论建设和学科体系的几点意见,中国海洋大学学报,1996(3):82~85

参考文献

中文参考书目：

白荃,"不"、"没（有）"教学和研究上的误区——关于"不"、"没（有）"的意义和用法的探讨,语言教学与研究,2000（3）

毕继万,礼貌的文化特性研究,世界汉语教学,1997（4）

曹聪孙,语言类型学与汉语的SVO和SOV之争,天津师大学报（社科版）,1996（2）

曹人栋,英汉语否定句式的对比分析及翻译技巧,台声·新视角,2005（12）

长弓,也谈否定词后并列成分的连词,大学英语,1988（4）

陈安民,谈谈英汉对比在语法教学上的运用,语言教学与研究,1982（3）

陈定安,英汉比较与翻译（增订本）,北京：中国对外翻译出版公司,1998

陈凤兰,英语和汉语否定形式的对比研究,北京印刷学院学报,1999（1）

陈平译,P. J. D. Pietro,欧美对比语言学的发展概况,国外语言学,1980（2）

陈平,英汉否定结构对比研究,现代语言学研究——理论、方法与事实,重庆：重庆出版社,1991

陈平,英语数量词的否定,现代外语,1982（1）

陈平,英汉否定倾向性成分与否定语境,外语学刊,1982（1）

陈世伊,汉英否定句的比较,汉英对比论文集,北京：北京语言学院出版社,1993

陈卫平,英语否定句及其汉译,江苏理工大学学报,1994（6）

陈文伯,英汉否定表达法比较．外语教学与研究,1978（2）

陈一,句类与词语同现关系刍议,中国语文,2005（2）

陈治安、文旭,英汉对比语用学与英语教学,北京：外语教学与研究出版社,2002

程工,语言共性论,上海：上海外语教育出版社,2002

党元,浅谈英汉语言的否定表达及其翻译,扬州师院学报（社会科学版）,1986（4）

戴浩一、黄河译,时间顺序和汉语的语序,国外语言学,1988（1）

戴浩一、叶蜚声译,以认知为基础的汉语功能语法刍议,国外语言学,1991（1）

戴耀晶,学习西方语言学理论,探求汉语自身规律,21世纪的中国语言学（一）,2004

戴耀晶,汉语的否定的语义分析,上海市语文学会编,语文论丛（7）,上海：上海教

育出版社,2001

戴耀晶,试论现代汉语的否定范畴,语言教学与研究 2000（3）

戴耀晶,现代汉语否定标记"没"的语义分析,载于《语法研究和探索（十）》,北京：商务印书馆,2000

戴耀晶,汉语否定句的语义确定性,世界汉语教学,2004（1）

邓守信,对比分析与语法教学,汉语研究与应用,中国人民大学对外语言文化学院编,北京：中国社会科学出版社,2004

邓守信,论汉语否定结构,中国语言学报,1974（5）

丁声树,否定词弗、不,载《蔡元培先生六十五岁纪念论文集》,1935

丁声树等,现代汉语语法讲话,北京：商务印书馆,1979

丁金国,汉英对比研究中的理论原则,外语教学与研究,1996（3）

董秀芳,无标记焦点和有标记焦点的确定原则,汉语学习,2003（1）

杜佐华,现代汉语中"不"的词汇义与语素义探微,理论月刊,1996（12）

方立,Chinese Learners' Strategy for Determining Scope Relations in English,福建外语,2002（4）

范可微,英语意义否定句表现法及其汉译琐谈,吉林特产高等专科学校学报,2004（9）

范莉,儿童和成人语法中的否定和否定辖域,合肥：安徽大学出版社,2007

房玉清,实用汉语语法,北京：北京语言学院出版社,1993

弗雷格,弗雷格哲学论著选辑,王路译,北京：商务印书馆,1994

傅新安、袁海君,汉英语法比较指南,上海：上海交通大学出版社,1993

符达维,关于否定和量指的冲突,语文月刊,1986（6）

甘露,甲骨文中的双重否定,古汉语研究,2001（2）

甘于恩,试论现代汉语的肯定式和否定式,暨南学报,1985（3）

甘于恩,再论现代汉语的肯定式——否定式及有关问题,暨南学报（哲学社会科学）,1989（3）

高名凯,汉语语法论,北京：商务印书馆,1985

高顺全,动词虚化与对外汉语教学,语言教学与研究,2002（2）

高顺全,从语法化的角度看语言点的安排——以"了"字为例,语言教学与研究,2006（5）

葛传槼,英语惯用法词典,上海：上海译文出版社,2003

葛佳才,东汉副词系统研究,长沙：岳麓书社,2005

关孜惠,英语否定句及其汉译初探,松辽学刊（社会科学版）,1995（1）

管春林,语活化研究及其在对外汉语教学中的运用——以"所"字为例,云南师范大学学报（对外汉语教学与研究版）,2008（5）

管燮初,殷墟甲骨刻辞的语法研究,北京:中国科学院,1953
郭富强,意合形合的汉英对比研究,青岛:中国海洋大学出版社,2007
郭锐,现代汉语词类研究,北京:商务印书馆,2004
郭锐1997,过程和非过程——汉语谓词性成分的两种外在时间类型,中国语文,1997(3)
郭松柏,古汉语否定句式中代词宾语的位置,赣南师范学院学报,1981(2)
郝世奇,浅谈英汉否定词的比较,河北师范大学学报,1991(3)
郝世奇,英汉否定语素及否定词的比较,解放军外语学院学报1992(4)
何乐士,古代汉语虚词词典,北京:语文出版社,2006
何兆熊,语用学概要,上海:上海外语教育出版社,1999
何自然,语用学概论,长沙:湖南教育出版社,1988
何自然、冉永平,新编语用学概论,北京:北京大学出版社,2009
洪堡特,论人类语言结构的差异及其对人类精神发展的影响,姚小平译,北京:商务印书馆,1997
胡建华、张卫东,英语语态不对称现象多维探索,北京:中国水利水电出版社,2008
胡明扬主编,西方语言学名著选读(第二版),北京:中国人民大学出版社,2005
胡清国,否定形式的格式制约研究,华中师范大学(博士论文),2004
胡清国,现代汉语否定表述问题研究综述,合肥工业大学学报(社会科学版),2007(1)
胡壮麟,国外汉英对比研究杂谈,语言教学与研究,1982(1)
胡壮麟,美国功能语言学家Givon的研究现状,国外语言学,1996(4)
胡壮麟,英汉对比研究的动向,青岛海洋大学学报,1997(1)
胡壮麟、朱永生、张德禄,系统功能语法概念,长沙:湖南教育出版社,2003
胡壮麟,功能主义纵横谈,北京:外语教学与研究出版社,2000
胡裕树,现代汉语(重订本),上海:上海教育出版社,2006
黄伯荣、廖序东,现代汉语,北京:高等教育出版社,2002
黄佩文,主谓并列结构的否定形式与语音修饰,修辞学习,2000(5~6)
黄瑞红,英语程度副词的等级数量含意,外语教学与研究,2008(2)
黄治康,英汉翻译中否定形式的对应比较,四川教育学院学报,2004(7)
纪满磐,英语情态助动词与汉语能愿动词的比较,赵永新主编,毕继万副主编,《汉外语言文化对比与对外汉语教学》,北京:北京语言文化大学出版社,2006
贾钰,近二十年对外汉语教学领域汉英语法对比研究综述,世界汉语教学,2000(2)
姜宏,俄语否定句的界定,中国俄语教学,2000(2)
江新,对外汉语教学的心理学探索,北京:教育科学出版社,2007
蒋国辉,"汉英句子扩展机制"管见,现代外语,1993(1)。

蒋勇、祝克懿，负极词的曲言功能及其语用定位，外语教学与研究，2009（6）

金颖，禁止性否定副词"勿"的历史演变，龙岩学院学报，2006（1）

金兆梓，1922，国文法之研究，北京：商务印书馆，1983

金立鑫，语法结构的功能解释，外国语，1995（1）

金立鑫，语法的多视角研究，上海：上海外语教育出版社，2006

康璐，英汉语否定句式的对比分析及翻译技巧，常德师范学院学报（社会科学版），2000（3）

康倩，英汉否定比较，淮北煤师院学报（哲学社会科学版），2001（3）

孔庆成，元语否定的类型，外国语，1995（4）

赖鹏，汉语能愿动词语际迁移偏误生成原因初探，语言教学与研究，2006（5）

黎锦熙，1924，新著国语文法，北京：商务印书馆，2004

李爱丽，试论古汉语否定句代词宾语前置的历史演变，兰州学刊，2006（9）

李宝伦、潘海华，焦点与"不"字句的语义解释，现代外语，1999（2）

李宝伦、潘海华、徐烈炯，对焦点敏感的结构及焦点的语义解释，当代语言学，2003（1）（2）

李宝贵，隐性否定的语用分析，辽宁师范大学学报（社会科学版），2002

李福印，语义学概论，北京：北京大学出版社，2006

李赋宁，英语史，北京：商务印书馆，2002

李韧之，英汉语言模态句中否定词的语法位置和语义错位，外国语，2007（1）

李瑞华，英汉语言文化对比研究，上海：上海外语教育出版社，1996

李铁根，"不""没（有）"的用法及其所受的时间限制，汉语学习，2003（2）

李文超，英汉互译中肯、否定句的互相转换，外语学刊，1995（3）

李文革，英汉否定表达法的比较与翻译，陕西师大学报（哲学社会科学版），1994（增刊）

李晓琪，"不"和"没"，汉语学习，1981（4）

李延林，英语意义否定句表现法及其汉译琐谈，中国翻译，2000（1）

李瑛，"不"的否定意义，语言教学与研究，1992（2）

李英，汉语否定结构的习得研究，中山大学（博士论文），2005

李英哲、贾露梅译，汉语数量词和否定关系的探讨，语言教学与研究，1982（1）

李宇明，形容词的否定式及其级次问题，云梦学刊，1997（1）

李宇明，"一量+否定"格式及有关强调的问题，华中师范大学学报（人文社会科学版），1998（5）

李宇明，形容词否定的不平行性，汉语学习，1998（3）

李宇明，程度与否定，世界汉语教学，1999（1）

利奇，李瑞华等译，语义学，上海：上海外语教育出版社，2005

连淑能，英汉对比研究，北京：高等教育出版社，1993

梁爽，英汉否定句的翻译比较，青海师范大学学报（社会科学版），1994（2）

廖稚章，从汉英句型对比看自然语言的普遍性，语言教学与研究，1998（3）

刘承峰，现代汉语"全量否定"研究，语言科学，2007（1）

林语堂，开明英文文法，北京：外语教学与研究出版社，1982

林汝昌、李曼珏，中西哲学观对英汉语言之影响，刘重德编，英汉语比较与翻译，上海：上海外语教育出版社，2006

刘重德，英汉语对比研究，长沙：湖南科学技术出版社，1994，

刘丹青，语法调查研究手册，上海：上海教育出版社，2008

刘丹青，深度和广度：21世纪中国语言学的追求，载于《21世纪的中国语言学（一）》，北京：商务印书馆，2004

刘宓庆，新编汉英对比与翻译，北京：中国对外翻译出版公司，2006

刘宓庆，汉英对比研究的理论问题（上、下），外国语，1991（4）（5）

刘宓庆，汉英句子扩展机制对比研究，现代外语，1992（1）

刘国辉，TP语用原则略论，载于熊学亮、蔡基刚主编，《语言界面》，上海：复旦大学出版社，2005

刘雪萍，英汉语言中否定形式与意义的比较，青海师范大学学报（哲学社会科学版），2002（2）

刘探宙，多重强式焦点共现句式，中国语文，2008（3）

吕必松，对外汉语教学研究，北京：北京语言学院出版社，1993

吕必松，关于教学内容与教学方法问题的思考，语言教学与研究，1990（2）

吕叔湘，论"毋"与"勿"，载《汉语语法论文集（增订本）》，北京：商务印书馆，2002

吕叔湘，疑问·否定·肯定，中国语文，1985（4）

吕叔湘，1942，中国文法要略，商务印书馆，1982

吕叔湘，通过对比研究语法，载《吕叔湘语文论集》，北京：商务印书馆，1983

吕叔湘，汉语语法分析问题，载于《吕叔湘文集》第二卷，北京：商务印书馆，1995

吕叔湘，现代汉语八百词，北京：商务印书馆，1980

吕文华，汉语教材中语法项目的选择和编排，语言教学与研究，1987（3）

卢以纬（元），王克仲集注，助词辞集注，北京：中华书局，1988

陆丙甫，从语言类型学看模态动词的句法地位，中国语文杂志社编，语法研究和探索（十四），北京：商务印书馆，2008

陆丙甫，语法研究的新视角及其方法论意义，语文导报，1987（7）

陆丙甫，从宾语标记的分布看语言类型学的功能分析，当代语言学，2001（4）

陆丙甫，从语义、语用看语法形式的实质，中国语文，1998（5）

陆谷孙，英汉大词典，上海：上海译文出版社，1996

陆国强，英汉和汉英语义结构对比，上海：复旦大学出版社，1999

马秉义，汉语并列句英译法，中国科技翻译，1997（2）

马庆株，汉语动词和动词性结构，北京：北京大学出版社，2005

孟祥英，"能"与"会"使用上的几个问题，天津师大学报，1989（4）

苗兴伟，语篇照应的动态分析，载于朱永生主编《世纪之交论功能》，上海：上海外语教育出版社，2002

聂仁发，否定词"不"与"没有"的语义特征及其时间意义，汉语学习，2001（1）

潘建华，每个句子都有焦点吗？山西师大学报，2000（3）

潘文国，语言对比研究的哲学基础，华东师范大学学报，1995（5）

潘文国，关于对比语言学理论建设和学科体系的几个问题，青岛海洋大学学报，1996（3）

潘文国，比较汉英语语法研究史的启示，语言教学与研究，1996（2）

潘文国，汉英语对比纲要，北京：北京语言大学出版社，1997

潘文国，换一种眼光何如？——关于汉英对比研究的宏观思考，外语研究，1997（1）

潘文国，"字本位"理论的哲学思考，语言教学与研究，2006

潘文国、谭慧敏，对比语言学：历史与哲学思考，上海：上海教育出版社，2006

潘文国等，汉语的构词法研究，上海：华东师范大学出版社，2004

潘悟云，汉语否定词考源——兼论虚词考本字的基本方法，中国语文，2002（4）

潘玉坤，西周金文语序研究，上海：华东师范大学出版社，2005

彭聃龄，汉语的认知研究，济南：山东教育出版社，2006

彭聃龄，语言心理学，北京：北京师范大学出版社，1996

蒲立本，孙景涛译，古汉语语法纲要，北京：语文出版社，2006

齐沪扬，对外汉语教学语法，上海：复旦大学出版社，2005

钱敏汝，否定载体"不"的语义、语法考察，中国语文，1990（1）

屈承熹，汉语功能语法刍议，世界汉语教学，1998（4）

屈承熹、纪宗仁，汉语认知功能语法，哈尔滨：黑龙江人民出版社，2005

屈承熹，潘文国等译，汉语篇章语法，北京：北京语言大学出版社，2006

饶长溶，"不"偏指前项的现象，《语法研究和探索（四）》，北京：北京大学出版社，1988

邵志洪，英汉语研究与对比，上海：华东理工大学出版社，1997

邵敬敏、陆镜光，汉语语法研究的新拓展，杭州：浙江教育出版社，2005

邵敬敏，汉语语法的立体研究，北京：商务印书馆，2007

申小龙，中国句型文化，吉林：东北师范大学出版社，1988

沈家煊，词序与辖域——英汉比较，语言教学与研究，1985（1）

211

沈家煊, 不对称和标记论, 南昌: 江西教育出版社, 1999
沈家煊, 英汉对比语法三题, 外语教学与研究, 1996（4）
沈家煊, "语用否定"考察, 中国语文, 1993（5）
沈家煊, 语用学和语义学的分界, 外语教学与研究, 1990（2）
沈开木, "不"字的否定范围和否定中心的探索[J], 中国语文, 1984（6）
石安石, 语义论, 北京: 商务印书馆, 1993
石安石, 语义研究, 北京: 语文出版社, 1994
石安石、高名凯,《汉语语法论》序言, 北京: 商务印书馆, 1985
石毓智, 语法的认知语义基础, 南昌: 江西教育出版社, 2000
石毓智, 现代汉语的否定性成分, 语言研究, 1989（2）
石毓智, 语法的概念基础, 上海: 上海外语教育出版社, 2006
石毓智、李讷, 汉语语法化的历程——形态句法发展的动因和机制, 北京: 北京大学出版社, 2004
石毓智、李讷, 十五世纪前后的句法变化与现代汉语否定标记系统的形式——否定标记"没（有）"产生的句法背景及其语法化过程, 语言研究, 2000（2）
史锡尧, "不"否定的对象和"不"的位置——兼谈"不"副词"没"的语用区别, 汉语学习, 1995（1）
宋永圭, 现代汉语情态动词否定研究, 北京: 中国社会科学出版社, 2007
孙德金, 对外汉语语法及语法教学研究, 北京: 商务印书馆, 2006
孙万彪, 英语的否定和否定句, 外国语, 1983（1）
孙玉, 英汉否定比较初探, 北京大学学报（外语语言文学专刊）, 1996
唐英, 英汉否定的语用价值对比分析, 宜春学院学报（社会科学）, 2005（5）
太田辰夫, 中国语历史文法, 蒋绍愚、徐昌华译, 北京: 北京大学出版社, 1987
汪有序, 怎样教"不、没、过、着", 世界汉语教学, 1987（2）
王金洛, 英语肯定与否定的特殊表达及其翻译, 中国科技翻译, 1997（4）
王珏、陈丽丽、谭静, 句子的三层结构及其分析程序, 华东师范大学学报（哲学社会科学版）, 2008（3）
王珏, 现代汉语"作为"及其语法化历程, 华东师范大学学报（哲学社会科学版）, 2007（1）
王菊泉, 关于英汉语法比较的几个问题, 外语教学与研究, 1982（4）
王建勤, "不"和"没"否定结构的习得过程, 世界汉语教学, 1997（3）
王娟, 英语助动词Do的历时研究——基于社会语言学的视角, 南京师大学报（社会科学版）, 2006（5）
王还, 关于怎样教"不、没、了、过", 世界汉语教学, 1988（1）
王还, 汉英对比论文集, 北京: 北京语言学院出版社, 1993

王还，有关汉外语法对比的三个问题，门外偶得集，北京：北京语言学院出版社，199

王建勤，"不"和"没"否定结构的习得过程，世界汉语教学，1997（3）

王力，中国现代语法，北京：商务印书馆，1985

王力，古代汉语，北京：中华书局，1997

王力，汉语史稿，北京：中华书局，2004

王力，中国现代语法，北京：商务印书馆，1985

王维贤，王维贤语言学论文集，北京：商务印书馆，2007

王文斌、陈月明，若干英汉否定比较句的语义分析，宁波大学学报，1996

王欣，"不"和"没（有）"的认知语义分析，语言教学与研究，2007（4）

王寅，语义理论与语言教学，上海：上海外语教育出版社，2005

王寅，英汉语言宏观结构区别特征，外国语，1990（6）

王寅，汉英语言宏观结构的区别特征，外国语，1992（5）

文贞惠，现代汉语否定范畴研究（博士论文），复旦大学，2004

文炼，语言单位的对称和不对称现象，语言教学与研究，1990

吴洁敏，否定副词"不"和"没有"试析，杭州大学学报，1982

吴庆峰，《史记》虚词通释，济南：齐鲁书社，2006

吴琼，英语中的否定，北京：机械工业出版社，1991

吴勇毅，对外汉语教学探索，上海：学林出版社，2004

伍雅清，英汉语比较研究的两个问题，外语学刊，2000（1）

肖辉嵩，否定词"没有"的语义及其指向，汉语学习，1984（6）

夏勇，论汉英否定表达的差异，徐州工程学院学报，2005（6）

相原茂，汉语比较句的两种否定形式——"不比"型和"没有"型，语言教学与研究，1992（3）

解惠全，谈实词的虚化，载吴福祥主编，汉语语法化研究，北京：商务印书馆，2005

熊文华，汉英应用对比概论，北京：北京语言文化大学出版社，1997

熊学亮，试论英语中的否定转移，现代外语，1988（4）

徐丹，也谈"無"、"毋"，语言科学，2007（5）

徐杰、李英哲，焦点和两个非线性语法范畴："否定""疑问"，中国语文，1993（2）

徐烈炯、刘丹青，话题的结构与功能，上海：上海教育出版社，1998

徐盛桓，"否定范围"和"否定中心"的新探索，外语学刊，1983（1）

徐盛桓，否定范围和否定中心的再探索，外国语，1990（5）

徐盛桓，否定范围、否定中心和转移否定，现代外语，1983（1）

徐盛桓，关于量词否定句，外国语，1994（6）

徐时仪，否定词"没""没有"的来源和语法化过程，湖州师范学院学报，2003（1）

徐钟，"情态助动词+NOT"的否定范围刍议，上海大学学报（社科版），1992（3）

213

徐子亮，汉外语法比较研究述略，语言导报，1987（3）

徐子亮，对外汉语学习理论研究二十年，世界汉语教学，2004（4）

许国璋，语言对比研究的阶段小结，外语教学与研究，1991（3）

许余龙，对比语言学概论，上海：上海外语教育出版社，1992

许余龙，语言对比研究是否需要一个理论框架，宁波大学学报（人文科学版）2009（4）

许成道，2002，转引自钱季玉冰，试谈如何提升面向外国读者的汉语学习词典的亲和力，载朱立元编《探索与创新——华东地区对外汉语教学论文集》，北京大学出版社，2006

姚乃强、贺季萱，汉英词序异同初探，教学研究，1982（2）

邢福义，论"不"字独说，华中师范学院学报，1982（3）

杨启光，汉英句子的比较理论：理论与方法的探讨，暨南学报，1990（3）

杨德峰，汉语的结构和句子研究，北京：教育科学出版社，2004

杨庆惠主编，白荃副主编，《对外汉语教学中的语法难点剖析》，北京：北京师范大学出版社，1996

杨伯峻、何乐士，古汉语语法及其发展，北京：语文出版社，2001

杨荣祥，近代汉语副词研究，北京：商务印书馆，2007

王菊泉、郑立信，英汉语言文化对比研究，上海：上海外语教育出版社，2004

杨自俭，论英汉语法学发展的共同趋向，外国语，1992（4）

杨自俭，关于语言研究的几点想法，山东外语教学，1995（1）

杨自俭，简论对比语言学的几个问题，青岛海洋大学学报，1999（2）

杨自俭，再议英汉对比研究的几个问题，福建外语，2000（4）

杨自俭、李瑞华，英汉对比研究论文集，上海：上海外语教育出版社，1990

杨自俭、李瑞华，英汉对比研究综述和构想，外国语，1990（3）

余德英，英汉否定结构的比较及互译，肇庆学院学报，2003（3）

叶斯柏森，语法哲学，何勇、夏宁生等译，北京：语文出版社，1998

殷国光，《吕氏春秋》词类研究，北京：商务印书馆，2008

余澄清，连词"and"不能用于否定句吗？大学英语，1998（6）

俞光中和植田均，近代汉语语法研究，上海：学林出版社，1999

俞光中，说"不，无，没"，对外汉语论丛，上海：上海教育出版社，1998

于善志、张新红，从独词句和否定句看标记与习得顺序［J］，现代外语，1999（4）

袁毓林，论否定句的预设、焦点和辖域歧义，中国语文，2000（2）

袁毓林，并列结构的否定表达，语言文字应用，1999（3）

袁毓林，否定式偏正结构的跨维度考察，语法研究和探索，2000（1）

袁毓林，并列结构的否定表达，语言文字应用1999（3）

袁毓林，现代汉语二价名词研究（On the Valence of noun in Mandarin），北京：中国社

会科学,1994

袁毓林,试析中介语中跟"没有"相关的偏误,世界汉语教学,2005(5)

袁毓林,试析中介语中跟"不"相关的偏误,语言教学与研究,2005(6)

袁毓林,并列结构的否定表达,语言文字应用,1999(3)

岳湘,论英语否定中的几个概念,外国语,1988(5)

张斌,汉语语法学,上海:上海教育出版社,1998

张伯江,功能语法与汉语研究,刘丹青编《语言学前沿与汉语研究》,上海:上海教育出版社,2005

张伯江,否定的强化,汉语学习,1996(1)

张伯江、方梅,汉语功能语法研究,南昌:江西教育出版社,1996

张斌,汉语语法学,上海:上海世纪出版集团,上海教育出版社,2003

张春柏,试论关于否定范围的"右向原则",现代外语,1984(4)

张济华、余则明,英语否定句难点剖析与理解,四川外语学院学报,2003(1)

张建民,论对外汉语教学的层次性,华东师范大学学报,1993(4)

张江云,英汉否定形式的比较,解放军外语学院学报,1991(5)

张捷,英汉否定比较,松辽学刊(人文社会科学版),2001(3)

张杰,英汉否定浅析,吉林师范学院学报,1988(3~4)

张今,英汉比较语法纲要,北京:商务印书馆,1981

张今、陈云清,英汉比较语法纲要,北京:商务印书馆,1981

张今、张克定,英汉信息结构对比研究,开封:河南大学出版社,2004

张静,汉语语法问题,北京:中国社会科学出版社,1987

张遂,英汉元语言否定对比刍议,山西师大学报(社会科学版),1996(1)

张琦,英汉否定之比较,内蒙古民族师院学报(哲社版),1998(1)

张时阳,否定副词"没"和"不",语言教学与研究,2006(3)

张唏奕,谈否定句,安徽师范大学学报,1983(1)

张孝忠,"不"和"没(有)"用法举例——兼与英语"not"和"no"的对比,语言教学与研究,1984(4)

张玉兰,英语和汉语否定式的差异,河南师范大学学报(哲学社会科学版),1997(3)

张豫峰,汉语的焦点和"得"字句,汉语学习,2002(3)

张谊生,现代汉语副词研究,上海:学林出版社,2001

章振邦,新编英语语法教程,上海:上海外语教育出版社,1984

赵金铭,对外汉语教学与研究:现状与前瞻,中国语文,1996(6)

赵璞,部分英语否定句含义的语用初探,四川外语学院学报,1999(4)

赵世开,汉英对比语法论集,上海:上海外语教育出版社,1999

仲崇月,英语否定结构几个值得注意的现象,贵州民族学院学报(哲学社会科学版),

215

2006 (5)

郑林啸，也谈动词前的"不"和"没（有）"，汉语研究与应用（第三辑），中国人民大学对外语言文化学院编，北京：中国社会科学出版社，2005

朱德熙，语法讲义，北京：商务印书馆，1998

朱晓亚，否定句研究概观，汉语学习，1992 (5)

朱跃，语义论，北京：北京大学出版社，2006

英文参考书目：

Bar-Hillel. Y. , Indexical expressions, *Mind*, 63：, 1954：359~379

Chao Y, *A grammar of Spoken Chinese*, University of California Press, Berkeley, Los Angeles, London, 1968

Charles N. L. & Sandra A. Thompson, *Mandarin Chinese*：*A Functional Reference Grammar*, University of California Press, 1981：416

Croft W. The evolution of negation. *Journal of Linguistics*. Vol 27. No. 1, 1991. P1~27

David w. Carroll, *Psychology of Language*, Brooks/Cole Publishing Company, Pacific Grove, California, 1986：347

Gabriella Mazzon, *A History of English Negation*, Longman Linguistics Library, 2004

Halliday, *An Introduction to Functional Grammar*, Beijing：Foreign Language Teaching and Research Press, 1985

Hopper & Traugott, *Grammaticalization*, Beijing：Foreign Language Teaching and Research Press, Cambridge University Press, 2001

Horn. L, *A Natural History of Negation*, Chicago：The University of Chicago Press, 1989

Horn. L, Metalinguistic Negation and Pragmatic Ambiguity, *Language*, Vol. 61, 1985

Harris C. Harris & Lyle Campbell, *Historical Syntaxin Cross Linguistic Perspective*, World Publishing Inco, Cambridge Univerisity Press, 2007

Ingrid Tieken-Boon van Ostade, Gunnel Tottie, Win van derWurff, *Negation in the history of English*, Berlin, New York, Mouton de Gruyter, 1999：148

Jack C. Richards, John Platt Heidi Platt , *Longman Dictionary of Language Teaching & Applied Linguistics*, Longman, 2003：305

Jackendoff, R. S, 1969, An interpretative Theory of Negation, *Foundations of Language* (5), Cambridge：Cambridge University Press

Keith Brown , *Encyclopedia of Language & Linguistics（Second Edition）*, Shanghai Foreign Language Educational Press, 2008

Kemenade Ans van, Sentential negation and clause structure in Old English, in Kortmann. B, Traugott. E. C (Eds) . *Negation in the history of English*, Berlin, New York：Mouton de Gruyter,

参考文献

1999

Kortmann. B, Traugott. E. C. *Negation in the history of English* (Eds) by Bernd Kortmann, Elizabeth Closs Traugott, Berlin, New York: Mouton de Gruyter, 1999

Levinson, *Pragmatics*, Foreign Language Teaching and Research Press, Cambridge University, 1983: 34

Li Wen-hui, *A study of the negation structures of Chinese and English*, PhD paper, Georgetown University, UMI, 1992

Li & Thornpson, *Mandarin Chinese*, Berkely and Los Angeles: University of California Press, 1981

Matti Miestamo, *Standard Negation——The Negation of Declarative Verbal Main Clauses in a Typological Perspective*, Mouton de Gruyter, 2005

Main syntactic changes in the history of English, in Haruko Momma & Michael Matto (eds.), 2007: 61, *The History of the English Language*, Chichester, West Sussex: Wiley-Blackwell

Rogger Lass (ed), *The Cambridge History of the English Language* (Third edition), Peking University Press, Cambridge University Press, 2002

Norman Blake, *The Cambridge History of the English Language* (second edition), Peking University Press, Cambridge University Press, 2002

Peter S. Baker, *Introduction to Old English*, Blackwell Publishing (second Edition), 2007: 80

Peter S. Baker, *Introduction to Old English* (second edition), Oxford: Blackwell Publishing, 2007

Quirk et al, *A Grammar of Contemporary English*, Longman Group Limited, 1972: 381~382

Quirk et al, *A Grammar of Contemporary English*, A University Grammar of English, 1985: 779

Quirk et al, *A Comprehensive Grammar of the English Language*, London: Longman Group Limited, 1985

Seifert, Stephan and Werner Welte, *A Basic Bibliography of Negation in Natural Language*, Tübingen: Günter Narr, 1987

Susumu Kuno, Ken-ichi Takami, Yuru Wu, Quantifier Scope in English, Chinese and Japanese, *Linguistic Society of America*, Vol. 75. No. 1, 1999: 63~111

Sun, C-F and T. Givon. *On the So-called SOV word Order in Mandarin Chinese*, A Quantified Text Study and its Implications. Language. 1985. Vol. 61. No. 2

Swan, M., *Practical English Usage*, Oxford University Press, 1980

Tottie, G., *Negation in English speech and writing: A Study in Variation*, San Diego: Academic Press Inco, 1991

217

Zimmer, 1964, Affixal negation in English and other languages: An investigation of restricted productivity. *Word*, 2002, pt. 2

Teng shou-xin, Scope of Negation, *Journal of Chinese Linguistics*, 1973

Peppina lee po-lun and Pan Haihua, The Chinese negation mrker bu and its association with focus, *Linguistics*, 39~4, 2001: 703~73

Dobson. W. A. C. H. Negation in Archaic Chinese. *Language*. Vol 42. No. 2. 1966. P278~284

Teng Shou-hsin, Negation in Chinese: Mandarin and Amoy. *Journal of the American Oriental Society*. 98.1 (1978)

Barbara Hall Partee, Negation, Conjunction and Quantifiers: Syntax v. Semantics. *Foundations of Language*. Vol. 6. No 2. 1970: 153~165

Katalin E. Kiss Identificational Focus versus Information Focus. *Language*. Vol. 74. No. 2. 1998: 245~273

Jackendoff. R. S, An interpretative theory of negation, *Foundations of Language*. 1969. Vol. 5. No. 2. P218~241

后 记

本书是在我博士论文的基础上不断修改和完善而成的,因此,在该著即将付梓之时,我又想起了与读博有关的历历往事。

论文从选题到完成得益于导师潘文国先生的启发和帮助,凝聚了老师的智慧。最初考虑选择"否定"作为自己的研究对象开始于2007年暑期在北京大学参加的一个"全国暑期语言学培训班",期间在国家图书馆查阅了一些资料,发现"否定"是一个被人研究了几千年的老课题,又是语言学研究的一个"富矿",里面有许多研究不尽的宝藏,同时也是一个"国际性"课题,全世界范围内都有许多人在关注和研究着这一内容。培训结束后,我兴奋不已,马上联系导师潘文国先生,先生建议我先做点前期阅读再决定不迟,因为这是一个大题目,做的人又比较多,所以还是慎重为好。我做了一定量的前期阅读后把自己选题的大致设想告诉了老师:希望做汉英语对比,作好专业与目前工作的衔接;希望做"富矿"型的题目,不想做那些完成了博士论文就没有可进一步可研究内容的选题等,同时我也谈了自己的研究思路。潘老师听了我的想法,不久就同意了我的选择。

该书从选题到酝酿,直到完成定稿,期间得到了许多专家的指点,其中最主要的是导师潘文国教授给了我大量的指导,因此,在这里我首先要深深地感谢我的导师潘文国先生,他的睿智和广博的知识常常使处于迷茫中的我茅塞顿开。老师是仁慈的,当我迷茫、困惑的时候,他总会说"大方向是正确的,细节上可以继续挖"或者"对,这是个亮点!不要放弃!"这些话常常使处于困惑中的我重拾信心。老师也是"无情"的,当我带着自己考虑得"比较成熟"的想法去见他时,他会毫不客气地从另一角度指出我的思路存在的问题,使我一下子从兴奋中惊醒过来,寻找自己下一步努力的目标。老师的指点并不面面俱到,但是切中要害,能让人马上知道自己的问题之所在,并很快理清研究的思路,明确下一步努力的方向。我要感谢的第二人是我的师母,她像母亲般关心着我以及我的全家,她的慈爱不但鼓舞了我做好学业,也影响着我的爱人更坚定地支持我的学术追求。

开题时，王珏和徐子亮教授给我的研究计划提出了非常中肯、宝贵的意见，他们的指导对我的论文帮助很大。我还要感谢王珏、傅惠生、张春柏等教授，从他们的课堂上我不但学到了知识，更是学到了许多做学问的方法和为人的道理。王珏老师每次上课后都把讲稿发到我们的邮箱，每次讲座后都把课件放到电脑桌面上任大家拷贝，这种无私和广博的胸怀使人感念颇深。我还要感谢上海海事大学的王菊泉教授给我的指点以及陈平先生在来华师大讲学期间给我的当面指导。2008年在江西财经大学开会期间，王菊泉老师得知我做"否定"研究后对我说：我们私下里再聊聊。当我去向他请教的时候，他对我说：否定不好做，题目不能做得太大，你要有思想准备。当时我虽然是诚恳接受，但没有感觉到这话的分量，现在论文完成，才真正体会到了王老师当时的提醒是多么切中要害。我还要衷心感谢以复旦大学朱永生教授为首的答辩组全体老师，他们敏锐的洞察力、中肯的意见对我的论文修改提供了很多便利。

对外汉语学院的吴勇毅，张建民，周水贞，刘同兰，戴岚，高慧宜等无数老师默默地为我们提供各种帮助和支持，尽最大可能地为我们提供方便，特别是周水贞老师为我们的顺利毕业付出了辛勤的劳动，使我们对母校有了更加深刻而美好的记忆，我在此也衷心地感谢他们。

我下面还要感谢的是一个优秀的群体，一个博士和博士生群体，一个温暖的大家庭。他们主要由以下成员组成：冯智强，朱一凡，王洋，荆素蓉，朴宣姝，阮氏黎心，刘庆元，范连义，刘法公，陈家旭，徐剑，陶健敏，蒙兴灿，丁银贞，王英姿，朱晓军，吴恩锡，赵宏，曾文雄，张德让，张玲，潘震，林元彪等。

我还要感谢我的工作单位浙江财经学院外国语学院的领导和同事们，他们给了我大力的支持和帮助。这里特别要提到的是黎昌抱、陈家旭、陈向红和廖昌胤几位同事。黎昌抱和陈家旭两位教授在我报考博士的时候为我写了热情洋溢的推荐信。陈向红老师利用她在清华大学访学的机会帮我从国家图书馆复印了宝贵的资料。廖昌胤老师帮我复印了不少重要的参考书，这些同事间的情谊给我留下了终生难忘的印象。

我还要感谢浙江省社科联和浙江财经学院科研处，没有它们的资助，本书不可能如此顺利出版。我也要感谢教育部社科中心"高校社科文库"的专家和光明日报出版社的编辑们，没有他们的辛勤劳动，本书也不会如此顺利地与读者见面。

后 记

  我把最后的感谢留给我的妻子俞雅萍和儿子管震达，他们的理解和支持是我克服种种困难的动力源泉。在我求学期间，他们和我一样忍受了思念的煎熬，为我能早出成果、顺利完成学业默默地支持着我。他们的理解和支持永远是我人生路上最重要、最宝贵的财富。

  本书虽几经修改，但不足和疏漏之处肯定难免，因此，恳请大方之家指正。

管春林
2010 年 10 月于杭州寓中